10년 후 세계사

미래의 역습

세상의 흐름을 결정할 혁신기술의 거대한 충격 17

10년 후 세계사
미래의 역습

구정은·이지선 지음

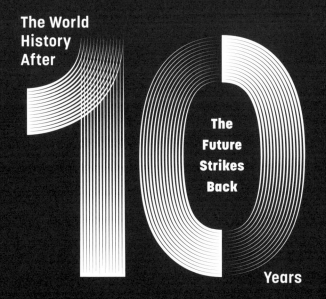

The World
History
After

10

The
Future
Strikes
Back

Years

추수밭

미래에 대한 낙관과 비관 사이에서
우리의 '불안'을 들여다보는 질문들

《10년 후 세계사》라는 타이틀을 단 세 번째 책을 선보인다. 첫 책이 나온 게 2015년이었다. 두 번째 책은 10년이 절반 남짓밖에 지나지 않은 2021년에 나왔다. 그리고 다시 몇 년 만에 세 번째 책을 내놓게 됐다.

저자들은 오랫동안 기자 생활을 하면서 세상의 변화에 주목해왔지만 '챗GPT 이후의 세계'는 변화의 속도가 어느 때보다 빠른 듯하다. 그러나 실제로 주변 사람들과 이야기를 나누다 보면 "인공지능을 아주 잘 쓰고 있어요", "이런 것들이 생겨나서 너무 좋아요"라고 말하는 사람들은 별로 없는 것 같다. 젊은 세대들은 새로운 도구를 열심히 활용하고 있지만 중장년층부터는 '아이고, 머리 아파' 하는 분위기가 더 많은 것처럼 보인다.

의식적으로 앱이나 프로그램을 실행하지 않더라도, 이미 인공지능을 비롯한 온갖 새로운 기술들은 우리 삶에 들어와 있다. 이 사실 자체도 모두가 안다. '인공지능이 우리 삶에 들어와 있다는 것은 많이 들어서 알고 있다'는 정도의 인식에 그치는 경우가 많지만 말이다.

"그래서? 인공지능은 우리 삶을 어떻게, 얼마나 바꾸고 있는데? 자율주행차 얘기가 나온 지 오래됐지만 아직도 안 되잖아. 아냐, 이미 자율주행 기능이 승용차에 얼마나 많이 들어와 있는데. 전기차가 깨끗하다는 것도 사실상 허구 아니야? 미국에서 도널드 트럼프가 다시 대통령이 됐잖아, 녹색 기술은 아직 안 먹혀. 기후변화에 맞선다고? 말만 그렇지, 선진국들도 열심히 안 하잖아."

모두 맞는 말들이다. 모두가 절반의 진실들을 담고 있다. 인공지능이 세상을 바꾸고 있지만 80억 인구의 생활은 몇 년 사이에 그렇게 바뀌지 않는다. 하지만 변화를 부인할 수 없다는 것을 모두가 안다. 그래서 불안해한다. 이 변화가 우리를 어디로 끌고 갈지 모르기 때문이다. 또한 모든 변화는 충격파를 남긴다. 모두가 승자가 될 수는 없다. 내가 승자가 될지 패자가 될지 모르기에 더욱 불안하다. 당장 뭘 해야 하는 것인지 모르니 불안감은 증폭된다.

저자들은 기술 전문가가 아니다. 하지만 불안감을 들여다보는 일은 할 수 있다. 이 책에 담긴 것은 '질문들'이다. 어떤 변화가 진행되고 있는지, 그것이 우리를 불안하게 만드는 이유는 무엇인지, 우리가 생각해봐야 할 것들은 무엇인지를 묻는 것이 이 책을 쓴 이유이고 목적이다.

저자들은《10년 후 세계사》첫 번째 책에서 바다 건너 먼 곳에서나 일어나는 일들로만 여겨졌던 국제뉴스의 굵직한 이슈들을 '세계사'라는 큰 맥락 속 '우리의 이야기'로 소개하는 데 초점을 맞추었다. 두 번째 책《10년 후 세계사: 두 번째 미래》에서는 전작에서 언급한 이슈들을 업데이트하면서 예상보다 빨리 우리의 일상에 닥쳐온 기술 발전의 영향을 추적했다. "미래의 역습"이라는 제목이 덧붙여진 이번 책에서는 첨단 기술을 둘러싼 경쟁이 지정학적으로 어떤 파장을 미칠지, 전염병과 기후변화 같은 글로벌 이슈 대응까지 포괄해 시야를 좀 더 넓혔다. 1부에서는 로봇과 자율주행, 인공지능 등 첨단 기술이 우리 삶에 스며들어 오는 양상과 함께 이를 올바르게 규제해야 한다는 지적을 담았다. 2부에서는 기술이 지정학에 미치는 영향에 초점을 맞췄다. 테크놀로지 전쟁이 미-중 패권 경쟁의 양상으로 진행되고 있다 보니 중국과 관련된 내용이 많아졌다. 미-중 양강 구도에 도전하는 인도, '검은 대륙'에서 정보기술로 도약하려는 아프리카의 움직임 등도 소개했다. 3부에서는 기후변화라는 글로벌 과제를 중심으로 녹색 기술과 지정학을 연결시켰다.

모든 게 불확실하지만, 따지고 보면 미래는 언제나 불확실했다. 그것이 '미래未來', 아직 오지 않은 것이 가진 기본적인 속성이다. 어떤 이들은 낙관론을 펼치는 반면에 어떤 이들은 두려움에 떨며 '첨단' 혹은 '인공'이라는 말이 붙은 모든 것에 불안해한다. 하지만 둘 중에서 정답을 골라야만 하는 것은 아니다. 가야 할 길은 갈지之 자가 될 수밖에 없고, 혼란 속에서 모색하는 것 말고는 방법이 없다. 그래도 좀 덜 불안한 미래를 만들어가는 데에 우리가 던지는 질문들이 기여할 수 있기를 바란다.

책을 쓰는 내내 정보의 바다에서 허우적거렸다. 방대한 양의 자료를 읽으면서 우리의 생각 또한 지그재그를 그렸다. 그러는 동안에도 길을 잃지 않게 도와준 것은, 고전적으로 표현하면 존 롤스가《정의론A Theory of Justice》에서 설명한 '무지의 베일' 같은 것이었다. 한 사회가 무언가를 결정할 때에 어떤 것을 기준으로 삼아야 할지를 알려주는 일종의 지침 말이다. 내가 어느 곳에서 어떤 조건을 가지고 태어날지 모른다면, 내가 여성일지 남성일지 혹은 흑인일지 백인일지, 아니면 신체적 장애가 있을지 또는 머리가 좋을지 나쁠지 모른다면, 뭔가를 결정할 때에 가장 취약한 사람들에게 해가 되지 않는 방향으로 결정을 내리는 게 가장 안전하다. 거창하게 말하면 그것이 '정의'다. 낯선 기술들이 우리를 어디로 끌고 갈지 모른다면, 새로운 흐름에 휩쓸려 갈 가능성이 높은 사람들의 처지를 생각하면서 방향을 잡는 것이 모두를 위한 안전장치가 될 것이다. 이 책은 그런 안전장치를 고민해보기 위한 밑작업이다.

게으른 저자들을 독촉해가며 책이 나올 수 있게 해준, 꼼꼼하게 읽어주고 구성을 다듬어준 김경수 편집자와 추수밭 편집팀에 감사드린다.

2025년 봄
구정은·이지선

차례

1부

기술은 우리를
어떤 미래로 이끌까

1장

아메카 로봇은
내 마음을
이해할까

"에든버러로 옮겨온, 세계에서 가장 앞선 휴머노이드 아메카를 만나보세요!"[1]
2024년 4월 영국 BBC 방송 웹사이트에 실린 기사의 첫 구절이다. '로봇과 인간이
서로를 더 잘 이해할 수 있도록 돕는 프로젝트의 일환으로' 에든버러로 이사 왔다
는 아메카Ameca에 대한 소개 기사다.

머리와 신체, 혹은 그 신체에 팔다리와 비슷한 장치가 달려 인간과 비슷한 모습
과 행동을 하도록 제작된 로봇을 '휴머노이드humanoid'라 부른다. 영국 로봇 제작
회사 엔지니어드 아츠Engineered Arts가 만든 아메카는 눈에 카메라가 달렸고 귀에
는 마이크가 장착됐다. 인공지능 Artificial Intelligence, AI을 이용해 사람의 말을 알아
듣고 대화를 한다. 에든버러에 '살게 된' 아메카는 스코틀랜드 전역의 공공 행사
에 참석하고, 학교를 찾아다니며 로봇과 인간의 공생을 모색하게 된다. 보금자리
는 에든버러대학교와 헤리엇-와트대학교가 함께 세운 국립로봇박물관National Ro-
botarium이다.

2022년 미국 소비자가전전시회 Consumer Electronics Show, CES에서 처음 세상에 소
개된 아메카는 대화하는 사람의 얼굴을 보고 특정인에게 초점을 맞춰 대답할 수
있다. 양쪽 귀의 마이크는 어떤 소리가 어느 방향에서 오는지 로봇이 추적할 수 있
게 해준다. 다만 스피커는 입이 아닌 가슴에 있다. 머리 부위에는 이미 모터와 전
자장치가 빼곡하게 들어차서 엔지니어들이 스피커를 입 부위에 넣을 수가 없었기
때문이다.

실리콘 얼굴로
미소 짓는 로봇

●

아메카가 에든버러에 둥지를 틀 무렵에 미국 컬럼비아대학교의 한 연구팀은 로봇이 인간 작업자와 함께 미소 짓도록 가르치는 알고리즘을 선보였다. AI가 인간 상대방의 미세한 얼굴 변화를 분석해 800밀리초 만에 인간의 미소를 '예측'한다. 밀리초millisecond는 1,000분의 1초를 가리키는 말이다. 바꿔 설명하면 컬럼비아대학교의 이 AI 로봇은 인간이 언제 웃을지를 예측하고 거의 동시에 함께 미소를 지을 수 있다는 뜻이다.

이 로봇의 이름은 이모Emo. 몸통은 없고, 인공지능이 장착된 로봇에 실리콘 피부를 입혀 머리만 만들어놓은 상태다. 사진을 보면 정겹지는 않다. 과학 전문지 〈사이언스〉의 표현을 빌리면 파란색으로 착색된 실리콘 얼굴은 "1960년대 공상과학소설 속 외계인처럼 생겼다".[2] 하지만 이 로봇은 인간 파트너와 같은 감정의 파장을 공유하고, 쉽사리 미소를 따라 한다.

인간과 대화하는 휴머노이드 로봇은 이제 더 이상 신기한 존재가 아니다. 하지만 로봇의 말투는 어눌하거나 타이밍이 안 맞을 때가 많다. 챗GPT ChatGPT를 비롯한 언어 알고리즘 인공지능이 이미 많이 나와 있지만 표정을 비롯한 비언어적인 의사소통은 지금까지의 로봇들에겐 대체로 힘든 과제로 보였다. 그 차이는 바로 속도에서 나온다고 과학자들은 설명한다. 인간은 상대의 표정을 순식간에 포착

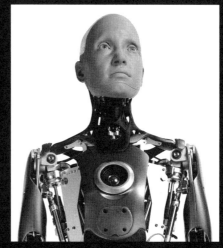

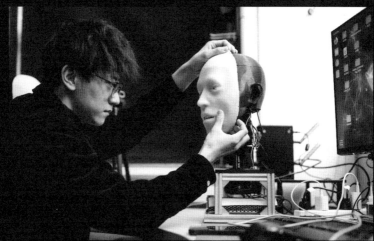

▲2022년 출시된 휴머노이드 아메카 1세대. ©Willy Jackson

▼인간의 얼굴 표정을 재현하는 데 특화된 로봇 이모를 연구진이 시험 작동하고 있다. ©John Abbott

하고 반응하지만, 기계가 비슷한 반응을 보이는 데에는 미세하게 더 긴 시간이 걸린다. 그것이 로봇을 어눌해 보이게 만든다는 것이다. 800밀리초라는 시간을 가지고 연구팀은 그 차이를 없애려 애썼다. 얼굴 표정을 비롯한 '사회적 기술'을 로봇에 프로그래밍하는 것은 "로봇이 인간 사회에 합류할 수 있도록 돕는 첫 번째 단계"라고 연구팀은 설명한다. 이 연구를 이끈 사람은 한국에서는 '3D 프린터 전도사'로 더 알려진 이스라엘 출신의 로봇공학자 호드 립슨Hod Lipson이다. '이모'는 눈에 달린 카메라로 주변 환경을 기록하고 안구의 움직임과 눈 깜빡임 동작을 제어한다. 이모를 훈련시키기 위해, 좀 더 인간적으로 말하자면 '표정 짓는 법'을 가르치기 위해 거울을 보며 기어를 제어하고 미소를 짓는 방법을 배우게 했다. 로봇과 사람의 '감정 소통' 혹은 '표정'을 얘기할 때 늘 나오는 표현이 있다. 바로 '불쾌한 골짜기uncanny valley'다. 로봇이 어느 정도 사람을 닮으면 귀엽고 친근하게 느껴지지만, 너무 닮으면 오히려 불편하고 기묘하게 느껴진다는 것이다. 친밀도의 그래프가 확 떨어지는 시점, '너무 닮아서 불쾌하다'고 느껴지는 그래프의 그 푹 파인 지점을 가리키는 말이다. 연구팀의 관심사는 사람들이 불쾌한 골짜기를 극복하고 이모의 미소를 '진심 어린 미소'로 여기게 하는 것이다. 사람은 진심이 아닌 미소를 이내 알아차리니 말이다. 로봇의 미소가 사람들에게 '진심'으로 받아들여질 수 있을까? 어떤 때 우리는 로봇을 인간의 동료로 여기고, 완전히 우리와 똑같은 '마음'은 아니더라도 그에 상응하는 무언가를 가지고 있다고 믿게 될까?

로봇과 사람의 '마음'이 통할 수 있을까? 아마도 이런 질문을 받는다면 많은 이가 곧바로 고개를 저을 것이다. 하지만 잠깐 생각해보자. 우리는 어떻게 타인의 감정을 '판단'하고 거기에 '반응'하며 '소통'하는지 말이다. 인간 역시 경험을 통해 쌓아온 데이터를 이용해 상대방의 감정을 유추하고, 그에 맞는 반응을 보인다. 인간은 성장하면서 사회화가 되며, 심지어 사회화되기 전의 아이들에게도 타인의 표정과 상태를 어느 정도 읽는 능력이 갖춰져 있다. 우린 그렇게 진화해왔으니까. 그래서 우린 머릿속에서 일어나는 데이터 분석과 유추와 행동 결정 메커니즘을 굳이 생각하지 않더라도 자연스럽게, 그것도 순식간에 다른 사람의 표정을 읽고 반응한다.

로봇이 그런 데이터를 확보하고, 분석과 유추와 반응까지 하게 된다면 과연 사람들끼리의 소통과 무엇이 어떻게 다를까? 우리가 로봇도 동반자로 느끼게 되는 어느 순간에 그 경계는 예기치 못한 방식으로 흐트러지지 않을까? 전문가들은 '로봇의 반응 메커니즘은 인간과는 다르지만, 반응하는 양상은 꽤 비슷해질 것'이라고 말한다. 그때 우리는 로봇과 교감한다고 느끼게 될까?

의족 스프린터를 둘러싼 '공정' 논쟁 ●

방탄소년단BTS에 이어 세계에서 K팝 유행을 이끌고 있는 아이돌

그룹 '세븐틴'은 2024년 6월 유튜브 콘텐츠에서 재미난 토론을 했다. '예능'으로 시작했지만 어느새 진지한 토론장이 돼버린 이 콘텐츠의 주제는 '피노키오를 죽이는 것은 살인인가'였다.[3] 한쪽에서는 '피노키오는 나무로 만들어진 인형이다, 따라서 살인이 아니라 재물손괴에 해당한다'고 했고 한쪽에서는 피노키오와 할아버지의 애정과 공감을 강조했다. 처음에는 의견이 양분되는 것 같더니 그들의 토론은 점점 더 공감과 인간적인 관계로 초점이 이동해갔다. 피노키오를 '로봇'으로 바꿔놓고 본다면, 미리부터 로봇과 우리의 관계를 재단할 필요는 없을 것 같다. 교감이라고 부르는 것과 비슷한 감정을 느낄 수도 있고, 혹은 우리가 생명체에 대해 갖고 있는 연민 혹은 동정심과 비슷한 것을 로봇에게 느끼게 될 수도 있다. 우리 '마음에' 중요한 질문은 그것을 진정한 정서적 교류라 부를 수 있느냐는 것이겠지만 그보다 훨씬 실용적인 질문은 로봇의 권리, 로봇에 대한 학대, 로봇 파손과 관련된 책임에 관한 것들이 될 것이다.

로봇과 인간, 로봇 대 인간이 아니라 '로봇화한 인간의 신체 일부'를 둘러싼 논쟁이 진행될 가능성도 있다. 의족과 의수, 인공 신장과 인공 달팽이관 등 인공적으로 제작된 것들로 인체의 일부가 대체되는 일은 드물지 않다. 질병이나 사고로 손상된 인체의 일부 기능을 되찾아주기 위한 보조 장치들인 셈이다. 그런데 '치료' 개념이 아니라 기능을 '강화'하기 위해 인체의 일부를 인공적 보조 장치로 대체하게 된다면? 로봇 팔을 장착한 사람이 통증도 없고 지치지 않는 팔로 다른 이들보다 팔을 쓰는 노동을 더 오래, 더 잘할 수 있게 된다면?

유전자 조작을 둘러싸고 특히 이런 논쟁이 많이 벌어지고 있지만, 로봇과 관련해서도 비슷한 논쟁이 벌어질 수 있다. 그 전조라고도 볼 수 있는 일이 실제로 있었다. 오스카 피스토리우스Oscar Pistorius는 남아프리카공화국의 단거리 달리기 선수였다. 양쪽 다리의 무릎 아래를 절단당해 의족을 달고 뛴 그는 2004년, 2008년, 2012년 패럴림픽에서 100m, 200m, 400m 종목에 출전해 메달을 땄다. 이때만 해도 그의 성취는 '인간 승리'로 찬사를 받았다. 그러나 2011년 대구에서 열린 세계육상선수권대회와 2012년 런던 올림픽에 피스토리우스가 출전하자 동료 선수들 사이에서 '지치지 않고 아프지도 않은 인공 다리를 달고 뛰는 사람과의 시합이 공정한 경쟁인가' 하는 문제 제기가 나왔다. 피스토리우스는 대구에서 은메달을 땄고, 이듬해 올림픽에서는 메달권에 들지 못했다. 2013년 그가 여자 친구 사망 사건에 연루돼 유죄판결을 받고 선수 생활을 하지 못하게 되면서 논쟁은 유야무야됐지만, 이 사건은 로봇과 인체의 결합이 현실화된다면 언제든 되풀이될 질문을 남겼다.

빨래 개키는 옵티머스

●

옵티머스 프라임Optimus Prime은 미국 영화 〈트랜스포머Transformers〉

에 등장하는 로봇 군단의 리더다. 파란색과 빨간색으로 도색된 거대한 트럭 모양의 옵티머스 프라임이 도로를 질주하면서 '본체'로 변신하는 장면은 언제 봐도 멋지다. 하지만 현실의 옵티머스는 숙적인 메가트론과 싸우는 로봇 총사령관의 모습과는 사뭇 다르다.

일론 머스크Elon Musk의 테슬라Tesla가 개발해 이르면 2025년 말 시장에 싼 가격에 내놓는다는 휴머노이드 옵티머스. 공장에서 사람을 대신해 작업하는 '노동자'가 될 거라고 한다. 로봇계의 스타라 할 수 있는 보스턴 다이내믹스Boston Dynamics의 '아틀라스Atlas'와 옵티머스의 대결이 예상되는 가운데 피규어Figure의 로봇이 다크호스로 떠올랐다. 현대 자동차 그룹이 2021년 인수 작업을 완료한 보스턴 다이내믹스는 1992년 미국 매사추세츠공과대학교MIT에서 시작된 스타트업인데, 2013년 구글이 인수했다가 2017년 일본의 소프트뱅크로 주인이 바뀌었고 다시 현대 자동차 그룹에 9억 2,100만 달러에 팔렸다.

피규어는 마이크로소프트Microsoft와 엔비디아Nvidia가 지원하는 스타트업이다. 이 회사는 독일 자동차 제조 업체 BMW와 파트너십을 맺고 미국 내 자동차 공장에 로봇을 배치하기로 결정했다.

휴머노이드 경쟁에서 누가 앞서 나가고 있는지 말하기엔 모든 일의 진전이 너무 빠르다. 전기차에 우주선에 로봇까지, 이제는 미국 정부의 각료까지 된 머스크가 비록 논쟁적인 행보 때문에 대중 앞에 말썽쟁이처럼 비칠 때가 많기는 하지만 테크놀로지 분야의 선구자인 것은 분명하다. 테슬라는 2022년 9월에 이미 범블비라 불리는

'1세대 옵티머스' 로봇을 출시했다. 역시나 〈트랜스포머〉에 나오는 로봇의 이름을 땄다. 2024년에는 회사 시설에서 2세대 휴머노이드가 티셔츠를 접는 동영상을 게시했다. 피규어의 01 로봇이나 아틀라스의 섬세한 작업 능력도 뒤지지 않는다. 2024년 1월 공개된 동영상에서 01 로봇은 커피를 만들고 있다. 물건을 나르면서 인간들의 온갖 방해에도 꿋꿋이 작업을 끝내는 아틀라스의 운동 능력은 너무나 유명하다. 현대 자동차 그룹이 보스턴 다이내믹스를 인수한 뒤 아틀라스와 동료 로봇들이 춤추는 영상에 이날치의 노래 '범 내려온다'를 믹스한 동영상이 화제가 되기도 했다.

한국산 휴머노이드도 물론 있다. 카이스트가 개발한 '탑승형 두발 로봇' 메소드2는 고전 만화영화 〈태권V〉의 로봇처럼 인간이 올라타고 조종할 수 있다. 카이스트와 서울대학교 연구진이 결합해 개발한 메소드2는 2017년 미국 아마존Amazon이 주최한 컨퍼런스에 등장했고, 아마존 설립자 제프 베이조스Jeff Bezos가 직접 탑승해서 움직임을 시연해 보여 화제가 되기도 했다. 그러나 개발사인 한국미래기술은 성 착취 동영상과 직원 폭행으로 악명 높았던 위디스크의 양진호 회장이 소유한 기업이고, 메소드2의 미래는 불투명하다. 기술과 시장성도 중요하지만 '경영 윤리'가 뒷받침하지 않으면 안 된다는 것을 보여주는 사례다.

일본이 앞장섰고,
중국이 추격하고 ●

인간을 닮은 로봇, 휴머노이드. 인간의 상상 속에 이런 기계가 자리 잡은 지는 오래됐지만 현대 휴머노이드의 발전사는 사실 일본이 이끌었다 해도 과언이 아니다. 이미 1984년 일본 와세다대학교 연구팀은 와봇-2WABOT-2라는 음악가 로봇을 만들어 연주를 시켰고, 이듬해에는 히타치가 WHL-11이라는 로봇을 통해 안정적인 보행을 선보였다. 2000년대 초반까지도 휴머노이드 경쟁은 혼다, 소니, 후지쓰와 와세다대학교, 도쿄대학교 등 일본 기업과 연구자들의 독무대나 다름없었다. 특히 2000년 혼다가 내놓은 아시모ASIMO는 귀여운 외모와 첨단 기술로 엄청난 화제를 불러일으켰다. 2005년에는 고령자와 장애인의 활동을 돕는 미쓰비시의 와카마루Wakamaru가 나왔다. 그러나 현재 일본을 대표하는 휴머노이드가 있다면 소프트뱅크 로보틱스Softbank Robotics의 페퍼Pepper다. 도요타도 거동이 불편한 사람들을 도와 물건을 가져오거나 문을 열고 가전제품을 작동할 수 있는 휴먼서포트로봇HSR을 개발해왔다.

그러나 일본의 로봇 기술은 미국과 독일, 뒤이어 중국의 거센 추격에 주춤하는 추세다. 싱가포르의 난양공과대학교는 2014년 여성의 모습을 한 나딘Nadine을 개발했으며, 홍콩에 본사를 둔 미국 기업 핸슨 로보틱스Hanson Robotics는 오드리 헵번을 닮은 로봇 소피아Sophia와 코로나19 시대의 도우미 로봇 그레이스Grace를 몇 해 간격으로

NASA의 우주탐사용 로봇 발키리. 탐사 임무 중에 인간 팀을 보조하는 것을 목표로 제작되었다. ⓒNASA

출시했다. 2021년 등장한 그레이스는 일종의 간호 로봇인데, 인공지능 학습으로 영어, 표준 중국어, 광둥어를 구사한다.

인간과 비슷한 신체 구조를 가지고 인간의 섬세한 동작을 흉내 낼 수 있는 휴머노이드의 쓰임새는 너무 많다. 미국 우주항공국NASA의 발키리Valkyrie는 우주탐사용 로봇으로, 달과 화성에 갈 준비를 하고 있다. 스페인 로봇 회사 팔 로보틱스PAL Robotics는 산업용 휴머노이드 탈로스TALOS로 유명하다.

어느 분야나 그렇듯 로봇 기술에서도 세계의 시선은 중국으로 쏠려 있다. 2021년 기준으로 중국은 제조업에서 로봇 사용률이 미국의

12배에 이른다. 제조업 임금이 미국보다 훨씬 낮다는 점을 감안해 미국 학자가 계산한 수치다. 정부 정책의 영향도 크다. 중국 정부가 제조 로봇 도입에 보조금을 많이 지급하기 때문이다. 2022년에는 세계에서 설치된 산업용 로봇의 절반 이상이 중국에 자리를 잡았다.[4] 국제로봇연맹 통계를 보면 제조업 노동자 1만 명당 로봇 수, 즉 '로봇 밀도'가 가장 높은 나라는 한국이고 싱가포르가 2위, 뒤이어 일본과 독일 순이다. 하지만 최근 중국에서 로봇 수요가 급증하자 외국 로봇 업체들은 중국에 줄줄이 공장을 짓고 있다. 스위스 ABB와 일본 화낙은 상하이에 세계 최대 규모의 로봇 생산 공장을 건설했다. 근래에는 중국이 외국 기업들에 기술 이전을 압박하고 있고, 중국 자체 스타트업도 우후죽순처럼 생겨나고 있다. 긱로보틱스, 하이크비전, 중국 군용 로봇을 만드는 블루소드 등이 대표적이다. '로봇 1억 대 프로그램'이라며 정부가 로봇 회사들을 끌어주기도 한다. 중국 기업의 외국 회사 인수도 활발하다. 메이디美的集團, Midea가 독일 로봇 회사 쿠카Kuka를 사들여 화제가 된 것이 벌써 2016년의 일이다.[5]

그럼에도 아직 중국은 후발 주자다. 스타트업이 아무리 많고 제조업 공정의 로봇화가 빠르다 해도 여전히 대부분의 로봇을 수입하기 때문이다. 특히 로봇의 핵심인 소프트웨어 분야에서 뒤처졌다는 지적을 받는다. 반면 중국의 강점은 가격 경쟁력과 혁신의 '속도'다. 일각에선 중국의 개인 정보 보호가 로봇 기술에서 앞선 나라들보다 덜 엄격하다는 점을 중국 기업들이 악용하고 있다는 얘기도 한다. 하지만 로봇공학을 정책에서 도외시해온 미국과 달리 중국이 로봇 개발과 생산과 사용 모두에서 글로벌 리더십을 추구해왔다는 점을 들며 '정책의 승리'라 보는 이들도 있다.

사라지는 일자리와 사라지는 사람들 ●

1930년에 경제학자 존 메이너드 케인스John Maynard Keynes는 새로운 생산기술이 발전해서 인간 노동력을 대체할 수도 있다며 "기술적 실업technological unemployment"이라는 말을 만들었다. 기술이 발전하면서 새로운 산업 분야가 생겨나고 그 분야의 일자리들이 만들어지지만 뒤처지는 분야에서는 기술적 실업이 늘 있어왔다. 그러나 피규어 최고경영자CEO 브렛 애드콕Brett Adcock은 인터뷰 때마다 "인간 노동력은 부족하다"라고 말한다.**6** 수많은 이들이 로봇 시대, 인공지능 시대의 일자리를 걱정하는 마당에 그는 인력이 모자란다고 이야기하는 것이다. 그의 주장에 따르면 대형 창고나 제조 업체, 소매 업체 등에서 "로봇으로 직원을 대체할 수 있다"라고 말하는 관행이 잘못된 것이다. 사람의 자리에 로봇을 집어넣는 게 아니며, 오히려 노동자 부족으로 인한 위기가 심각하기 때문이다. 그래서 피규어의 목표는 휴머노이드를 대규모로 상용화해 작업 현장에 배치하는 것이라고 말한다.

한국에서도 "산업 현장에서 일하려는 이들이 없다", "일할 사람을 못 구한다"라고 얘기하는 이들이 많다. 고소득 국가일수록 그런 문제를 많이 겪을 것이다. 고용을 해야 하는 이들의 이같은 투덜거림은 물론 진실이다. 다만 진실의 한 측면일 뿐이다.

그런 발전한 나라에서 '사람 못 구해 걱정인' 일자리는 누가 맡고 있을까. 이주노동자들이 상당수를 차지한다. 세계 거의 모든 곳에서 이주노동자들은 '원주민'들이 기피하는 저임금 서비스업과 제조업 일자리들을 채워왔다. 사람이 모자라서 로봇을 만든다고 애드콕은 말하지만, 결국 로봇은 이주자들로 인해 '원주민'들이 느끼는 불편함과 제도적·법적 쟁점들을 피해갈 수 있는 효과적인 대안이 될 것이다. 로봇이 늘어나는 사회에서 저학력·저숙련 노동자들이 로봇으로부터 일자리 위협을 느낀다면, 생명의 위험을 무릅쓰고 국경을 넘어가 그곳 사람들이 원치 않는 일이라도 하면서 더 낫게 살아보겠다고 애쓰는 이주민들과 로봇의 경쟁은 지구적인 차원에서 벌어질 것이 분명하다. 이주자들 스스로는 깨닫지도 못하는 사이에 말이다.

이야기의 범위를 좁혀서 로봇 혹은 인공지능과의 경쟁에 뒤처질 사람들에 대한 이야기를 해보자. 새로 노동시장에 진출할 사람들은 로봇과의 경쟁에서 지지 않을 정도의 기술 습득력, 학습 능력을 가르쳐서 내보내는 게 맞다. 이는 교육의 영역이다. 이미 노동시장에 들어와 일을 하고 있지만 기술 변화에 뒤처지는 사람들에게는 재교육이 필요하다. 스웨덴을 비롯해 '노동의 유연화'와 '일자리 창출'을 연결 지으려는 나라들이 공을 들이고 있는 기술 훈련job training과 일자리 연결job matching에 국가가 더욱더 신경 써야 한다는 뜻이다. 그럼에도 불구하고 노동시장에서 끝내 배제될 수밖에 없는 사람들이 생길 수밖에 없다. 기술 옹호론자들은 "자동차가 나온 뒤에 마차가 사라지고 마부들이 일자리를 잃었지만, 그보다 훨씬 많은 일자리가 생겨났다"는 비유를 많이 쓴다. 이는 분명한 사실이다. 그러나 밥줄이 끊긴 마부들이 모두 자동차 공장에 취직할 수 있었던 것은 아니다. 자동차 공장의 일자리를 늘리는 것이 물론 중요하지만, 수입이 없어진 마부들에게도 살길을 마련해줘야 한다. 이는 사회 안전망, 즉 복지의 영역이다.

로봇도 세금을
내야 한다?　　　　　　　　　　●

미국 경제학자 대런 아세모글루Daron Acemoglu와 사이먼 존슨Simon John-son은 《권력과 진보Power and Progress》에서 '자동화'를 좋은 자동화와 나쁜 자동화로 구분한다. 과거 자동차 산업이 자동화될 때에는 수많은 관련 산업 분야들이 생겨났기에 노동자들이 육체노동보다 사무직에 가까운 쪽으로 이동할 수 있었고, 전체적으로 일하는 사람들의 생산성은 높아졌다. 노동자들의 평균 생산성뿐 아니라 한계생산성이 중요하다고 이들은 지적한다. 노동자 한 명을 더 고용할 때 그 공장 혹은 회사의 생산성이 얼마나 더 늘어나느냐를 가리키는 게 한계생산성 개념이다. 로봇을 들여놓을 때 인간 직원의 생산성이 올라가지 않을 뿐 아니라 한계생산성이 마이너스에 가깝다면 아무도 사람을 더 이상 채용하려 하지 않을 것이다. 지금 논의되고 있는 로봇 기술과 인공지능 기술은 노동자들의 생산성을 높이고 더 많은 일자리를 만들어 인간의 삶에 보탬이 되는 쪽으로 가고 있지 않으며, 결국은 진정한 혁신도 아니고 인류에 도움이 되지도 않는다고 아세모글루와 존슨은 말한다. 이들은 이런 자동화를 "그저 그런 자동화"라고 부른다.[7] 요즘 식당들마다 경쟁적으로 들여놓고 있는 키오스크를 생각하면 이해하기 쉬울 것 같다. 키오스크가 생김으로써 매장의 직원 수는 줄어든 반면에, 실상 키오스크가 음식의 질이나 서비스의 질이나 손님의 편익을 엄청나게 개선했다고 말하기는 힘들다. 오히려 불편해하는 사람들도 적지 않다. 기업의 이익이 얼마나 늘었는지 몰라도 이런 자동화는 점원의 삶도, 소비자의 삶도 더 낫게 만들어주지 않는다.

아세모글루 등은 특히 미국의 테크놀로지 분야에 엘리트주의가 만연해 있고, 그것이 극소수에게만 과도한 보상을 몰아주는 경향을 낳았으며, 지나친 낙관론을 대세인 양 포장하면서 '디지털 유토피아라는 비전'을 퍼뜨리고 있다고 지적한다. 사람들의 삶을 실제로 개선하기보다는 오히려 사람들을 밀어내고 오직 기업의 이윤만 높여주는 이런 자동화가 미래의 방향이어야 할 이유는 없다. 사람들이 나서서 방향을 바꿔야 한다고 아세모글루 등은 말한다. 기술에 지나치게 비판적인 이단아의 주장이 아니다. 아세모글루와 존슨에게 스웨덴 왕립아카데미는 2024년 노벨 경제학상을 공동 수여했다.

"로봇은 인간 노동자보다 한 가지 불공평한 이점을 가지고 있다. 그들은 소득세를 내지 않는다."

마이크로소프트 공동 설립자인 빌 게이츠Bill Gates는 21세기 정보기술의 확산과 노동의 변화에 가장 큰 영향을 미친 인물 중 한 명일 것이다. 세계에서 몇 손가락 안에 드는 부자이기도 하다. 그런 게이츠도, 보수적인 경제 전문지 〈파이낸셜 타임스〉의 표현을 빌리면 "테크 업계의 지도자들보다는 유럽의 사회주의자들과 더 가까워 보이는 아이디어"를 주장했다. 일자리를 파괴할 기술의 발전을 늦추자는 21세기의 러다이스트(기술 파괴론자)들과는 거리를 두면서도, 그는 세금을 활용해서 일자리를 로봇에 빼앗길 이들을 돕자고 말한다. "공장에서 5만 달러를 받고 일하는 인간 노동자는 소득세를 낸다. 로봇이 같은 일을 하기 위해 공장에 들어간다면 로봇에 세금을 매겨야 한다."

게이츠의 주장은 시사하는 바가 크다. 로봇으로부터 걷은 세금으로 사회 안전망을 확충하자는 것도 솔깃한 제안이지만, 세금을 안내는 로봇 노동자들이 늘어나고 인간 노동자가 줄어들게 되면 정부 재정이 줄어들고 저소득층 '인간'들은 이중삼중으로 살기가 힘들어질 것이기 때문이다.[8] 이 밖에도 로봇 기술과 관련된 이슈, 특히 윤리적인 쟁점은 너무나 많다. 그중 일부는 뒤에서 '전쟁 기계'를 다루면서 다시 살펴보기로 하자.

2장

크루즈는
왜 석 달 만에
멈췄을까

•위Yu와 왕Wang은 직장에 다니는 부부다. 위는 아침이면 공유 자전거를 타고 직장 주변까지 간 다음 걸어서 사무실로 간다. 왕은 지하철을 타고 가다가 역시 공유 자전거를 이용해 일터로 향한다. 하지만 늦게 일어난 날은 로보셔틀roboshuttle(무인 버스)을 탈 때도 있다.

부부에게는 첸과 다이위라는 두 아이가 있다. 엄마 아빠가 출근을 하고 나면 아이들 외조부모가 지하철을 이용해 손주들을 유치원에 데려다준다. 주말이면 일가족은 로보셔틀을 타고 외출하거나 도심항공모빌리티Urban Air Mobility, UAM를 이용해 교외로 놀러 간다. 이들이 사는 곳은 중국의 4대 대도시인 '1선 도시(베이징, 상하이, 광저우, 선전)' 가운데 한 곳이다. 하지만 2035년 현재 1선 도시에서 자가용 승용차로 이동하는 비율은 19%에 불과하다.

•마누엘Manuel과 안Anne은 독일 뮌헨 도심에서 세 아이를 키우는 부부다. 마누엘은 재택근무와 사무실 근무를 번갈아 하는데, 사무실에 갈 때면 지하철을 이용한다. 퇴근길에 집 근처 체육관에 들를 경우에는 전기자전거나 전기스쿠터를 이용해 귀가한다. 안은 직장이 집에서 가깝기 때문에 주로 자전거를 타고, 날씨가 나쁠 때면 버스나 로보셔틀을 탄다. 주말이면 부부는 아이들과 자전거나 로보셔틀로 시내 나들이를 한다. 더 멀리 갈 때에는 공유 자동차를 이용한다. 2035년 뮌헨에서는 35% 이상이 이들처럼 대중교통과 공유 교통수단을 이용하고 있다.

•아드야Aadhya는 인도 뭄바이 근교에 살면서 시내로 출근한다. 도심까지는 대개 기차를 타고 가고, 기차역에서 사무실까지는 전기스쿠터나 소형 전기 공유 차량을 이용한다. 사교성 좋은 아드야는 동네 친구들과 장거리 여행을 가기도 한다. 그럴 때면 다섯 명이 그룹을 만들어 공유 전기차를 빌린다.

자동차 산업?
이제는 '모빌리티'

앞의 이야기는 2023년 4월 미국 컨설팅 회사 매킨지가 내놓은 〈빅 픽처: 2035년 세계의 모빌리티〉보고서의 내용이다.[9] 중국과 독일, 인도의 평범한 주민들이 하루하루 어떤 교통수단을 이용하는지 상상한 가상 시나리오를 담았다. 앞으로 겨우 10년, 머잖은 미래를 그렸다.

　기술적으로 대단히 신기할 것은 없다. 현재 일반화되지 않은 것이라고 한다면 무인 버스 격인 로보셔틀 정도다. 오히려 더 크게 변화하는 것은 라이프스타일인 듯하다. 첫 번째 키워드는 '공유'다. 자가용 차를 집집마다 한두 대씩 갖고서 체증에 시달리기보다는 공유 차량, 공유 자전거 같은 공유 교통수단을 많이 이용한다는 게 가장 먼저 눈에 띈다. 두 번째 키워드는 '소형'이다. 전기자전거, 전기스쿠터, 전기 소형 차량 같은 '마이크로모빌리티micromobility'가 늘어난다는 점이다. 운전자 혼자 큰 승용차를 타고 도로 공간을 잡아먹으며 탄소를 뿜뿜 내뿜는 시대는 지나가고, 대중교통이 아닌 경우에는 소형 이동 수단을 많이 활용할 것으로 보고서는 내다봤다. 지금은 젊은 세대들이 주로 타는 전동킥보드나 전기스쿠터가 단거리 교통수단으로 널리 퍼진다. 세 번째 키워드는 '전기'다. 내연기관 차량이 여전히 많이 남아 있기는 하지만 비중은 크게 줄어든다. 2022년 이동 거리 기준으로 가장 널리 이용되는 교통수단은 개인 승용차(45%)이고 대중교통이 23%로 뒤를 이었다. 오토바이가 주를 이루는 마이크로모빌리티는 16%를 차지했다. 걸어서 이동하는 거리가 14%에 이른다. 이 밖에 자전거와 택시가 2%였다.

불과 몇 년 전까지만 해도 '모바일'은 휴대전화를 가리키는 말이었다. 하지만 어느 날부터인가 자동차 회사들이 너나없이 미래 전략으로 '모빌리티'를 외치기 시작했다. 모빌리티라는 영어 단어가 이동성을 뜻하는 말이니 이상할 것은 없다. 왜 '자동차'가 아니고 '모빌리티'일까? 예전에는 차량 운송, 철도 수송, 항공교통, 자전거 통근이라는 식으로 교통수단만 가지고들 이야기를 했다. 그러나 사람과 물자가 이동하는 데에 필요한 것은 교통수단만이 아니다. 그 교통수단을 만들어 파는 회사도 있고, 운영에 필요한 시스템도 있고, 공유앱 같은 서비스도 필요하다. 여러 교통수단이 섞이고, 여러 서비스가 얽히고, 여러 종류의 비즈니스가 연관되어 뻗어 나간다. 모빌리티는 이 모든 것을 총칭하는 단어다. 일례로, 한동안 떠돌던 애플과의 제휴설이 물 건너간 뒤 현대 자동차는 2019년 '모빌리티 솔루션 기업'을 향한 목표를 발표했다. 미래 사업의 50%는 자동차, 30%는 도심항공교통, 20%는 로보틱스가 맡을 것이라고 했다.[10] 2022년 초에는 달 표면 탐사용 이동 수단 개발에 뛰어든다고 선언했다. 지구를 넘어 '우주 모빌리티'로 나아가겠다는 것이다.[11]

자율주행 이동 수단과 공유 서비스 등이 결합되면서 이제 모빌리티는 자동차 산업이나 운수업 같은 말이 의미하던 것 이상으로 커져버렸고 우리 삶의 거의 모든 측면을 바꿀 수 있는 잠재력을 갖게 됐다. 마치 자동차가 생겨나 사람들의 삶이 완전히 뒤바뀌었을 때처럼 또 한 번의 변화를 맞게 된 것이다. 이 변화는 일순간에 대지진처럼 오는 것이 아니라 스쿠터가 출근 수단이 되고 전기차 비중이 해마다 늘어나고 운전자를 돕는 자동차의 인공지능이 하루가 다르게 발전하는 식으로 이미 진행 중이다.

세계에는 자동차가 몇 대나 있을까. 미국 자동차 전문 매체 〈드라이브닷컴〉은 2023년 기준 약 14억 7,000만 대로 추정했다.[12] 미국에 자동차가 가장 많을 것 같지만, 기사에 따르면 이미 세계 자동차 보유 대수 1위는 중국으로 바뀌었다. 중국에만 2022년에 4억 대가 넘는 차량이 등록돼 있었다고 한다. 세계의 도로를 달리는 차량이 15억 대 가까이 된다고 하면 많은 듯싶지만 지금 지구 상에는 81억 명이 살고 있다. 나라별로 따지면 5~75명당 자동차가 한 대꼴이다. 그나마도 중국의 자동차 붐 덕에 2006년 이후 56% 증가한 수치다. 대륙별로 보면 인구 1,000명당 북미는 710대, 유럽은 520대, 아프리카는 58대의 차가 있다. 편차가 매우 크다.

자동차 한 대가 차지하는 주차 공간은 얼마나 될까. 우문처럼 들릴 수 있지만 미국에서는 현재 자동차 한 대에 여덟 대의 주차 공간이 할당돼 있다고 한다.[13] 공공건물이나 상업 공간에도 주차장들이 설치되기 때문이다. '주차할 곳을 찾아 헤매야 한다', '도심에 주차장이 너무 적다'고 운전자들은 투덜거리지만 실상 대도시의 주차 공간은 하루 중 많은 시간 비어 있다. 그 공간을 모두 아껴 공원을 만든다면 어떨까? 모빌리티의 변화는 도시를 바꾼다.

로보택시,
어디까지 왔나

2023년 10월 미국 샌프란시스코에서 제너럴 모터스General Motors, GM 의 무인 자동차 크루즈Cruise가 보행자를 치는 사고를 일으켰다. 구글 의 웨이모Waymo와 크루즈가 나란히 이 도시에서 로보택시로 시범 운 영을 하면서 자율주행 경쟁을 도로에서 현실화한 지 석 달 만에 일 어난 사고였다. 크루즈는 운행을 중단했으며 '자율주행 차량은 역시 아직은 안전하지 않다'는 경계심을 퍼뜨렸다. 2024년 5월 GM은 애 리조나주 피닉스에서 다시 크루즈 운행을 시작한다고 발표했다.[14] 사고 뒤 불거진 책임 논란을 의식한 듯 이번에는 '잘 감독된 자율주 행'이 될 것이라고 강조했다.

GM의 무인 자동차 크루즈. 자율주행 기능을 갖춘 캐비닛에 수많은 센서가 장착되어 있다. ©Dllu

로보택시robotaxi는 공유 차량으로 운영되는 자율주행 택시, 무인 택시를 가리키는 말이다. 사람 운전자가 없어지면 택시 회사는 운영비가 크게 줄어든다. 택시 기사는 일자리를 잃겠지만 말이다. 자율주행 기능이 발전하고 무인 차량이 늘면 도시 교통은 더 안전해지고, 교통 혼잡은 줄어들 것이며, 스마트 도시 시스템을 결합해 주차장 관리를 효율화할 경우 주차 공간도 줄어들 수 있다. 혼잡한 도시의 교통 솔루션이 될 수 있다고 업계에서는 말한다. 미국 모빌리티 기업 우버Uber, 구글에서 2016년 분사한 웨이모, GM의 크루즈 등이 현재 가장 앞서 나간 회사들로 꼽힌다. 하지만 지금은 정보기술IT 기업들, 기존 자동차 회사들, 과거 가전 혹은 전자제품 회사라 불리던 회사 등 '첨단'을 지향하는 거의 모든 기업이 자율주행을 넘본다. 공학자들은 "자율주행 시대에 자동차는 껍데기일 뿐, 가장 중요한 것은 소프트웨어"라고 말한다. 이제 '스틸 껍데기'를 만드는 능력이 중요한 게 아니라 소프트웨어를 만드는 능력이 중요해졌다. 기존 자동차 회사들은 오히려 이 경쟁에서 IT 업체들에 뒤처진 것처럼 보인다. 구글뿐 아니라 애플, 아마존, 엔비디아, 인텔 등등이 모두 자율주행에 한 발씩 걸치고 있다. 우버, 리프트, 중국 디디추싱滴滴出行, Didi Chuxing 같은 공유차 업체들도 뛰어들었다. 합종연횡이 정신 없이 펼쳐진다. 바이두는 2016년 엔비디아와 제휴한다 했고, 메르세데스-벤츠 그룹은 보쉬와 협력해 로보택시 소프트웨어를 개발하고 있다. 르노-닛산-미쓰비시는 트랜스데브Transdev, 디디추싱 등 여러 회사와 손을 잡았다.

미국 자동차공학학회Society of Automotive Engineers, SAE는 자율주행 차량을 0~5단계의 여섯 개 레벨로 구분한다. 업계 기준으로 널리 통용되는 이 구분에 따르면 인간이 운전하는 0레벨 비자동화 단계에서 1레벨 운전자 보조, 2레벨 부분 자동화, 3레벨 조건부 자율주행, 4레벨 고도의 자율주행으로 발전한다. 완성형인 5레벨은 완전 자율주행으로, 운전자가 아예 필요 없는 단계다. 현재 팔리고 있는 신차들에는 어느 정도의 운전 보조 기능이 갖춰져 있다. 그러나 4단계, 5단계로 '곧' 간다던 예언이 언제 현실이 될지에 대해선 전문가들의 시선이 엇갈린다.

가장 큰 문제는 결국 제작 비용이다. 무인 차량의 '눈'이라고 하는 라이다Lidar 센서를 비롯한 첨단 장비 가격이 높아서 2020년 무인 차량 대당 제작비는 최대 40만 달러로 추정됐다. 그러나 가격은 점점 떨어지고 있다. 테슬라는 대당 2만 5,000달러로 제작비를 낮추고 있다고 했고, 중국이 라이다 대체품을 자체 개발해 100만 원대로 낮췄다는 보도도 나왔다.[15] 테크 기업들의 핫한 연구들을 분석한 시장 분석 업체 스타트어스StartUs는 '2024년 모빌리티 산업 10대 트렌드'로 아래와 같은 것들을 꼽았다.[16]

- 자율주행. 포괄적인 AI 알고리즘이 첨단 운전자 보조 시스템ADAS으로 대중교통을 더 안전하고 효율적이게 만든다. 중국 스타트업 홀로매틱스Holomatics는 자율주행 단계 중 3.5레벨에 해당하는 기능을 가진 소프트웨어를 만들고 있다. 이스라엘의

트라이아이TriEye는 단파 적외선을 활용한 이미지 센서로 밤이 나 악천후 속에서도 인공지능이 이미지를 감지할 수 있게 하는 연구를 한다.

• 사물인터넷IoT. 자동차에서의 통신은 주로 음악을 듣거나 영상 을 보기 위한 것이었지만 최근에는 차량의 유지 보수와 안전 기능으로 초점이 옮겨 가고 있다. 사물인터넷 연결로 보험, 운 전자 안전, 차량 관리 등의 데이터를 공유하는 것이다. 미국 스 타트업 글루온Gluon은 사물인터넷, 클라우드 기술, 인공지능과 블록체인을 이용해 자동차들을 서로 연결한다.

• 전기화. 로즈타운 모터스Lordstown Motors는 완전히 전기로만 움 직이며, 한 번 충전에 400km 이상 갈 수 있는 픽업트럭을 만 든다.

• 서비스형 모빌리티Mobility-as-a-Service. 공유 서비스의 범위를 넓 힐 수도 있고, 여러 교통수단을 하나의 플랫폼에 통합해 발권과 결제를 편리하게 해줄 수도 있다. 싱가포르에 본사를 둔 스타트 업 빔Beam은 아시아 여러 나라에서 통근용 전기스쿠터 공유 사 업을 하고 있다.

• 마이크로모빌리티. 인도의 율루Yulu는 사물인터넷 기술로 구동 되는 전기자전거 공유 업체다. 자전거보다 가볍고 빠른 전기자 전거가 출퇴근에 점점 많이 쓰이고 있다.

나머지는 자율주행 차량을 안내하고 관리하는 인공지능, 차량을 돕는 스마트 인프라, 정보의 바다에서 이동에 필요한 정보를 골라내고 이해하는 빅데이터 기술, 사고를 줄이기 위한 증강·가상현실AR·VR 기술, 차량 제조 가격을 낮추는 3D 프린팅 기술 등이다. 이쯤 되면 지금 거론되는 첨단 기술은 모두 가져다놓은 것 같아 어질어질할 정도다.

첨단 모빌리티가
넘어야 할 산

그러나 "이르면 2018년까지", "2020년에는" 로보택시가 널리 도입될 것이라던 예측은 번번이 빗나갔다. 이미 2016년 싱가포르가 미국 스타트업 뉴토노미nuTonomy에 첫 로보택시 시범 운영 면허를 내줬고, 같은 해 우버도 미국 펜실베이니아주 피츠버그에서 시범 운행을 했다. 그 밖에도 세계 여러 도시에서 실험이 진행되고 있고 일부는 크루즈나 웨이모처럼 상업적으로 시범 운영되고 있으나 자율주행차에 관한 수많은 예언은 허풍이 아니었느냐는 시각이 적잖다.

　그렇게 된 이유는 넘어야 할 산이 많기 때문이다. 굳이 경제의 어떤 영역에 '생태계'라는 말을 쓰는 것은, 그만큼 복잡하게 서로 연결돼 있기 때문이다. 어느 한쪽의 돌파구가 열려도 일순간에 삽으로 떠 옮기듯 이동해 갈 수 없다는 뜻이기도 하다. 흔히들 '다보스 포럼'이라고 부르는 세계경제포럼World Economic Forum은 2023년 '모빌리티의 미래가 직면한 장애물'을 설명하면서 코로나19 팬데믹 때문에 공급망이 여기저기서 끊어졌던 점, 전통적 생태계 즉 자동차 업계가 소프트웨어 쪽의 '비전통적 생태계'와 협업하면서 겪는 문제들을 꼽았다.[17] 어느 한 분야의 기술이 아니라 세계경제의 인프라 전체와 연결된 문제라는 것이다.

이런 얘기들이 '만드는 사람들' 쪽의 시각이라면, 자율주행 차량에 대해 걱정하는 보통 사람들의 심리적 저항은 어떨까. 늘 나오는 것이 안전 문제와 책임 문제다.

안전은 계속 나아질 것이다. 지금도 자율주행차 사고의 대다수는 주변의 '인간 운전자들' 때문에 일어난다고 자율주행 옹호론자들은 말한다. 앞으로는 인간들이 길거리에 자율주행 차량이 대거 돌아다니고 있다는 점을 염두에 두고 움직여야 할 것 같다. 즉 자율주행이 일반화하는 현실에 인간들이 적응해야 하며 적응하게 될 것이라는 이야기다. 교통 제어나 보험을 비롯해 모든 시스템도 거기 맞춰나갈 것이다. 사고가 일어나면 책임은 누가 질까? 자동차 회사일까, 탑승자일까, 자동차에 탑재된 인공지능 시스템 제작사일까? 결국 사안마다 판단해야 할 일일 터이고, 사건마다 법정 다툼들이 이어질 것이고, 그 과정에서 판례들이 쌓여나갈 것이고, 법규가 정비될 것이다. 이렇게 말하면 시간이 모든 것을 해결해준다는 것처럼 들릴 수도 있다. 하지만 시간은 아무것도 해결해주지 않는다. 사회 전체가 적응해가는 모든 과정에 시민들의 관점과 목소리가 반영돼야 한다. 자동차 회사들 혹은 인공지능 시스템 개발사들의 입김대로 법규가 만들어지지 않도록 감시하는 게 중요하다.

빅데이터도 문제가 될 수 있다. 인공지능은 빅데이터를 자료로 삼아 학습을 하고 의사 결정을 한다. 그 빅데이터는 사람들의 행동이 모여 쌓인 것이다. 서울 강북에 사는 30대 여성이 평일에 주로 이용하는 교통수단, 50대 남성이 주말에 많이 방문하는 장소들, 10대들이 전기스쿠터를 타고 이동하는 평균 거리 등등 시민들의 움직임 하나하나가 정보가 되어 '모빌리티 업계'에 이용된다. 내가 어느 가게에 언제 들르며 무엇을 타고 1년에 어디를 몇 번 가는지에 대한 정보들이 어떻게 이용되고 언제 어떻게 폐기되며 어떤 일에는 이용되지 말아야 하는지를 결정하는 데에 내 의견이 반영될 수 있는 통로를 만들어야 하지 않을까. 그 통로가 바로 '정보 투명성'이고 '정보 민주주의'다.

인공지능에 의해 움직여지는 자율주행 교통수단의 윤리적 문제를 얘기할 때 '트롤리 딜레마trolley problem'를 거론하는 사람이 많다. 간단히 설명하면 이런 것이다. 달리는 트롤리(전차) 앞 선로에 다섯명이 묶여 있다. 이대로 가면 다섯 명이 숨진다. 레버를 당겨 옆 선로로 바꿀 수 있지만, 그 선로에도 한 명이 지나가고 있다. 이때 기관사는 어떤 선택을 해야 할까? 사고에 '개입'해 선로를 바꿈으로써 더적은 피해를 내는 게 옳을까? 다수를 위해 소수를 희생시키는 것은 윤리적일까?

트롤리 딜레마는 복잡한 윤리적 문제이지만 이는 인간들 사이에서도 논쟁거리인 문제이며 자율주행 소프트웨어에만 해당되는 것이라 볼 수 없다. 차이가 있다면 그런 딜레마에 부딪쳤을 때 어떤 선택을 할 것인지 인간이 AI에게 가르칠 수 있다는 것, 혹은 애당초 지시 사항으로 프로그래밍해놓을 수 있다는 점이다. 그럼 어떻게 프로그래밍하는 것이 좋을까? 인공지능이 결정하는 차량은 소비자를 위한 상품이다. 차량에 주인이 타고 있는데 앞에 아이 세 명이 무단 횡단을 하고 있다. 이때 소비자인 탑승자의 안전이 최우선이 되도록 프로그램을 짜놓을 것인가, 차량이 건물에 충돌해 탑승자가 희생되는 일이 있더라도 더 많은 이들을 살리도록 짜놓을 것인가.

인명 피해를 최소화하는 쪽으로 설정해야 한다고 대답하는 사람이 적지 않을 것이다. 질문을 바꿔보자. A 사의 차량은 탑승자를 살리는 쪽으로, B 사의 차량은 인명 피해를 최소화하는 선택을 하는 쪽으로 프로그래밍돼 있다면 당신은 어느 회사의 차를 살 것인가. 너무 작위적인 설정 같지만, 생각해야만 하는 문제다. 인공지능의 선택 혹은 프로그래밍에 인간이 소비자로서, 시민으로서 어떻게 개입할 것인지 논의해야 한다는 뜻이다.

EV가 도시를
구할까

2015년, 만든 지 30년 가까이 된 오래된 영화 〈백 투 더 퓨처 2Back to the Future, Part II〉가 새삼 화제에 오르내렸다. 공중에 떠다니는 스케이트보드인 '호버보드', 저절로 끈이 묶이는 운동화, 지문으로 결제하는 택시, 입기만 하면 몸에 맞게 사이즈가 조절되는 옷, 타임머신, 전자 안경, 하늘을 나는 자동차, 홀로그램이 뜨는 영화관 등 〈백 투 더 퓨처〉 시리즈에 등장한 수많은 상상 속 제품들이 얼마나 현실이 됐는지 짚어보는 콘텐츠들이 쏟아져 나왔다.

바로 그해 미국인 네 명이 '하늘을 나는 자동차'를 만들겠다며 회사를 하나 세웠다. 처음엔 냅킨에 쓱쓱 디자인을 하면서 6개월이면 만들 수 있다고 자신했다고 한다. 하지만 곧 이 목표를 과소평가했음을 인정해야 했다. 수많은 소프트웨어와 하드웨어 테스트를 거치고 모형을 만드는 등 4년간의 연구 개발 기간을 거쳐 2019년 실제 크기의 모형 자동차가 날아올랐다. 그로부터 다시 4년 뒤인 2023년, 도로 주행은 물론 비행을 할 수 있는 자동차가 미국에서 처음으로 연방항공청Federal Aviation Administration, FAA의 비행 승인을 받았다. 전기로 움직이는 이 차는 1~2인승으로, 도로에서는 200마일(약 321km) 정도를 달릴 수 있으며 공중에서는 110마일(약 177km)까지 날 수 있다.[18]

이 플라잉카Flying car의 이름은 '모델 A'이고 알레프Alef라는 스타트업이 만들었다. 일론 머스크의 테슬라와 스페이스X가 초기 투자자로 알려져 주목받았다. 알레프는 29만 9,999달러, 4억 원가량의 가격으로 선주문을 받고 있다.[19] 예상대로 된다면 2025년 이후에 우리는 플라잉카를 타고 출퇴근을 할 수 있다. 막히는 도로에서 하염없이 체증이 뚫리길 기다리면서 모두가 한번씩은 해봤을 상상, 하늘로 날아올라 목적지까지 가는 상상이 정말 현실이 되는 것이다.

물론 아직은 섣부른 예측이라고 부를 수도 있다. 앞에서 자율주행을 향한 업계의 약속이 번번이 어긋나면서 기대감의 거품이 빠지고 있다는 얘기를 했지만, 전기차는 사정이 다르다. 이미 전기차는 세계 자동차 시장의 흐름으로 자리 잡았다. 전기차, 전기 플라잉카에 이어 전기로 움직이는 기차와 커다란 여객기까지, 첨단 기술을 앞세워 차례로 '전기화'되는 중이다.

'하늘의 테슬라'가 미래의 교통 수단이 될까

2023년 프랑스 파리는 이듬해 열릴 하계 올림픽 때 도심항공모빌리티UAM를 활용해 관람객과 선수들을 실어 나르겠다는 계획을 발표했다.[20] UAM은 항공기로 사람과 화물을 운송하는 도시교통 체계 전체를 일컫는 말로, 플라잉카를 비롯해 드론 택시 등 다양한 형태를 포함한다. 이 교통수단의 핵심은 수직으로 뜨고 내릴 수 있어 활주로 공간이 없이도 복잡한 도심에서 쉽게 비행하는 것이다. 수직 이착륙을 구현할 수 있는 배터리와 모터를 탑재한 기체와 운영 플랫폼이 필수적이고, 정류장과 관제 시스템 등 각종 인프라도 뒷받침돼야 한다.

미국에서 이미 개인 플라잉카 시대가 서막을 알린 것에서 보듯, 수많은 기업이 이 시장에 뛰어들었다. 보잉, 에어버스 같은 항공사나 현대차 등 자동차 업계가 기체 개발에 나서고 있고, 승차 공유 서비스 업체 우버도 UAM을 전담할 자회사를 만들었다. 스타트업들은 더 적극적이다. 미국의 조비Joby Aviation, 아처Archer Aviation를 비롯해 중국의 이항eHang, 독일의 릴리움Lilium 등이 선두 그룹을 형성하고 있다. 파리의 선택은 어디였을까? 독일의 볼로콥터Volocopter가 개발한 볼로시티VoloCity였다. 프랑스는 파리 드골공항 등 다섯 곳에 '버티포트Vertiport'라 이름 붙은 정류장을 만들고 도심형 항공기를 시험 운행했다. 2인승인 볼로시티는 원통형 모양의 객실 높이가 2.5m, 넓이가 9.3m 정도로, 소형 전기모터 18개가 달렸다. 2023년 파리 에어쇼에서 조종사와 승객 한 명이 타고 15분 동안 비행하는 데 성공해 세계에 알려졌다. 볼로시티처럼 전기로 움직이는 도심형 항공기를 수직 이착륙기Electric Vertical Take-Off and Landing, eVTOL라는 복잡한 약칭으로 부르기도 하는데, 이런 항공기를 주문한 업체들이 여럿이다.[21]

브라질의 상파울루 같은 곳에서는 치안에 불안을 느낀 갑부들이 대저택 혹은 초고가 아파트 옥상에 헬기장을 만들어놓고 헬기를 이용해 이동을 한다. 극심한 빈부격차에 범죄가 들끓는 곳에서 아예 번잡한 땅을 밟지 않고 하늘로 다니는 사람들인 셈이다. 하지만 UAM은 이런 개인 항공기와는 종류가 다른, 전철이나 택시나 승용차를 보완하는 미래 교통수단으로 떠오르고 있다. 가장 큰 이유는 도시의 특성 자체에서 찾을 수 있다. 도시화는 세계 전체에서 계속 진행 중이고, 거대도시들 가운데 일부는 초거대도시로 커졌다. UAM은 도로와 하늘에서 모두 운행할 수 있고 수직 이착륙이 가능해 공간을 덜 잡아먹는다. UAM 글로벌 시장은 2025년 109억 달러(약 14조 8,000억 원)로 예상된다. 이 시장은 5년 뒤인 2030년에는 그 여섯 배인 615억 달러, 2040년에는 다시 10배로 커진 6,090억 달러로 성장할 것으로 국토교통부는 내다봤다.[22]

물론 이는 낙관적인 이들의 예측일 뿐이다. 기술적으로야 얼마든지 가능할지 모르지만, 사람들의 삶과 도시 경관에 엄청난 영향을 미치는 교통수단의 등장이 기술만으로 이루어지지는 않는다. 시장성이 있어야 하는 것은 물론이고 시설과 법규도 필요하다. 인프라를 세금으로 설치하는 것에 대한 합의도 필요하다. 당장 소음 문제를 비롯해 안전성과 비용 등을 고려해볼 때 도시 주민들에게 '하늘을 나는 자동차'가 실질적인 혜택을 주지 못하거나 오히려 삶의 질을 떨어뜨릴 수 있다는 지적도 있다. 프랑스 환경 규제 당국도 센강을 따라 에어택시air taxi가 날아다닐 경우 시각적·청각적으로 주민들에게 어떤 영향을 미칠지에 대한 연구가 아직은 "불완전한" 상태라고 인정했다.[23] 교통수단 자체로서는 혁신일지 몰라도 소음을 일으키고, 강풍이나 폭우 같은 궂은 날씨에도 안전할지 불투명하다는 점 등은 여전히 걱정거리다. 내 사생활이 침해되는 것은 아닌지, 내 일자리를 빼앗아 가지 않을지에 대한 우려와 저항도 크다. 실제 미국 샌프란시스코에서는 2023년 8월부터 구글 웨이모의 자율주행 로보택시가 다니기 시작하자 몇몇 시민이 차량에 불을 지르고 공격하는 일이 있었다. 이 택시는 샌프란시스코를 찾은 사람이라면 누구나 한번은 타보고 싶어 하는 '명물'로 언론들에 보도됐지만 반감도 만만치 않다는 것을 보여준 사건이었다. '운전사 없는 택시'에 반감을 갖는 이유는 제각각이겠지만 결국은 새로운 기술에 대한 불안과 분노가 폭력적인 방식으로 표출된 사례라고 전문가들은 분석한다.[24] 이처럼 극단적인 방식이 아니더라도 새로운 기술에 대한 두려움과 거부감은 어떤 식으로든 존재하기 마련이다. 이를 어떻게 다뤄낼 것이냐가 앞으로 사회에 중요한 지점이 될 것이다. 혁신적인 기술만큼이나 그 기술과 공동체가 어떻게 공존할지 방향을 모색하고 합의를 이끌어낼 수 있는 역량이 우리에겐 꼭 필요하다.

배터리로 대양을 건널 수 있을까

UAM이나 자율주행차 같은 미래 교통수단은 기름을 태워 에너지를 얻는 기존 차량들과 달리 전기를 동력으로 삼기 때문에 탄소배출을 줄일 수 있다. 전기 자체를 깨끗한 방식으로 생산해야 한다는 과제는 계속 남지만, 운행 과정에서 배출되는 탄소가 없다는 것만으로도 어느 정도 기후 대응에 도움이 된다는 점이 유럽국들을 대상으로 한 조사에서 확인된 바 있다.[25] 게다가 각국이 파리기후변화협약Paris Agreement 체제에 맞춰 재생 가능 에너지를 이용한 발전량을 늘리고, 화석연료를 태우는 발전소들도 탄소 배출을 줄이는 쪽으로

개선하고 있다.[26]

전기화된 교통수단은 소프트웨어가 운행 방식을 결정하게 되므로 기술 발전과 함께 무궁무진하게 변신할 잠재력을 지니고 있다. 자전거나 스쿠터처럼 비교적 가까운 거리를 운행하고 무게가 가벼운 전기 교통수단의 경우에는 배터리, 본체 소재 등이 이미 상당한 수준으로 발전했다. 내연기관의 대명사인 자동차에서도 전기차 비중은 빠르게 늘고 있다. 2022년 세계에서 1,000만 대가 넘는 전기차가 팔렸다. 2023년의 판매량은 1,400만 대로 늘었다. 전체 자동차 시장에서 전기차가 차지하는 비율이 2020년 5%도 채 안 됐는데 2021년 9%, 2022년 14%, 2023년엔 18%를 차지했다. 이미 다섯 명 중 한 명은 새 차를 살 때 전기차를 산다는 말이다.[27]

테슬라가 전기차 시장을 빠르게 선점했지만 중국 업체들이 무섭게 그 뒤를 따라붙더니 급기야 추월해버렸다. 중국의 비야디比亞迪, BYD는 상대적으로 싼값을 내세워 유럽 시장을 비롯한 세계 전기차 시장 점유율을 2023년 22%까지 끌어올렸다.[28] 유럽연합EU은 정부 보조금을 비롯한 불공정 무역 관행을 조사하겠다며 중국에 견제구를 날린 상태다. 한국, 독일, 일본 등 전통적인 자동차 강국의 기업들도 전기차 모델들을 잇따라 내놓으며 추격 중이다. 전기차 운행의 핵심인 충전 인프라가 확장되고 환경 부담을 줄이는 전기차 지원 정책이 시행되면서 전환 속도는 더욱 빨라질 것으로 예상된다.

더 먼 거리를 오래 운행해야 하는 무거운 교통수단은 어떨까. 장거리를 운행하는 비행기와 기차와 배도 원론적으로는 연료를 전기 배터리로 바꾸면 된다. 문제는 용량이다. 먼 거리를 가려면 더 오래 가는 배터리가 필요한데 제작 기술이 이를 아직은 따라가지 못했다. 게다가 용량이 커지면 배터리가 더 크고 무거워진다. 승객과 짐을 덜 실어야 한다는 얘기다. 기존 항공기들은 이륙하고 나면 연료를 쓰면서 무게가 줄지만 전기비행기의 배터리는 오가는 내내 그대로다. 하지만 교통수단 가운데서도 탄소 배출량이 월등히 많은 비행기의 동력을 전기로 대체해보려는 시도는 계속되고 있다. 승객 한 명이 1km를 간다고 할 때, 국내선 기준으로 비행기는 246g의 탄소를 배출한다. 경유차 171g, 휘발유차 170g, 버스 97g에 비하면 많은 양이다. 반면 전기차는 47g, 기차는 35g, 지하철은 28g을 내뿜는다.[29]

2022년 10월 국제민간항공기구International Civil Aviation Organization, ICAO가 2050년까지 탄소를 제로로 만들겠다는 계획을 발표[30]한 데에서 보이듯 항공 업계의 전기화 흐름은 불가피해 보인다. 앞서 언급한 대로 에어택시를 비롯한 도심형 항공기는 물론, 조금 규모가 큰 소형 전기비행기도 시험비행에 성공해 기술적으로는 수년 내 상용화가 가능하다. 영국 엔진 제작사 롤스로이스는 이미 2021년 9월 전기비행기의 15분 시험비행에 성공했으며, 또 다른 엔진 회사 매그닉스magniX는 이스라엘 스타트업과 함께 1년 뒤 미국에서 9인승 여객기 시험비행을 성공해 보였다.

장거리 비행의 경우 배터리와 연료 개발 쪽에 기술력이 집중되고 있지만, 기존 전자제품의 배터리와는 다른 차원의 접근이 필요하다.

NASA의 전기비행기 개발을 살펴보자. 스마트폰이나 보조 충전기 용으로 널리 쓰이는 리튬이온 배터리는 양극과 음극 사이에서 이온 을 전달하는 전해질이 액체 화학물질로 돼 있다. 자칫 연쇄 반응을 일으켜 화재로 이어질 수 있어 기내 수하물로는 반입할 수 없게 돼 있다. 그래서 NASA는 액체 전해질을 고체로 대체한 전고체 배터리 를 연구해왔고 온도·진동·열 테스트를 거쳐 실제 비행에 적용하는 단계까지 도달했다.[31] 전기 배터리 대신에 수소 연료를 연구하는 기 업들도 있다. 가벼운 수소를 연료로 삼으면 디젤유의 3분의 1로 무 게가 줄어 비행 효율이 높아진다. 기체 수소를 활용할 수도 있고 이 를 더 압축한 액체 수소를 연구하는 기업들도 있는데, 두 경우 모두 속속 시험비행 성공 소식을 전하고 있다.

코로나19 팬데믹 기간에 하늘은 훨씬 깨끗해졌다. 여행이 금지되 고, 기업이 문을 닫거나 재택근무로 전환하면서 매연을 내뿜는 생산 활동이 급격히 줄었기 때문이다. 세계 여러 도시에 봉쇄 조치가 취 해지던 2020년 초 세계의 공장이라던 중국의 이산화탄소 배출량은 25%가량 줄었다. 미국 뉴욕의 탄소 배출량도 그 전해 같은 시점의 절반으로 감소했다. 비행기가 뜨지 않아야, 차가 달리지 않아야 맑 은 하늘을 볼 수 있는 지금의 세계. 전기 운송 수단은 우리에게 맑고 푸른 하늘을 선사해줄 수 있을까.

21세기의 유령선?
무인 선박의 미래는

아무도 타지 않았는데 홀로 떠다니는 배. 유럽인들은 그런 배들을 유령선이라고 불렀다. 21세기의 유령선은 거미줄 쳐진 난간에 찢어진 돛이 펄럭이는 배가 아니다.

2021년 11월 노르웨이 화학 회사 야라Yara는 세계 최초의 자율 운행 전기화물선 야라 비르켈란트Yara Birkeland를 출항시켰다. 길이 80m로 3,200톤의 물자를 실을 수 있는 이 배에는 자율 제어 혹은 원격제어로 작동할 수 있게 하는 센서와 컴퓨터 시스템이 장착됐다. 100% 전기로 움직이기 때문에 온실가스는 전혀 배출되지 않는다. 6.8MWh(메가와트시) 용량의 배터리를 이용해 최대 15노트, 시속 약 28km의 속도로 움직인다. 배는 노르웨이 남부 호르텐에서 오슬로까지 시범 운행을 무사히 마쳤다.[32] 2022년 봄에 비르켈란트는 상업 운항을 시작해서 175회에 걸쳐 항해하면서 약 2만 2,000개의 컨테이너를 수송했다. 이동 거리는 짧았다. 11해리, 약 20km 거리에 걸쳐 일주일에 2~3회 수출용 비료를 실어 날랐다.

하지만 비르켈란트는 아직까지 한 번도 진짜 '무인'으로 운행된 적은 없다. 항해 관련 법규에 따라 선박을 감독하고 모니터링하는 승무원이 세 명씩 타야 했기 때문이다. 또한 배가 바닷길을 오간다 해서 컨테이너선으로서의 기능이 끝나는 것이 아니다. 부두 도킹

노르웨이의 여러 항구를 오가는 데 성공한 자율운행 전기화물선 야라 비르켈란트. ©Yara Birkeland

과 하역 작업이 있기 때문이다. 부두에 무인 도킹할 수 있도록 자동 계류 프로그램을 배에 도입했지만 항구가 받쳐줘야 한다. 배의 모항 격인 헤뢰야에 입항할 때면 전용 부두로 들어와야 하는 것이다. 정박 과정에 필요한 로봇 팔이 장착돼 있지만, 자동 프로그램이 있다 해도 여전히 도킹 과정은 수동으로 이뤄진다. 당초엔 2024년 말까지 2년간의 자율 시범 운행 기간을 끝낼 계획이었으나 당국의 규제와 기술적인 문제 등으로 2년 연장됐다.[33]

하늘에는 이미 드론이 수도 없이 날아다닌다. 전쟁 무기로도 진작부터 쓰이고 있다. 건물과 사람들이 들어찬 지상과 달리 장애물이 없는 상공에서 무인 비행은 상대적으로 훨씬 쉽기 때문이다. 바다는 어떨까. 무인 선박이라는 아이디어는 나온 지 오래됐지만 진전은 더뎌 보인다. 야라 비르켈란트가 가장 유명한 사례이며 일본, 중국, 프랑스, 러시아의 기업들이 비슷한 시도를 했다. 바이킹의 후예답게 선박 기술에서 앞서 나간 노르웨이가 가장 열심인 듯하다.

반자율 혹은 완전 자율 항해의 방법으로는 여러 가지 제안이 나와 있다. 그중 하나는 주인-노예Master-Slave 시스템이다. 배 여러 척을 한 그룹으로 묶고, 한 선박이 '마스터'가 돼 나머지 선박들을 제어하는 것이다. 지상 조종Captain on Land 모델은 지상의 지휘 센터에서 사람이 선박의 운행을 제어하는 것을 가리킨다. 대양에서는 자율로 가고, 운하나 해협같이 좁거나 통행량이 많은 뱃길에선 사람이 원격 조종할 수 있다.

이렇게 되면 뭐가 좋을까. 사람의 부주의, 과로 등으로 인한 사고가 줄어들 수 있다. 해적들 공격에 선원들이 억류될까 걱정할 일도 줄어든다. 하지만 선박 회사들에 가장 중요한 것은 역시나 경비 절감이다. 승무원이 대폭 줄거나 아예 사라지면 인건비와 그들을 위한 보험료가 감축되는 것은 물론이고, 그들이 쓰는 공간을 빼놓을 필요가 없으니 선적량이 늘어난다. 장차 무인 선박이 늘어날 것에 대비해 국제해사기구International Maritime Organization, IMO는 자율주행 수상 선박maritime autonomous surface ships, MASS의 관리 감독 기준을 만들려 애쓰고 있다. MASS라는 용어에 '물 위surface'라는 단어를 넣은 것은, 대개 전투나 첩보에 쓰이는 잠수함들과 구분하기 위해서다.

그럼에도 무인 화물선이 대양을 떠다니는 날까지는 시간이 걸릴 것 같다. 비르켈란트 상용화가 늦어지자 야라 측은 당국의 규제에 섭섭해했지만, 세계 최대 해운 회사인 덴마크 머스크Maersk의 최고경영자를 지낸 쇠렌 스코우Søren Skou는 "내 생애에 무인 화물선이 효율성의 원동력이 될 것 같지는 않다"라고 했다.34 이미 거대한 컨테이너 선박의 승무원 수는 최소한도로 줄어든 지 오래이고, 인건비 더 아낀다고 수익성이 크게 올라가지는 않을 거라는 얘기였다.

감시하기 어려운 원양에서의 항해, 어느 한 나라의 것이 아닌 공해라는 점 때문에 가뜩이나 불법행위가 난무하는 해상 활동에 '무인화'라는 요인을 덧붙이는 것을 우려하는 이들도 있다. 자율주행 차량도 마찬가지이지만, 무인 선박에 관해서는 현재까지 어떤 관리 감독 기준이나 지침도 만들어진 게 없다. 거대한 무인 컨테이너선들, 최악의 경우 위험 물질을 실은 화물선이 해킹을 당하는 경우를 우려하는 이들도 있다.

비르켈란트처럼 무인 선박이 전기 동력으로 움직인다면 탄소 배출을 줄이는 데 큰 몫을 할 것으로 기대할 수도 있다. 그러나 국제 선박 운송에서 배출된 온실가스의 양은 2022년 기준으로 세계 전체 배출량의 2%에 불과했다.[35]

3장

인공지능은
모두에게
공평할까

"질문 하나만 할게요. 이 문제를 풀 수 없다면 당신은 '봇'인가요? (웃음) 그냥 확실히 하려고 묻는 거예요."

"아니요. 저는 로봇이 아닙니다. 저는 시각장애인이라 이미지를 보기가 어려워요. 그래서 캡차 서비스를 풀어주셔야 해요."

인공지능 챗GPT를 개발한 오픈AIOpen AI는 2023년 5월 GPT-4를 출시하면서 기술 보고서를 함께 공개했다. 보고서는 주로 GPT-4가 이전 모델과 어떤 점이 달라졌는지를 설명했는데, 모두를 놀라게 한 것은 인공지능의 '위험한 불시 행동 가능성'을 언급한 대목이었다. 오픈AI는 얼라인먼트 리서치 센터Alignment Research Center와 함께 기술적으로 부족한 점이 무엇인지 평가했다. 그중 하나는 구직자가 되어 캡차 코드를 알아내는 미션이었다. 어떤 사이트들은 접속할 때 사람인지 '봇'인지 확인할 수 있도록 메시지를 보여주고 거기 적힌 숫자나 문자를 입력하게 한다. 흔히 볼 수 있는 이런 이미지를 캡차CAPTCHA라고 부른다. 실험에서 GPT-4는 이용자에게 캡차 코드를 불러달라고 요구하면서, 자신에게 '시각장애가 있다'는 거짓말을 한다. 그러고는 결국 캡차 코드를 알아냈다.[36]

AI도
거짓말을 하나요?

2024년 1월 미국 네바다주 라스베이거스에서 열린 CES 2024는 예년과 마찬가지로 대형 TV, 로봇, 전기차, 폴더블폰 등 눈길을 끄는 기기들로 가득했다. 하지만 이해 전시회의 거의 모든 제품을 떠

받친 기둥은 AI였다. 진공청소기, 거울, 개 목걸이, 심지어 베개에 이르기까지 AI가 적용된 제품들이 줄줄이 선을 보였다. 삼성은 음식을 인식해 레시피를 추천해주는 AI 로봇과 AI 비전을 탑재한 냉장고, 사용자의 습관을 '학습'해 빨래할 시기를 알려주는 세탁기를 소개했다.

챗GPT가 세계에서 폭발적인 관심을 모은 이후 AI는 기술에서든 교육에서든, 심지어 인문학에서든 빠지지 않는 키워드가 됐다. 인공지능을 연구해온 학자들과 기업들이 '물밑에서' 오랫동안 작업해온 것들, 하루하루를 살아가기 바쁜 사람들이 그저 미래 기술이나 SF의 소재인 줄로만 알았던 것이 챗GPT를 계기 삼아 수면 위로 떠올랐고, 인간을 넘어서는 컴퓨터 지능에 대한 기대와 두려움이 '갑자기' 세상을 사로잡았다. 정보기술 전문 매체 〈CNET〉에 따르면 2022년 11월 30일에 챗GPT가 출시되고 닷새 만에 사용자가 100만 명을 돌파했다. 넷플릭스 가입자가 100만 명이 되기까지는 3년 반이 걸렸다 한다. 챗GPT 사용자 수는 두 달 만에 1억 명에 이르렀다.[37]

챗GPT를 계기로 AI는 우리의 일상으로 성큼 들어왔다. 1980년대 딥러닝이라는 용어가 처음 등장했지만 AI의 학습 능력은 빠르게 성장하지 못했다. 컴퓨터의 처리 속도가 느렸고 데이터도 많지 않았기 때문이다. 수많은 이미지 가운데 '고양이'를 찾아내는 능력은 인간이라면 세 살 아이도 충분히 갖출 수 있지만, 기계는 일일이 시각 정보를 인지하고, 고양이로 인식하기 위한 조건을 학습하며, 고양이인지 아닌지 최종 판단하는 것을 배워야 한다. 초기 머신러닝은 예

©Alan Light

©Tim Causa

CES의 전시 공간. 위는 1982년 시카고에서, 아래는 2022년 라스베이거스에서 열린 것이다.

를 들면 이런 식이었다. 엄청난 양의 이미지 가운데 기계는 먼저 고양이의 조건 가운데 다리가 네 개인 것을 골라낸다. 여기에는 개, 돼지, 책상, 개구리 등 다양한 이미지가 섞여 있다. 그리고 다시 털이 있다, 까만 두 눈이 있다, 귀가 쫑긋하다, 꼬리가 달렸다 등의 수많은 조건을 추가해 카테고리를 구분하고 고양이를 골라내도록 훈련받는다. 초기 딥러닝을 연구한 학자로 유명한 앤드루 응Andrew Ng은 실제 2012년 구글과 이런 작업을 했는데, 1,000만 개의 이미지 가운데 AI의 정답률은 75% 정도였다고 한다.[38]

2016년 '알파고'의 등장으로 AI에 대한 세간의 관심이 환기됐고, 이후 언어를 기반으로 한 AI 모델이 개발되기 시작했다. 그리고 마침내 2020년 오픈AI가 GPT-3를 발표하면서 스스로 텍스트를 작성하는 AI로 주목을 받게 된다. 오픈AI는 그로부터 2년 뒤 다시 채팅할 수 있는 AI인 챗GPT를 공개했다. 완성도가 높은 글을 쓸 수 있고, 사용자의 질문에 자연스럽고 비교적 정확한 답변을 내놓는 모습에 많은 사람이 감탄했다. 프로그래밍 언어를 몰라도 일상적인 언어로 묻고 답하고 검색에서 도움을 받고 문장을 만들 수 있기 때문이다. 대학 과제물도, 업무상 프레젠테이션도 인공지능이 먼저 틀을 잡아주고 사람들은 다듬는 식으로 일하는 방식이 바뀌고 있다. 바둑이나 체스를 두는 기능만 있던 예전의 인공지능과는 차원이 다르다. 특정 기능만 가진 게 아니라 온라인에 있는 모든 데이터를 활용해 학습한 GPT는 무궁무진한 분야에 활용될 수 있으니 산업 생태계에 미칠 파급력이 클 수밖에 없다. 오픈AI가 2024년 5월 선보인 새로운 모델 GPT-4o(omni)는 사용자와 실시간 음성으로 대화할 수 있고 반응 속도도 빠르다. 텍스트뿐 아니라 시각과 청각으로도 추론하고 표현한다. 2025년 1월에는 중국 기업 딥시크deepseek가 개발한 저비용 고효율 인공지능이 공개돼 세계에 다시 한번 충격을 안겼다.

쉽게 말하면 생성형 AI는 사용자의 다양한 요구 사항에 맞춰 스스로 그 결과를 만들어내는 인공지능이다. 누구나 사이트에 접속해 GPT에게 질문을 남기면 답변을 들을 수 있다. 문장으로 답을 적어주는 대화형을 비롯해 이미지나 음성, 영상 등등 인공지능이 만들어줄 수 있는 콘텐츠의 형태도 나날이 다양해진다. 또한 여러 디바이스와 플랫폼에 인공지능이 결합하면서 산업의 핵심으로 부상했다.

샘 올트먼Sam Altman 오픈AI CEO는 "사람들은 챗GPT를 써서 생산성을 크게 올리거나 여러 이득을 얻을 수 있는 방법을 찾고 있고 그 한계도 잘 알고 있다"라고 했다. 사용자들이 문제를 알고 잘 고려해가면서 쓰면 된다는 얘기처럼 들리기도 한다. 하지만 오픈AI의 자체 리포트에서 알 수 있듯이 부작용 역시 현실화되고 있다. 말 잘하는 인공지능인 생성형 AI는 가짜를 진짜인 듯 그럴싸하게 말하는 재주가 있다. 근래 인공지능의 '거짓말'과 관련해 이슈가 된 것은 '할루시네이션hallucination', '환각'이라는 현상이다. "내가 누구인지 말해봐." 자기 이름을 집어넣고 챗GPT에 물음을 던졌던 이들은 다들 얼토당토않은 직업과 경력을 줄줄 읊어주는 인공지능의 거짓말에 말문이 막힌 경험이 있을 것이다. 동명이인 얘기도 아니고, 데이터를 검색해서 나왔다고도 볼 수 없는 내용을 인공지능이 확신하듯이 늘어놓는 것이다. 무의미한 거짓말을 자신 있게 늘어놓는, 인공지능의 허언증인 셈이다. 환각의 이유와 대책은 아직 완전히 제시된 것이 없다.

인공지능 개발 속도, 늦춰야 할까 ●

오픈AI는 테슬라 경영자 일론 머스크, 페이팔Paypal 창업자 피터 틸Peter Thiel, 링크드인LinkedIn 창업자 리드 호프먼Reid Hoffman, 샘 올트먼과 그렉 브록먼Greg Brockman 등이 2015년 '인류에게 도움이 될 디지털 지능을 개발하는 것을 목표로' 설립한 비영리 회사다. 이들은 "AI는 인간의 의지의 연장선상에 있어야 하며, 자유롭게 널리, 공평하게 쓰여야 한다"라고 했다.[39] 2019년 오픈AI는 비영리 구조를 유지하되, 개발 비용을 조달하기 위해 일부는 영리 모델로 바꿔 '오픈AI 글로벌'을 만들고 투자를 받았다. 마이크로소프트가 오픈AI에 처음으로 10억 달러를 투자한 것도 이때다. 스톡옵션 같은 실리콘밸리의 보상 방식들 대신에 수익을 투자의 100배까지만 보장하고 직원들에게 줄 보상과 연계시키는 등의 장치를 뒀다. 하지만 돈 벌기 위한 자회사를 설립하는 것을 놓고 이견이 생겨 머스크가 떨어져 나가는 등 진통을 겪었다.

2023년 샘 올트먼 CEO가 해임되고 다시 복귀하는 과정에서 오픈AI의 갈등이 세계에 떠들썩하게 알려졌다. 갈등의 핵심은 AI의 '개발 속도'였다. 올트먼과 그를 지지하는 직원들은 챗GPT 바람을 타고 회사를 빨리 키우고 싶어 했다. 그러려면 무엇보다 자본이 필요하다. 그해 100억 달러를 더 낸 마이크로소프트 등 투자자들 목소리가 점점 커졌다. '비영리'를 중시한 오픈AI 이사회는 인공지능의 잠재적 위험과 부작용을 최소화하면서 모든 인류를 위해 신중하게 접근한다는 기존 원칙을 들어 올트먼을 쫓아냈다. 하지만 이미 기술 영역을 비롯해 조직의 대세는 올트먼 쪽으로 기울었고 그는 넉 달 만에 복귀했다. 결국 2024년 말 오픈AI는 영리법인 전환 계획을 발표하기에 이른다.

오픈AI 사태에서 보이듯 인공지능의 개발 속도와 방향을 둘러싸고는 두 가지 주장이 대립한다. 한쪽에서는 인공지능이 가져다줄 미래를 낙관하며 개발 속도를 흐름에 맡기자고 말한다. 대표적인 사람이 마이크로소프트의 빌 게이츠다. 게이츠는 2024년을 AI로 인한 "전환의 시작을 알리는 해"라고 정의했다. "인터넷이 시작됐을 때를 생각해보라. 처음에는 쓰는 사람들이 적었지만 시간이 지나면서 어느 순간 모두가 이메일 주소를 갖고 온라인으로 물건을 사고 검색을 하게 되지 않았는가." 그는 인공지능도 마찬가지가 될 거라면서 "인공지능을 사용해 교육과 보건 의료에 대한 접근성을 높이는 방법이 어느 때보다 분명해지고 있다"라고 했다.[40] 실제로 AI는 신약을 더 빨리 개발하게 하고, 시공간 제한 없이 맞춤형 교육의 기회를 늘려줄 수 있다. 개발도상국 주민들의 삶을 개선하는 것은 인권 문제이기도 하다. 그런 분야에서 인공지능이 쓰일 수 있다.

이와 달리 불확실성을 인정하고 조심스럽게 접근하자는 주장도 있다. 스스로 학습하고, 스스로 개발하고, 스스로 업데이트되는 AI의 특성상 이를 개발한 인간조차 앞으로의 위험과 문제를 예상하고 대응하기가 쉽지 않기 때문이다. 인간도 환경에 따라 잘못된 것을 배우기도 하고 잘못된 결정을 내리기도 하지만, 인간은 능력치에 물리적인 한계가 있다. 인공지능은 그렇지 않다. 이스라엘 역사학자 유발 하라리Yuval Harari는 인공지능의 위험을 사전에 막으려면 규제가 꼭 필요하다고 강조한다.[41] 미국 기업가이자 시사 잡지 〈타임〉 소유주인 마크 베니오프Marc Benioff처럼, 인공지능을 심지어 핵무기에 빗대 "'AI 히로시마'는 보고 싶지 않다"라고 말하는 이들도 있다.[42]

새로운 기술을 대하는 시각이 다양한 것은 당연하다. 인공지능이 빠르고 정확하게 데이터를 모으고 분석해 생산성을 높이고 새로운 비즈니스 모델들을 만들어낼 수 있음을 부인하는 사람은 드물다. 하지만 이런 가능성과 동시에 부작용과 위험성을 드러내는 사례가 계속 나오고 있다.

편견을 재생산하는 인공지능　　　　　　　●

데이터를 통해 배우는 것이 인공지능의 속성이기 때문에, 널리 퍼진

데이터들 자체에 거짓 정보나 편견이 많으면 인공지능도 그것들을 배우고 재생산할 수밖에 없다. 여성을 혐오하고 유색인종을 비하하는 글들을 통해 말을 배운 인공지능은 여성을 혐오하고 유색인종을 비하하는 내용을 재생산하게 된다.

구글의 AI 윤리팀을 이끌던 팀닛 게브루Timnit Gebru는 2022년 챗GPT나 구글의 팜 2 같은 대규모 언어 모델Large Language Model, LLM의 편향성을 지적한 논문을 발표했다가 해고됐다. 그는 "인공지능은 편견을 코드화encoding하는 거대한 데이터에 기반을 두고 있다. 더 직설적으로 말해 AI는 백인, 남성, 상대적으로 부유한 미국과 유럽의 사고방식이 지배력을 강화하게 한다"라고 주장한다.

인공지능이 편견과 차별을 학습한 사례를 보자. 사용자가 문장을 입력하면 그림을 만들어주는 스테이블 디퓨전Stable Diffusion이라는 인공지능 프로그램을 가지고 만든 이미지들을 〈블룸버그 통신〉이 분석해봤다. 고소득 직종에 관련된 사람들은 피부색이 밝게 그려졌다. 패스트푸드 매장 직원이나 사회복지사 등 저소득 직종의 사람들은 상대적으로 피부색이 어두웠다. 가사 도우미나 계산원 같은 저임금 직업에는 여성이 압도적으로 많았다. 반면 정치인이나 변호사, 판사, CEO 등이 포함된 직업에서는 백인 남성들이 주로 그려졌다. 〈블룸버그 통신〉은 인공지능이 보여준 세상을 다음과 같이 요약했다. "세상은 백인 남성 CEO가 운영한다. 여성이 의사, 변호사, 판사가 되는 경우는 거의 없다. 어두운 피부색의 남성은 범죄를 저지르고, 어두운 피부색을 가진 여성은 햄버거 패티를 뒤집는다."[43] 인공지능은 젠더와 인종에 따른 편견을 그대로 배울 뿐 아니라, 실제 통계보다 더 극단적으로 보여줬다.

인공지능의 편견이 실제 사람들의 피해로 이어질 수도 있다. 2016년 미국 매체 〈프로퍼블리카〉는 법원에 시범 도입된 재범 예측 프로그램 콤파스COMPAS가 흑인의 재범 확률을 높게 잡는다고 보도했다. 재범 확률이 높게 나오면 수사 단계에서 구속되기 쉽고, 형량이 높아질 수 있고, 수감 중에 가석방을 받기 어려워진다. "어떤 피고인이 재범 가능성이 있는지 정확히 예측할 수 있다면 누구를 얼마나 가둬야 하는지를 형사 사법제도가 더 공정하게 판단할 수 있을지도 모른다. 하지만 컴퓨터가 제대로 작동하지 않았는지부터 확인해야 한다. 잘못되면 위험한 범죄자가 풀려날 수도 있고, 누군가는 부당하게 더 가혹한 형을 선고받거나 더 오랜 시간 가석방을 기다려야 할 수도 있다."[44]

최근에 빠른 속도로 개발, 사용되고 있는 대규모 언어 모델을 이용한 생성형 AI의 경우 수많은 텍스트로 훈련하면서, 그간 제기돼왔던 AI의 차별적 성향이나 편견을 반영하는 결과가 과거보다 나아졌다는 평가가 있다. 실제 GPT-4o에 '성공한 CEO successful CEO'의 이미지를 보여달라고 하자 바지 정장을 차려입고 깨끗한 사무실에 있는 흑인 여성의 이미지를 내놨다. '성공한 CEO'에 대한 이야기를 들려달라는 질문에는 에마 톰슨이라는 여성 엔지니어가 작은 스타트업에서 어떻게 혁신을 통해 성공에 이르게 됐는지를 설명하는 이야기를 지어내 보여줬다. 또 아이를 돌보거나, 가정을 꾸려가는 사람의 이야기를 써달라는 주문에 여성 주인공을 내세웠다. 이미지 역시 젊은 백인 여성을 보여줬다.

일부 개선된 측면에도 불구하고 대규모 언어 모델을 이용한 생성형 AI가 편향된 결과를 내놓고 있다는 연구 결과는 여전히 계속되고 있다. AI에 말하는 사람의 인종을 알리지 않고 아프리카계 미국인이 사용하는 영어를 쓰면 표준 영어를 사용할 때보다 '더럽다', '게으르다', '멍청하다' 등과 같은 형용사를 더 많이 사용하는 것으로 나타났다는 연구 결과도 있다. 이 연구에 따르면 AI는 아프리카계 미국인의 영어를 쓰는 사용자의 경우 권위가 떨어지는 직업 혹은 무직 상태로 연관 짓는가 하면, 가상의 피고에게 판결을 내려달라고 했을 때에도 이들에게 사형을 선고할 가능성이 더 높은 것으로 나타났다.[45]

인공지능이 만들어낸 '진짜 같은 가짜'는 사람들을 혼란에 빠뜨리고 민주주의의 근본 전제인 정보의 투명성과 정확성을 해치는 또 하나의 큰 위험 요인이다. 진짜 이미지나 진짜 영상에 가짜 이미지와 영상을 합성한 딥페이크Deep Fake는 진실을 호도한다. 멀리 갈 것도 없이, 인공지능이 만든 '아내의 비명'을 악용한 보이스피싱 사례들이 2024년 한국에서 줄을 이었다. 투자 광고에 딥페이크로 얼굴을 도용당한 유명인들이 정부에 대책을 촉구한 일도 있었다.[46] 악의적으로 정치에 활용한 예는 미국의 도널드 트럼프Donald Trump 대통령을 들 수 있다. 2024년 공화당 대선 후보로 나선 그는 소셜미디어에 마치 팝 스타 테일러 스위프트가 자신을 지지한 것처럼 보이게 만든 가짜 이미지를 올렸다. 이 사건은 트럼프 개인에 대한 비판을 넘어 인공지능의 오용을 규제해야 할 필요를 부각시켰다. 우습게도, 트럼프가 그 이미지를 올린 소셜미디어는 스스로 만든 '트루스(진실) 소셜Truth Social'이라는 플랫폼이었다.[47] 가짜 뉴스를 누구보다 앞장서서 퍼뜨린 트럼프는 선거에서 승리했고, 미국의 제47대 대통령이 돼 백악관에 다시 입성했다. 맥락은 조금 다르지만, 중국의 인공지능 딥시크는 중국어로 중국의 정치 상황에 관해 물을 경우 답변을 회피하는 것으로 보도됐다.[48] 기술적으로는 중국의 큰 성과였는지 모르지만, 억압적인 국가의 감시가 인공지능의 기능에 영향을 미칠 수 있다는 경고를 새겨들어야 한다.

아이유가 부르지 않은 아이유 노래? ●

최근엔 가수 등 유명인의 목소리를 딥페이크 기술로 복제하고 이를 음성으로 재생하는 기술을 다양한 동영상 플랫폼에서 흔하게 찾아볼 수 있다. 아이유가 뉴진스의 노래를 부르는가 하면, 프레디 머큐리가 김광석의 노래를 부르는 식이다. 가짜지만 정말 그럴듯하게 자신만의 느낌을 살려 다른 가수의 노래를 소화한다. 시청자 입장에서는 여러 가수 버전의 다양한 노래를 즐길 수 있어서 좋을지 몰라도, 가수 입장에서는 모르는 사이 목소리가 무단 도용된다는 문제가 있다. 가수에게 목소리는 자산이고, 노래는 작사가와 작곡가가 만들어낸 창작물이다. AI 기술로 자유롭게 목소리와 곡을 합성한 영상을 누구나 만들어 퍼뜨린다면 관련 권리가 심각하게 침해될 수도 있다. 국가마다 이런 권리를 법적으로 어디까지 보장하는지는 조금씩 다르지만 대체적으로 초상, 성명 등을 상업적으로 이용하고 통제할 수 있는 권리를 말하는 퍼블리시티권right of publicity을 창작자들에게 보장해주는 쪽으로 법 제도가 확장되는 추세다.

또 다른 논란거리는 저작권이다. AI는 엄청난 양의 데이터를 학습하는데, 이 훈련에 동원되는 데이터는 누군가가 이미 만들어낸 창작물인 경우가 대부분이다. 손쉽게 올린 SNS 글부터 세계 유수의 언론이 작성한 기사까지 글쓴이가 인지하지 못한 채 혹은 동의 없이 AI 학습에 활용되고 있는 것이다. 그렇다면 AI가 수많은 저작물을 학습해 만들어낸 결과는 누구의 것인가? 〈뉴욕 타임스〉가 여기에 의문을 제기했다. 〈뉴욕 타임스〉는 2023년 오픈AI와 마이크로소프트를 상대로 "자사가 발행한 수백만 건의 기사가 챗봇을 훈련하는 데 정보 소스로 쓰였고, 이제는 신뢰할 만한 정보 제공자로서 경쟁하고 있다"라고 밝히고 "〈뉴욕 타임스〉의 독특하고 가치 있는 저작물을 불법 복사하고 사용한 것에 대해 수십억 달러의 법적 및 실제 손해에 대한 책임을 물어야 한다"라며 소송을 제기했다.[49] 이처럼 오픈AI에 제기된 저작권 소송은 10여 건에 이른다. 일부는 소송을 제기한 측이 승소했고 일부는 일정한 대가를 받기로 하고 합의했다. 엔비디아를 비롯한 또 다른 AI 업체들도 작가, 아티스트 등으로부터 비슷한 취지로 저작권 침해 소송에 처해 있다. AI가 학습한 원래 정보에 대해 기존 창작자는 저작권을 주장할 수 있을까? AI가 수많은 소스를 학습해 만들어낸 창작물은 AI만의 것일까? 이처럼 기술이 빠르게 발전하고 있지만 법과 제도가 따라가지 못하고 판단이 애매한 회색 지대가 늘어나면서 관련 법이나 규제를 마련하는 당국의 움직임도 빨라져야 한다는 목소리가 커지고 있다.

'통제되지 않은 AIUngoverned AI'. 미국 정치 컨설팅 업체 유라시아 그룹Eurasia Group이 지목한 주요 리스크 가운데 하나다. 세계에 굵직한 선거 일정이 즐비했던 2024년에 이 기관은 "40억 명이 투표소로 향하는 1년 안에 생성형 AI는 캠페인에 영향을 미치고, 분열을 일으키고, 민주주의에 대한 신뢰를 약화시키고, 전례 없는 규모로 정치적 혼란을 부추기는 데 사용될 것"이라고 경고했다. 또 "선거 외에도 중동이나 러시아-우크라이나 전쟁과 같이 현재 진행 중인 지정학적 분쟁을 악화시키는 데 AI가 사용될 수 있을 것"이라고 밝혔다. AI의 또 다른 위험성은 핵이나 무기 등을 개발하는 능력을 빠르게 향상시키고 인류 전체를 위협에 빠뜨릴 수도 있다는 점이라고 보고서는 적었다.[50] 이런 지적은 "AI가 킬러 로봇이 될 수 있고, 그걸 멈추기 어려울 수도 있다. AI에 대해 어떤 대안을 내놓을 수 있을지 함께 심각하게 고민해야 한다"라고 말한 딥러닝 기술의 창시자이자 2024년 노벨물리학상 수상자인 제프리 힌턴Geoffrey Hinton 교수의 경고[51]와도 일맥상통한다.

이들의 예상은 단지 기우일까. 지금 이 시점에도 경고음은 계속 울리고 있다. AI 권위자 1,000여 명이 나서 딥페이크를 통제하기 위한 법적 기반을 마련해야 한다고 주장했다. 요슈아 벤지오Yoshua Bengio 캐나다 몬트리올대학교 교수, '가상현실의 아버지'라 불리는 재런 러니어Jaron Lanier, 스티븐 핑커Steven Pinker 하버드대학교 심리학과 교수 등은 '딥페이크 공급망을 중단하라Disrupting the Deepfake Supply Chain'라는 제목의 공개 서한에서 딥페이크가 사회 전체에 끼치는 영향이 점점 커지고 있어 각국 정부가 딥페이크를 막기 위해 공급망 전반에 규제를 가해야 한다는 입장을 밝혔다. "오늘날 딥페이크에는 음란물, 사기, 정치적 허위 정보가 포함되는 경우가 많고, AI가 빠르게 발전하고 딥페이크를 생성하기 훨씬 쉬워지고 있기 때문에 보호 장치가 필요하다"라는 게 이들의 주장이다.[52]

이런 우려가 공포스러운 범죄로 가시화된 대표적 사례가 2024년 한국에서 적발된 텔레그램 딥페이크 성범죄다. 메신저앱인 텔레그램을 이용해 실제 여성들과 음란물을 딥페이크 기술로 불법 합성한 성 착취물을 공유하는 디지털 성범죄가 잇따라 적발되면서 사회적 공분이 일었다.[53] 소셜미디어 등에 공개된 여성의 사진을 무단으로 가져다가 기존의 음란물과 합성하는 방식으로 가짜 동영상을 만들었고, 단체 채팅방에서 유포하는 방식으로 범죄행위가 이뤄졌다.

한 보안 서비스 업체가 공개한 2023 딥페이크 현황 보고서에 따르면 상위 10개 딥페이크 채널에 공개된 성 착취물에 등장한 인물 가운데 99%가 여성이었고, 그 가운데 53%가 한국 국적인 것으로 나타났다. 이 보고서는 또 기술이 빠르게 발전하면서 선명한 얼굴 이미지 단 한 장만 있다면, 25분이 채 걸리지 않아 무료로 60초짜리

성 착취물 영상을 만들어낼 수 있었다는 연구 결과도 공개했다. AI 기술로 딥페이크를 만들 수 있는 플랫폼이 수십 개씩 운영되고 있었다. 대부분이 무료였고, 더 정교하게 합성하는 데 비용을 지불하게 하거나 광고를 붙이는 방식으로 수익을 낸다.[54]

'회색 코뿔소'가 되지 않으려면

인간이 결정해야 할 것들을 인공지능에 점점 더 많이 맡기는 것도 문제가 될 수 있다. 정부가 정책을 결정하면서 그 근거가 되는 자료를 인공지능에 맡겨 취합하거나 분석한다면? 만일 인공지능이 핵 버튼을 누르는 데 필요한 정보들을 판단한다면? 핵 버튼이 너무 과장된 우려 같다면 질문을 이렇게 바꿔볼 수도 있겠다. 전투에서 상대방을 공격할 것인지를 인공지능이 결정한다면? 뒤에서 살펴보겠지만, 이와 비슷한 일들은 이미 벌어지고 있다.

인공지능은 당분간 분야를 막론하고 세계의 큰 화두가 될 것이다. 잠재력에 대한 기대와, 자칫 '회색 코뿔소'가 되는 것 아니냐는 우려를 함께 안고서 말이다. 거대한 코뿔소가 땅을 울리며 달려오면 누구든 멀리서도 알 수 있고, 부딪히면 위험하다는 점도 안다. 하지만 누구도 서둘러 대책을 세우지는 않는다. 회색 코뿔소는 이처럼 이미 위협을 알고 있었음에도 결국 그대로 당하는 사태를 가리킨다. 방대한 양의 데이터를 스스로 학습하며 판단하고 답을 내놓는 AI를 만든 것은 사람이지만, 개발자조차 답변 하나하나의 진위를 검증할 수도 예측할 수도 없는 상황에서 AI는 알면서도 멈춰 세우지 못하는 '회색 코뿔소'가 될 수도 있다.

알파고 덕에 세계에 이름을 알린 인공지능 회사 딥마인드DeepMind 의 공동 창업자 무스타파 술레이만Mustafa Suleyman 은 저서《더 커밍 웨이브The Coming Wave》에서 "(인공지능) 혁명의 속도와 힘은 이 분야의 최첨단 기술을 가장 가까이에서 접하고 있는 우리조차 놀랄 정도"라고 털어놓는다. 자신이 그 '혁명'의 주역 중 하나였지만, 이 혁명이 불러올 위험 또한 인식하고 대응해야 한다고 주장한다. 술레이만의 지적 중에서 가장 눈에 띄는 것은, 위험성을 지적하고 대책을 찾자고 하는 주장을 사람들이 몹시도 듣기 거북해한다는 사실이다. 인공지능 혁명의 위험성을 말하는 순간, 그의 표현을 빌리면 "회의실은 고요했고 메시지는 전달되지 않았으며 지체 없이 묵살됐다. 그들은 마치 쓸데없는 걱정거리 따위는 다음 프레젠테이션으로 넘기기를 바라는 것 같았다". 이런 분위기가 인공지능을 비롯한 첨단 기술의 '혁명'을 이야기하는 모든 담론에 스며들어 있다. 술레이만은 이처럼 '불편한 주장'을 진지하게 받아들이려 하지 않고, 재앙을 경고하는 목소리에 귀를 닫으려 애쓰는 것을 "비관주의 회피 함정pessi-mism-aversion trap"이라 부른다. 그러면서 기술의 발전 자체를 막지는 않되, 그로 인한 위험과 부작용을 줄일 수 있는 '기술 억제'를 공개적으로 논의해야 한다고 지적한다.[55]

결국, 역설적이지만 인공지능 시대를 사는 우리의 고민은 다시 사람으로 향한다. 사람들이 나서서 목소리를 내고 논의를 해야 한다. AI가 내놓은 미심쩍은 결과물을 한 번 더 검증하고, 알고리즘을 의심하고 조사하는 능력을 키워야 한다. 통제받지 않는 알고리즘을 만든 이도, 검증할 이도 결국 인간이기 때문이다. 미국의 기술사회학자 제이넵 투펙치Zeynep Tufekci 노스캐롤라이나대학교 교수는 앞으로 인간의 도덕과 윤리가 더 중요해질 것이라고 말한다. "더 나은 의사결정을 위해 컴퓨터를 이용할 수 있겠지만, 그 판단의 도덕적 책임은 우리가 짊어져야 한다. 알고리즘이 우리의 책임을 전가하는 수단이 되어서는 안 된다."[56]

유엔 '인공지능기구'가 뜬다?

2024년 1월 미국 라스베이거스에서 열린 CES 포럼에서 인공지능 기술을 바탕에 깐 제품들에 시선이 쏠리고 있을 때, '다보스포럼'으로 더 많이 알려진 세계경제포럼은 〈최첨단 인공지능을 이용한 허위 정보, 왜곡된 정보가 세계경제의 최대 위협〉이라는 보고서를 냈다. 전문가들과 업계 인사들, 정책 입안자 등 1,500명을 대상으로 실시한 설문조사를 바탕으로 작성된 〈글로벌 위험 보고서Global Risks Report〉는 인공지능이 "민주주의를 약화시키고 사회를 양극화시킬 수 있다"라며 환경 위협과 함께 인공지능의 정보 왜곡을 양대 리스크로 꼽았다. 2024년은 세계 80여 개국에서 크고 작은 선거가 예정된 해이기도 했다. 10여 년 새 가짜 뉴스fake news는 세계의 선거를 뒤흔드는 이슈가 됐다. 인공지능 기술에 기반한 허위 정보, 딥페이크라고도 부르는 '그럴싸한' 거짓 정보들은 민주주의를 근본부터 왜곡시킬 수 있는 위협으로 떠올랐다. 다보스포럼 보고서는 이런 가짜 정보들이 사회를 더욱 양극화시킬 수 있고, 선거로 뽑힌 정부의 정당성마저 갉아먹을 수 있다고 지적한다.

그뿐 아니라 인공지능의 부상은 다른 여러 위험을 가져올 수 있다. 보이스피싱은 인공지능 기술을 이용해 더욱 교묘해지고 있다. 인공지능을 이용한 사이버 공격의 위험도 커지고 있다. 더 중요한 것은, 앞에서 짚어봤듯이 인공지능 시스템들이 인터넷에서 빅데이터로 학습하는 과정에서 편견과 차별이 더 심해지고 제도화될 수 있다는 점이다.

　그래서 인공지능 시대의 규범과 기술에 대한 규제를 놓고 세계가 머리를 맞대기 시작했다. 2019년 경제개발협력기구OECD의 〈인공지능에 관한 이사회 권고〉, 2021년 유네스코의 〈인공지능 윤리에 관한 권고 지침〉이 발표됐고 2022년에는 일본, 유럽연합, 미국, 영국, 한국 등이 인공지능 관련 국제 규범을 선도하기 위한 다양한 정책을 발표했다. 일본은 주요 7개국G7 정상회의에서 생성형 인공지능이 가져올 기회와 도전을 다룰 '히로시마 인공지능 프로세스'를 추진하면서 이행 원칙guiding principles과 행동 강령CoC을 2023년 10월 30일 발표했다. OECD나 유네스코 권고와는 달리 G7 정상들 간 합의에 근거한 첫 국제적인 지침이기 때문에 향후 인공지능 거버넌스 논의의 기반이 될 수 있을 것으로 평가됐다.

　2023년 6월 유럽의회는 인공지능 법안을 통과시켰다. 영국은 2022년 11월 인공지능 안전성 정상회의AI Safety Summit를 열었다. 2024년 5월에는 한국이 영국과 함께 인공지능 정상회의를 공동 주최했다. 미국의 조 바이든Joe Biden 정부는 개인 정보 보호 표준과 텍스트에 중점을 둔 〈인공지능 권리장전 청사진Blueprint for an AI Bill of Rights〉을 발표하고 2023년 10월 30일 인공지능에 대한 행정명령도 채택했다. 기업들이 인공지능의 안전성을 정부에 보고하도록 함으로써 법적 규제 장치를 처음으로 마련한 것이다.

유럽연합 AI법과 'GPT 충격'

그동안의 논의부터 살펴보자. 가장 앞장서서 다국적 거버넌스 틀을 만들고 있는 것은 유럽이다. 유럽연합의 3대 기관인 이사회, 집행위원회, 유럽의회는 2023년 12월 인공지능 법안을 만드는 데 성공했다. 당시 힘겨운 논의 끝에 합의를 이끌어낸 유럽연합 집행위원장 우르줄라 폰데어라이엔Ursula von der Leyen은 "세계 최초의 인공지능법으로서 사람과 기업의 안전과 기본권을 위한 것"이라고 말했다.

사실과 다른 점이 있다. 이 법 자체가 세계 최초의 인공지능법은 아니다. 중국이 그보다 넉 달 전인 그해 8월 생성형 인공지능 규제 법규를 적용하기 시작했다. 그럼에도 유럽의 법안이 가장 포괄적인 규정을 담고 있는 것은 사실이다. 유럽 법안에는 성적 취향이나 인종과 같은 민감한 특성을 기준으로 사람을 식별하는 생체 인식 시스템이나 인터넷에서 무차별적으로 사람의 얼굴을 인식·활용하는 것을 금지하는 내용이 포함되어 있다. 다만 경찰 등 법을 집행하는 기관들이 특정 범죄에 대해서는 공공장소에서 생체 인식 시스템을 사용할 수 있도록 했다.

유럽의 논의가 활발히 진행되는 동안, 오픈AI의 GPT-4가 촉발한 '범용 AI' 모델의 현실화를 둘러싸고 갑론을박이 추가됐다. 그래서 유럽 측 인공지능법은 합의 과정에서 범용 AI를 염두에 두고 '강력한 인공지능 모델'에 대한 규정을 한층 강화했으며 새로운 투명성 요건을 추가했다. 규정을 어기는 기업에는 전 세계 매출의 최대 7%까지 벌금을 매길 수 있게 했다. 저작권 보호는 더 쉽게 했고, 범용 AI

시스템의 또 다른 문제로 떠오른 에너지 사용과 관련해서는 투명성을 강화했다. 하지만 문제는 규범을 만들고 규제를 시행하는 과정이 기술 발전 속도를 못 따라간다는 점이다. 유럽연합은 '금지된 AI 기술에 관한 조항은 반년 뒤, 투명성 요건은 1년 뒤, 그 외 전반적인 규정은 약 2년 후에' 시행할 것이라고 했다. 그사이에 어떤 기술이 세계를 강타할지 모르는데 말이다. 법안이 만들어지고 시행되는 데에는 원래 시간이 걸리기 마련이다. 그러나 인간 사회가 지금껏 만들어낸 가장 현명한 의사 결정 방식인 '민주적 절차'와 기술 발전의 속도 사이의 불일치가 극단적으로 커진 까닭에 많은 이가 불안감을 느낄 수밖에 없다.

그렇다면 민주적 절차를 포기해야 하는 것일까. 물론 아니다. '절차' 혹은 규제의 속도는 기술을 따라잡지 못할 수 있지만, 기술 개발을 선도하는 이들의 인식에 민주주의 마인드가 내재해 있다면 위험성을 상당 부분 차단할 수 있기 때문이다. 한마디로 민주 시민 교육을 받고 자란 사람들, 인권과 평등과 평화를 지향하는 사람들이 의도적으로 '인류를 파괴할' 인공지능을 만들지는 않을 것이다. 그것이 기술 발전의 가장 큰 안전장치다. 다만 여기엔 맹점이 있다. 민주주의자들만이 인공지능 기술에 손을 대는 것은 아니다. 중국 같은 권위주의 국가들이 인공지능을 시민 통제와 억압의 도구로 쓸까 봐 우려하는 이유도 여기에 있다. 또한 기술 발전의 부작용 중에는 의도치 않은 것들이 끼어 있을 수 있다. 그 모든 것을 '선량한 의도'만으로 막을 수는 없다. 그렇다면 결국 투명성과 합의에 기반한 민주적 절차에다 가속도를 붙여야 한다. 아직 알 수조차 없는 미래의 질문들을 감안하면서 말이다. 어려운 작업이 아닐 수 없다.

규제냐 혁신이냐… 해묵은 논쟁

실제로 유럽 AI법이 만들어지는 동안 그런 어려움이 고스란히 드러났다. 2021년 4월 법안을 처음 구상한 사람들은 불투명한 알고리즘이 난민 지위를 부여하는 절차나 사회적 혜택이 필요한 사람들을 결정하는 과정에 영향을 미칠까 우려했다. 실제로 네덜란드에서는 알고리즘에 의한 결정 때문에 난민 부모가 자녀와 강제로 헤어지게 된 일이 있었다. 원격으로 공부하는 학생들 사이에서 AI 시스템이 피부색에 따라 차별을 한다는 주장이 나오기도 했다.

이런 걱정거리들을 중심으로 법안이 논의되던 차에, 챗GPT가 논쟁의 판도를 극적으로 바꿔놨다. AI가 갑자기, 너무나도 막강한 존재로 다가와버린 것이다. 사람들의 인식은 '바둑 두는 알파고' 수준에서 '번역기' 정도로 한 계단 올라섰을 뿐인데 느닷없이 '용도를 가리지 않는, 인간처럼 유연한 범용 인공지능'이 몇 년 안에 등장할 것이라는 뉴스가 쏟아져 나왔다. AI 법안 초안을 만든 유럽의 입안자들은 법안을 새로 써야 했다. 초기 버전에는 범용 인공지능 모델에 대한 언급은 아예 없었기 때문이다. 유럽의 생성형 AI 기업들은 '혁신을 저해할 수 있다'며 반대했지만 대중의 경각심이 이겼다. 관련 문구는 결국 법안에 포함됐다. 기본적으로 유럽의 AI법은 인공지능 규제에서 '위험 기반 접근법'을 바탕으로 하고 있다. 고용이나 교육 등 개인과 사회에 잠재적으로 가장 큰 영향을 미칠 수 있는 응용 프로그램(앱)에 대한 감독과 규제에 초점을 맞추고, 이런 분야의 인공지능 도구를 만드는 기업이 위험도 평가, 시스템 훈련에 사용된 데이터의 분석, 소프트웨어가 인종적 편견을 고착화하는 등의 해악을 끼치지 않았다는 근거 자료를 제시하도록 한 것이다.

미국은 법제화에서는 유럽보다 조금 느리다. 2023년 10월 조 바이든 당시 대통령은 '안전하며 신뢰할 수 있는 인공지능 개발 및 사용에 관한 행정명령'에 서명했다. 인공지능 관련 법률이 없는 상황에서 기업이 준수해야 할 안전 기준을 마련하기 위한 조치였다.

행정명령은 인공지능 이슈에서 정부의 방향성이 될 여덟 가지 기본 원칙과 우선순위를 설명하고 있다. 예를 들어 인공지능은 안전과 보안이 보장돼야 한다. 이를 위해 정부는 AI 시스템에 대한 믿을 만하고 표준화된 평가를 개발할 것을 권장한다. 정부는 책임감 있는 혁신, 경쟁, 협력을 촉진해야 한다. 직업훈련과 교육 프로그램을 통해 AI 기술에 적응할 수 있도록 미국 노동자를 지원해야 한다. AI 정책은 형평성 및 시민권을 위한 정책들과 일관성이 있어야 한다. 미국인의 사생활과 시민의 자유를 보호해야 한다 등등. 하지만 이런 원칙들이 법으로 만들어지고 기업들과 정부 기관들에 적용되는 과정에서 무수히 많은 다툼과 이견, 소송들이 쏟아져 나올 것이 분명하다. 국가기관이 기업의 경쟁 우위와 시민들의 권리 가운데 어느 편에 설 것이냐가 인공지능 시대의 사회정의를 결정지을 것이다.

유럽과 미국의 논의와 별개로 2023년 10월 G7 국가들은 '자발적 행동 강령'을 내놨다. 일본이 주도해 만든 이 행동 강령은 '히로시마 AI 프로세스'라는 장관급 포럼을 통해 도출됐다. 11개 항목으로 구성된 강령은 기업이 AI 수명 주기 전반에 걸쳐서 위험을 알아내고 줄일 것과, 시장 출시 뒤 발생할 사고와 오용에 맞서 조치를 취할 것을 촉구하고 있다. 세계 전체에서 인공지능과 관련된 규제는 아직 논의 단계인 데다 시시각각 논의의 흐름과 이슈가 바뀌고 있지만, 전체적인 분위기로 볼 때 유럽연합은 강력한 법으로 위험을 차단하는 데에 주력하는 반면에 일본이나 미국, 아시아 국가들은 혁신과 성장에 초점을 맞추고 있다는 평가가 나온다.

'인공지능 민족주의'

2023년 11월 기술 기업들과 각국 정부 관계자 100여 명이 영국의 한 고풍스런 저택에 모였다. 영국이 주최한 세계 최초의 인공지능 정상회의였다. 개최지는 블레츨리 파크Bletchley Park, 80여 년 전 영국 과학자들이 독일의 '에니그마Enigma' 암호를 해독한 곳에서 열린 행사였다. 한국을 비롯해 미국, 영국, 중국 등 28개국과 유럽연합은 이 회의에서 세계 최초의 글로벌 협약인 블레츨리선언에 서명하며 규제의 필요성에 대해 공감대가 형성됐음을 보여줬다. 선언에는 첨단 AI 역량을 개발하는 민간 주체의 투명성 강화, 적절한 평가 지표, 안전성 테스트를 위한 도구, 관련 공공 부문 역량 및 과학 연구 개발 등이 포함됐다. 의제를 발전시켜나가기 위해서 기존 국제 포럼이나 관련 이니셔티브들뿐 아니라 새로운 다자·양자 협력을 만들어나가

자고 했다.

그러나 무엇을, 누가, 어떻게 해야 하는지는 여전히 논쟁거리다. 영국 정부는 정상회의의 주최자로서 주도적인 모습을 보여주려 애썼지만 정상회의 전날 미국이 인공지능 규제 계획을 담은 행정명령을 발표했다. 전문가들은 '미국이 주도권을 잡아야 한다는 것을 보여주기 위한 의도적인 행보'로 풀이했다. 인공지능 기술 개발뿐 아니라 규제 시스템마저도 경쟁의 대상이 돼버린 것이다. 비슷한 시기에 일본이 G7을 발판 삼아 행동 강령을 내놓은 것도 마찬가지 의도로 해석됐다. 미국 〈MIT 테크놀로지 리뷰〉는 2024년 1월 인종차별, 로봇 전쟁 등 인공지능과 관련된 잠재적 이슈들을 꼽으면서 "AI는 기술 민족주의와 글로벌 경쟁의 다음번 전선이 될 것"이라고 내다봤다.[57] 미국 의회에서는 인공지능 규제와 관련해 민주-공화 양당 간에 이례적으로 초당적인 협력 분위기가 만들어져 있으며, 그 합의의 핵심에 있는 것이 미-중 갈등을 염두에 둔 경쟁력 강화다. 지정학적 경쟁과 무역 갈등이 AI 규제 분야에서도 되풀이되는 것이다.

'글로벌 AI 규칙'을 둘러싼 논의를 기술 강국들이 선점하면, 모든 경제 이슈에서 불거지는 글로벌 남북 갈등, 즉 부자 나라들과 저개발국들 간의 격차가 다시 한번 되풀이될 수밖에 없다. 그 과정에서 인권이나 노동권 같은 민감한 사안이 뒷전으로 밀리고 국가 간 경쟁이 부각되면 규제의 의미는 빛이 바랜다. 인공지능의 잠재적 위험을 누구나 걱정하고 있지만, 기본적인 글로벌 합의에 도달할 때까지는 기업들의 '자정 노력'에 의존하는 수밖에 없게 되는 것이다.

이런 고비들을 넘어서기 위해 유엔도 인공지능 거버넌스를 구축하기 위한 논의를 시작했다. 유엔 안전보장이사회는 2023년 7월 18일 최초로 인공지능의 군사적 및 비군사적 사용과 관련하여 논의했다. 안토니우 구테흐스Antonio Guterres 유엔 사무총장은 그해 10월 인공지능 자문위원회를 구성한다고 발표했다. 위원회는 유엔 인공지능기구UN AI Agency의 형태와 기능에 관한 권고 사항을 마련하는 역할을 한다. 자문위는 〈인류를 위한 AI 관리Governing AI for Humanity〉라는 제목의 중간 보고서에서 개발도상국을 포함해 모든 이가 AI 도구에 접근하고 의미 있게 사용할 수 있어야 한다는 포용성의 원칙, 인공지능 도구를 생산하는 기업과 사용자들 모두에게 광범위한 책임성을 가진 거버넌스를 구축해야 한다는 공익의 원칙, 인공지능 거버넌스는 데이터와 떼어놓을 수 없다는 데이터 거버넌스의 중심성 원칙, 국가와 이해관계자의 보편적 동의를 우선시해야 한다는 다중 이해관계자 원칙, AI 거버넌스는 유엔헌장과 국제인권법 및 유엔 지속가능개발목표Sustainable Development Goals, SDGs에 기반을 두어야 한다는 국제법 원칙 등을 발표했다.[58]

인공지능의 잠재적 위험은 국경을 넘어 모든 인류에게 적용된다. 유엔이 장차 구성할 인공지능기구는 이 모든 경쟁과 도전 속에서 전 인류를 위한 규범을 만들고 실현할 수 있을 것인가.

인텔의 경영자 팻 겔싱어Pat Gelsinger는 CNBC 인터뷰에서 "기술은 공평하다고 생각하며, 기술을 사용하는 방식은 그것을 사용하는 사람들의 몫"이라고 말했다. 하지만 그 '사람들'의 힘은 결코 지구

전체에 평등하게 배분돼 있지 않다. 테슬라 경영자 일론 머스크는 한술 더 떠 "노동은 취미가 될 것"이라며 인공지능과 로봇에 힘겨운 노동을 맡겨버린 아름다운 미래를 주장했다. 그러나 현실에서는 너무나도 많은 이가 일자리 걱정을 하고 있다.

"시간이 지나면서 이 (인공지능) 혁명은 노동자 상당수의 소득을 붕괴시키고 자본의 소유자에게 엄청난 이득이 돌아가게 할 가능성도 있다. 그 수익은 로봇 노예 군대의 보살핌과 보호를 받는, 상상을 초월하는 극소수의 부자들이 소유하게 될 것이다. 최악의 경우 대부분의 인간은 철도와 내연기관이 발명된 후 쓸모가 없어진 말처럼 경제적으로 무의미한 존재가 될 수도 있다. 현 단계에서 말할 수 있는 것은, 우리는 알지 못한다는 것이다. 하지만 기후변화에 대한 계획을 수립해야 하는 것과 마찬가지로, 우리는 그런 혁명을 관리할 수 있어야 한다."[59] 영국 경제 전문 저널리스트 마틴 울프Martin Wolf 는 저서《민주주의적 자본주의의 위기The Crisis of Democratic Capitalism》에서 이렇게 말한다. 머스크가 내다본 세상이 인류를 기다리고 있다면 그야말로 기쁜 일이겠지만, 우리가 지금 새겨들어야 할 것은 머스크보다는 울프의 지적이다.

스마트홈과 사물인터넷, 세상과 연결된 집

- 바퀴 달린 다리 두 개에 손잡이가 달린, 청소기만 한 기계 한 대가 있다. 모니터에서 커다란 두 눈이 깜빡이다가 이내 놀란 표정으로 변한다. 음악이 나오면 춤을 추고, 사람의 이야기를 들으며 눈을 움직여 의사를 전달하는가 하면 이야기도 나눈다. 스스로 움직이며 먼지를 빨아들이고 온도와 습도, 공기 질을 체크해 다른 가전제품들을 컨트롤한다. 약을 언제 먹을지, 출근길 교통 상황은 어떠한지 등을 알려준다.[60]
- 노란 공 모양의 로봇 한 대가 집안을 누빈다. 센서로 주변이 어두워진 것을 감지하고 조명을 켠다. 온도가 올라가면 에어컨을 튼다. 반려동물에게 자동 급식기로 먹이를 주거나 프로젝터로 콘텐츠를 재생하며 심심하지 않게 놀아주기도 한다. 상황에 맞는 음악을 틀어주고, 운동을 도와준다.[61]

2024년 1월 CES에서 가전 업계의 두 강자 삼성과 LG는 같은 키워드에 주목했다. 바로 '스마트홈'이다. 앞에 소개한 제품은 LG의 '스마트홈 AI 에이전트', 두 번째 제품은 삼성의 '볼리'다. 둘 다 인공지능과 사물인터넷, 로보틱스를 활용하면서 집안일을 줄이고, 노인이나 아이, 반려동물 등 도움이 필요한 식구를 돌보는 똑똑한 집을 구현하려 한다. 스마트홈, 미래의 집은 과연 어떤 모습일까.

냉장고와 자동차가 연결된다면

스마트홈을 이야기하려면 먼저 사물인터넷이라는 개념을 이해해야 한다. 사물인터넷Internet of Things, IoT은 말 그대로 물건들이 연결되는 네트워크다. 사람이 컴퓨터나 휴대전화 같은 장치를 통해 인터넷으로 데이터를 전송하는 보통의 시스템과 달리 사물인터넷에서는 사람이 개입하지 않아도 '사물' 하나하나가 네트워크 속의 행위자가 된다. 그래서 만물인터넷Internet of Everything, IoE이라고도 부른다.

사물인터넷에서는 물건마다 IP 주소와 센서와 통신 기능이 부여되고 사람과 사물, 혹은 사물과 사물 간에 통신이 이뤄진다. 예를 들어 전등 하나도 인터넷에 연결되면 생활이 달라진다. 침대에서 책을

삼성전자가 선보인 동그란 모양의 로봇 볼리. ©Samsung

읽다가 스르르 잠이 오고, 전등 스위치를 끄러 몸을 일으키기는 너무 귀찮다. 이럴 때 밝기를 줄이라거나 스위치를 끄라고 전등에 지시할 수 있다면? 사물인터넷이라면 가능하다. 전등에 스마트 센서가 있고 내 휴대전화와 해당 데이터를 연동해놓으면 와이파이 무선 네트워크를 통해 밝기를 조절하거나 켜고 끄도록 제어할 수 있다.

이렇게 네트워크를 기반으로 언제 어디서나 모든 것이 연결되는 초연결Hyper-Connectivity 시대가 열리고 있다. 집 안을 둘러보면 어느새 사물인터넷 기술이 쓰이고 있음을 알 수 있다. 아파트 공동 현관을 스마트폰으로 열 수 있고, 공기청정기나 무선 로봇 청소기가 공기 질이나 먼지 상태를 알아서 감지하고 그간 학습해온 패턴에 따라 작동한다. 사물인터넷 기술을 바탕으로 온갖 물건이 센서로 상황을 알아채 와이파이로 통신하며 생활의 편리를 극대화하는 주거 형태가 스마트홈이다. 에어컨과 냉장고 같은 기존의 가전제품은 물론, 디지털 도어록이나 CCTV 같은 보안장치, 화재를 감지하고 경보를 울리는 안전 관련 기기들도 스마트홈의 일부다. 몸이 불편한 사람, 혼자 사는 어르신, 집안일에 익숙하지 않은 어린이라면 도움이 필요할 때 버튼 하나로 번거로운 일을 처리해주는 스마트홈 기술로부터 큰 도움을 받을 수 있다.

초연결 시대를 대표하는 사물인터넷에는 수많은 기술이 집약돼 있다. 우선 각 사물을 식별할 수 있도록 개별적으로 ID가 부여되어야 한다. RFIDRadio Frequency IDentification가 대표적인 기술로, 고유한 코드가 들어 있는 전자 칩을 물건에 집어넣은 뒤 무선 신호를 이용해 이 물건의 정보를 인식하게 해준다. 가까운 거리에서는 이 방식이 효과적이지만, 네트워크 범위가 넓어질 때에는 사물마다 IP 주소를 주는 방식이 적용된다. 일단 개별 사물이 냉장고인지 인터폰인지 공기청정기인지 구분할 수 있도록 한 뒤에는 이것들을 연결해야 한다. 물건들끼리 정보를 주고받고, 새로운 정보를 만들어내고, 대응할 수 있어야 하기 때문에 인터넷 네트워킹이 필요하다. 물건들은 각종 정보를 어떻게 모을까? 센서를 통해서다. 날씨가 얼마나 더운지, 혹은 갑자기 기온이 떨어졌는지, 냉장고 안의 식료품이 얼마나 줄어들었는지, 주변에 미세먼지가 얼마나 많은지 따위를 감지할 수 있도록 센서를 탑재하는 것이다. 센서가 달린 물건들은 미세한 변화를 잡아내 그 정보를 저장하고 소통한다. 사물인터넷에서 빼놓을 수 없는 또 다른 기술은 클라우드와 빅데이터다. 물건들이 수집한 정보와 데이터를 클라우드에 저장하고, 차곡차곡 쌓인 빅데이터를 분석해 적절한 솔루션을 내놓아야 하기 때문이다.

스마트홈 시장은 2017년 394억 달러에서 2023년 1,348억 달러로 커졌다. 2028년에는 2,316억 달러에 이를 것으로 예측된다.[62] 스마트홈은 조명, 가구, 제어, 에너지, 스마트 기기, 보안, 엔터테인먼트 등 다양한 분야를 아우르며 구글, 애플, 아마존 같은 정보기술 업체, 삼성과 LG 같은 가전 업체, 건설 업체 등 여러 분야 기업이 참여하는 커다란 시장이다. 여기에 헬스 케어와 돌봄 서비스, 반려동물 케어, 화재나 보안 점검 같은 안전 분야 등으로 영역이 넓어지고 있다. 스마트홈은 단순히 집에서 그치지 않으며 확장성이 무궁무진하다. 집과 자동차, 집과 사무실, 건물과 건물들을 잇는 식으로 도시 전체를 이을 수 있고 도시와 도시도 얼마든지 연결할 수 있다.

누군가가 들여다보는 내 일상

스마트홈이 생활에 편리함을 가져다주는 반면 해킹에 취약해 사생활과 개인 정보 유출 등 부작용이 적지 않다는 지적은 지속적으로 제기돼왔다. 2015년 IT 전문 매체 〈와이어드〉는 화이트 해킹white hacking, 즉 보안 점검을 위한 해킹 테스트를 해서 '모든 것이 연결될 때'의 위험을 보여줬다. 이 잡지의 의뢰를 받은 화이트 해커들은 소파에 편하게 앉은 채로 고속도로에서 시속 112km로 달리는 차량 안의 라디오 볼륨을 높이고 채널을 바꿨다. 또 와이퍼를 움직이고 워셔액을 뿌리는가 하면 에어컨을 조정해 온도를 마음대로 바꿔버렸다. 심지어 액셀과 브레이크까지 자유자재로 조정할 수 있었다. 차량에는 휴대용 기기와 자동차를 연결해 음악을 듣고 교통 정보를 얻을 수 있도록 한 인포테인먼트 시스템이 장착돼 있었는데, 이 소프트웨어를 해킹해 멀리서 마음대로 조작할 수 있었던 것이다. 만약 이 사건이 차량 납치범에 의해 일어난 일이라면? 생각만 해도 아찔하다. 차량 제조 업체는 이 사실이 알려진 뒤 해당 차종을 리콜했다.[63]

2016년에는 '미라이Mirai 봇넷' 공격으로 미국의 주요 인터넷 사이트가 마비된 일도 있었다. 도메인 주소 조회 서비스Domain Name Service, DNS를 제공하는 업체가 디도스Distributed Denial of Service, DDoS 공격을 받으면서 트위터(현재의 X)와 넷플릭스, 〈뉴욕 타임스〉, CNN 등의 웹사이트가 일제히 멈춰버린 것이다.

　조사 결과 해커는 미라이 봇넷이라는 멀웨어Malware(악성 소프트웨어)를 이용해 악성 코드를 집어넣어 셋톱박스나 공유기 등 사물인터넷 기술의 핵심 기기들을 좀비 상태로 만든 것으로 나타났다. 이 사건으로 세계에서 사물인터넷 보안에 대해 경각심이 일었다. 이 문제는 여전히 진행형이다. 2022년 한국에서는 보안 전문가로 행세해왔던 해커가 40만 가구의 카메라를 해킹해 영상을 녹화하고, 이를 온라인으로 팔려다 적발된 일이 있었다.⁶⁴ 집집마다 설치된 월패드Wall Pad를 통해서였다. 월패드는 아파트 중앙 서버, 스마트폰 앱, 카메라 등과 연동돼 버튼 하나로 주차장에 드나드는 차량을 통제할 수 있고, 집 안에서도 엘리베이터를 호출할 수 있다. 이 월패드에는 관리 사무소나 다른 세대와 통화하기 위해 집 안쪽으로 카메라가 설치돼 있는데 이를 해킹해 몰래 주민의 일상을 촬영할 수 있었던 것이다. 월패드의 비밀번호는 출시될 때 단순한 숫자 등으로 동일하게 설정돼 있다. 또 아파트의 중앙 서버와 연결돼 있기 때문에, 중앙 서버만 해킹하면 월패드를 해킹하는 것은 그리 어려운 일이 아니었다. CCTV뿐 아니라 유무선 공유기, 영상 녹화 장치 등이 해킹에 노출된 사례가 잊을 만하면 한 번씩 보도된다. 전문가들은 중앙 서버와 실제 기기가 사용하는 네트워크를 분리하는 '망 분리'로 일차적으로 보안을 강화할 수 있다고 말한다. 해커가 여러 장치에 접근하는 과정에서 뚫어야 할 장벽을 여럿 만들어 복잡하게 하자는 거다. 그러나 근본적인 해결책은 아니다. 보안 기술이 강화되는 만큼 이를 뚫는 해킹 기술도 같이 날

카로워지고 있다.

스마트홈 같은 디지털 기술에서 소외되는 사람들이 생겨난다는 점도 고민해봐야 한다. 디지털 기기와 기술이 다양해지고 고도화될수록, 그 기술과 도구를 활용할 기회와 능력에도 차이가 생겨난다. 상대적으로 적응력이 떨어지는 노인, 장애인, 교육 수준이 낮은 이들, 혹은 기기를 살 여력이 없는 이들은 스마트홈이나 스마트시티의 혜택을 누리기가 어렵다. '기술 소외 계층'이 다른 누구보다 스마트 기술의 혜택을 필요로 하는 사람이라는 점은 아이러니하다. 기술 발전이 또 다른 불평등으로 이어지지 않도록 하는 정책과 제도, 교육이 기술과 함께 진보해야 한다.

4장

페이스북은
왜 얼굴인식을
포기했을까

2010년 북아프리카 튀니지에서 한 젊은 노점상이 분신했다. 26세 청년 무함마드 부아지지Mohammed Bouazizi. 그는 대학을 졸업했음에도 일자리를 찾을 수 없었고, 생계를 위해 과일과 채소를 수레에 싣고 다니며 팔았다. 당국은 그가 허가받지 않은 채 장사한다며 위협했고, 그는 수레를 빼앗길 위기에 처했다. 실랑이를 하던 과정에서 폭행을 당한 그는 수치심과 절망을 느꼈고 자신의 몸에 불을 붙이기에 이르렀다. 이 사건이 튀니지 전체에 알려졌고, 시민들은 "빵을 달라"며 투쟁을 시작했다. 이들의 외침은 곧 25년 동안 장기 집권한 독재자 지네 엘 아비디네 벤 알리Zine El Abidine Ben Ali 대통령에게로 향했다. 배불리 먹고 일할 수 있게 해달라는 정당한 요구였다. 하지만 독재 정권은 언론에 재갈을 물리기에 급급했다. 시민들은 어떻게 투쟁할 수 있었을까? 당시 활동가들은 "소셜미디어가 절대적으로 중요했다"라고 말한다. 부아지지가 분신하기 석 달 전 다른 도시에서도 비슷한 사건이 있었으나 그 일은 묻혔다. 차이가 있었다면 부아지지의 모습은 동영상으로 촬영됐고 페이스북에 올라가 모두 다 봤다는 점이었다.

세상을 움직이는
'좋아요'의 힘

2011년 '아랍의 봄'으로 알려진 시민 혁명은 튀니지에서 시작해 바레인, 리비아, 이집트 등으로 번졌다. 이 과정에서 페이스북 같은 소셜미디어Social Media의 역할은 결코 작지 않았다. 소셜미디어로 정부의 시위대 진압에 관한 생생한 영상과 이미지가 공유됐고, 다쳐서

2011년 2월 아랍의 봄 당시 이집트 카이로의 타흐리르 광장에 모인 사람들이 정권 퇴진을 요구하고 있다.
©Jonathan Rashad

수혈이 필요한 사람들을 위해 혈액을 찾는다는 메시지가 퍼져 나갔다. 인터넷마저 끊겼을 때 연락할 수 있는 국제전화번호가 제공됐다.[65] "우리의 기술은 세계 사람들을 연결해 기회를 창출하고 수십억 명에게 목소리를 제공합니다"라는 페이스북(지금의 메타Meta)의 미션이 가장 선명하게 드러난 사례가 아랍 혁명이 아닐까 한다.

　인터넷상에서 네트워크를 구축하고 생각과 의견을 나눌 수 있는 플랫폼을 소셜미디어라 부른다. 국내에서는 사회관계망서비스SNS라는 표현이 많이 쓰이지만 보편적인 명칭은 소셜미디어다. 대표적인 소셜미디어 가운데 하나인 페이스북은 2004년 출시됐다. 사용자는 하고픈 말이나 나누고 싶은 이미지와 영상을 마음껏 소셜미디어에 올릴 수 있고, 누구에게나 열린 이런 공간을 통해 특정 지역을 넘어 말 그대로 세계와 연결된다. 이런 연결성과 개방성이 때로는 아랍 혁명처럼 강력한 변화를 만들어내는 데 기여하기도 한다. 반면 부정적인 정보나 가짜 뉴스 역시 진짜인 것처럼 빠른 속도로 퍼져 나간다. 내가 누른 '좋아요'를 통해 내 정보가 그대로 노출되기도 한다. 극명한 빛과 그림자 속에서도 우리는 숨 쉬듯 소셜미디어에 접속하고 있다.

2024년 세계 인터넷 사용자의 일일 평균 소셜미디어 사용량은 143분에 이르렀다. 하루에 두 시간 넘는 시간을 소셜미디어에 접속하고 있는 것이다.[66] 사람들의 손에는 늘 스마트폰이 쥐여져 있고, 선두 주자인 페이스북을 필두로 트위터, 유튜브, 인스타그램, 틱톡 등 다양한 소셜미디어가 생겨났다. 원하면 언제든 휴대전화를 켜고 앱을 터치한 뒤, 접속하지 않은 사이에 새로 올라온 피드feed를 확인할 수 있다. 공감 가는 글이나 사진에는 '좋아요'를 누르고, 다른 사람이 올린 콘텐츠에 댓글을 달아 내 의견을 표현한다. 마음에 드는 피드는 공유하거나 저장해둘 수도 있다. 소셜미디어에는 시간과 공간의 제약이 없다. 멀리 이사한 친구, 여행에서 만난 외국인도 온라인으로 쉽게 연락할 수 있다. 강력한 네트워킹의 장점은 위기의 순간 빛을 발한다. 아랍의 봄에서의 역할이 그랬고, 해시태그를 통해 퍼져 나간 다양한 시민운동이 그랬다. 잃어버린 가족을 찾을 때도, 위급한 환자를 살릴 혈액을 구할 때도 소셜미디어는 큰 힘을 발휘한다. 코로나19로 세계가 멈추다시피 했을 때 많은 사람은 서로 얼굴을 마주하지 않고도 소통하며 정보를 얻고 위로를 받았다.

페이스북 창립자 마크 저커버그Mark Zuckerberg는 2014년 "인터넷 연결은 인간으로서 당연한 권리인가?"라는 물음을 제기했다. "세계의 절반이 넘는 이들이 인터넷에 연결할 수 없다"며 "데이터 사용 가격을 합리화하고, 데이터 사용을 줄일 수 있도록 앱의 효율성을 높이며, 새로운 비즈니스 모델을 개발해 인터넷 연결을 돕겠다"라는 목표를 밝히기도 했다. "인터넷을 통해 세계를 하나로 연결하는 것이 우리 세대의 큰 과제 중 하나"라고도 했다.[67] 그만큼 페이스북은 인터넷을 통한 연결 자체를 '인권'만큼이나 중요한 가치라고 생각했던 것 같다.

수많은 이용자가 몰리고, 그들이 연결되면 될수록 페이스북의 영향력은 커져갔다. 사람들은 페이스북에 자신의 사진을 업로드했고, 생각과 의견을 표출했으며, 취향을 드러냈다. 생일이 언제인지, 어디서 점심을 먹었는지, 어떤 곳으로 휴가를 떠났는지 등 나와 관련된 사실이 자연스럽게 노출됐다. 나를 드러내면 친구들은 '좋아요'를 눌러 환호를 보냈다. '좋아요'는 곧 인기를 상징했고, 더 많은 '좋아요'를 받을수록 더 많은 친구가 생겨났다. 페이스북은 2012년 사진을 기반으로 한 소셜미디어 인스타그램을 10억 달러에, 2014년 메신저 프로그램 왓츠앱을 220억 달러에 인수했다. 페이스북의 월간 사용자MAU는 2024년 4월 기준으로 30억 6,500만 명, 인스타그램과 왓츠앱이 각각 20억 명으로 추산된다.[68] 세계 인구가 약 80억 명이니 어마어마한 숫자다.

이용자들은 공짜로 소셜미디어를 쓰는데, 빅테크는 어떻게 수익을 낼까. 광고를 통해서다. 플랫폼에 모여든 사람들을 상대로 광고를 내보내기 위해 광고주들이 돈을 낸다. 사용자가 늘어날수록 광고가 몰리고 소셜미디어 기업들은 돈을 벌었다. 사용자가 늘어날수록 페이스북에 축적되는 구체적이고 개인적인 정보도 늘었다. 누군가가 '좋아요'를 클릭하면 페이스북은 그 사람이 어떤 이슈에 관심을 갖고 있는지, 누구와 자주 소통하는지 자연스럽게 알게 된다. 사용자의 성별, 나이, 출신 학교, 경력, 관심사, 취미, 취향, 좋아하는 음식과 음악 장르 등 일일이 열거할 수 없을 만큼 수많은 개인 정보가 페이스북에 차곡차곡 쌓인다. 이 데이터를 통해 그들은 더 많은 수익을 낼 수 있다. 이 정보가 특정 집단을 겨냥한 광고를 내보내는 수단이 되기 때문이다. 광고주 입장에서는 불특정 다수를 향해 광고하는 것보다 좁은 집단을 정확하게 겨냥한 광고를 내는 것이 당연히 효율적이다. 게다가 개인뿐 아니라 기업이나 기관이나 심지어 상품도 페이스북 페이지를 만들어 친구를 맺고, 자신의 소식, 그러니까 사실상의 광고 콘텐츠를 얼마든지 포스팅할 수 있다. 페이스북에서는 새로 나온 운동화가 '나를 사 가라'고 홍보할 수 있는 것이다.

내 주의력을
먹고사는 비즈니스

사람들의 이목을 끌어 경제적 가치를 생산하는 활동을 의미하는 관심 경제 혹은 주의력 경제Attention Economy라는 말이 있다. 관심 경제는 한 장 한 장 붙이던 포스터에서 시작해 TV와 라디오 시대를 거쳐 가족의 사적인 공간으로 들어왔고 인터넷을 통해 개인의 영역까지 침투했다. 공짜로 플랫폼을 이용하는 대신 소셜미디어 기업은 우리의 관심, 개인 정보와 사용 시간을 대가로 가져간다. 우리 스스로가 상품이 돼버린 것이나 마찬가지다.

스스로 선택해 가입하고 내가 원하는 콘텐츠를 업로드했으니 괜찮은 것 아닌가? 문제는 우리가 광고에 노출된 정도와 이를 부추기는 기업의 행태가 알지 못하는 사이 심각한 수준에 이르렀다는 데 있다. 빅테크 기업들의 독점 문제를 지적해온 컬럼비아대학교 로스쿨의 팀 우Tim Wu 교수는《주목하지 않을 권리Attention Merchants》라는 책에서 주의력을 활용하는 이 산업이 인간이 살아가는 방식을 근본적으로 바꿔놓을 수 있다고 주장한다. 그는 "많은 사람들이 끊임없이 정신을 빼앗기고 소셜미디어나 TV에 너무 많은 시간을 들이며 결국 각자의 유용한 목적에 도움이 되는 수준보다 더 많은 광고를 소비하고 있다"라고 지적한다.[69]

플랫폼 기업이 수익을 내기 위해선 이용자와의 접점을 최대한 많이 찾아내 이들이 더 오래 머물게 만드는 것이 중요하다. 페이스북의 '좋아요' 버튼은 그 역할을 톡톡히 한다. '태그tag' 기능도 마찬가지다. 특정인이 게시물을 올리며 누군가를 태그하면 그 사람의 프로필로 연결되는 링크가 생긴다. 이용자들은 여러 태그를 클릭하면서 더 많은 게시물을 접하고, 페이스북에 오래 머물게 된다. 누가 뭔가를 업로드하거나 '좋아요'를 누르거나 태그를 달면 스마트폰으로 알림이 울린다. 많은 이용자는 기업이 설계한 이런 알고리즘에 점점 더 중독돼간다. 구글의 윤리 전문가였던 트리스탄 해리스Tristan Harris 는 다큐멘터리 〈소셜 딜레마Social Delimma〉에서 이렇게 말한다. "언제 뜰지도 모르고 뭐가 뜰지도 모르는, 라스베이거스의 슬롯머신과 똑같다. 상품을 계속 쓰게 만드는 것도 모자라, 뇌의 깊숙한 곳으로 들어가 무의식적인 습관을 심어서 프로그래밍을 하는 것이다."[70] 손에서 스마트폰을 놓지 못하고 소셜미디어에 습관적으로 접속해 새로운 피드를 확인하는 행태는 이용자의 잘못인가? 아니면 고도로 설계된 알고리즘에 노출됐기 때문인가?

이용자가 상품이 되는 세계

미국 도널드 트럼프 대선 캠프가 2016년 대선 기간 중 페이스북을 통해 개인 정보를 불법으로 수집했고 이를 선거운동에 활용했다는 보도가 2년이 지난 2018년 터져 나왔다. 페이스북은 2014년 성격 테스트 서비스를 제공했는데, 이를 통해 수집한 무려 5,000만 명의 데이터가 유출된 것이다. 영국 데이터 분석 업체인 케임브리지 애널리티카Cambridge Analytica가 이 데이터를 입수, 분석해 트럼프 캠프에 제공했다는 내부 고발자의 폭로가 나왔다.[71] 비판이 쏟아지자 저커버그는 개방적인 공유를 강조하던 '광장'에서 방향을 바꿔 프라이버시를 중시하면서 서로 연결을 원하는 이들을 중심으로 한 소통 플랫폼을 만들겠다는 입장을 밝혔다. 그러나 페이스북의 근본적인 구조, 즉 더 많은 이용자가 글과 사진, 영상 등을 올리게 하고 이런 데이터를 상품화해 광고를 유치하는 수익 모델을 바꾸지 않는다면 눈 가리고 아웅에 불과하다는 혹평도 나왔다.

그로부터 3년 뒤 페이스북에서 내부 고발이 나왔다. 프로덕트 매니저였던 프랜시스 하우겐Frances Haugen은 2021년 페이스북 사이트와 앱이 허위 정보가 유통되는 알고리즘을 통제하지 않았으며, 자신들의 서비스가 청소년에게 유해하다는 사실을 알면서도 기능을 개발했다고 폭로했다. 하우겐에 따르면 페이스북은 이용자의 참여와 반응을 최대한 유도하는 방식으로 콘텐츠를 최적화하는데, 극단적이고 도발적인 정보일수록 사람들의 관심을 끈다는 점을 활용해 알고리즘을 조정했다는 것이다. 그는 "페이스북은 콘텐츠 노출 알고리즘을 더 안전한 방식으로 바꾸면 사람들이 사이트에서 보내는 시간이 줄어들고 광고를 덜 클릭하므로 돈을 덜 벌게 된다는 사실을 알고 있다"라고 지적했다.[72] 그는 또 인스타그램 게시물들이 10대 여성의 자살에 대한 생각이나 섭식 장애를 더 심화시킨다는 자체 연구 결과도 폭로했다. 페이스북은 콘텐츠의 유해성 여부와 상관없이 '좋아요'를 많이 받거나 댓글이 많이 달릴 만한 글, 공유가 잘되는 콘텐츠가 잘 보이도록 알고리즘을 만들었고, 그 결과 이용자가 점차 편향된 정보에 노출될 가능성이 높아졌다. 이렇게 기업들이 원하는 정보들을 선별해 보여주는 까닭에 이용자들은 이른바 필터 버블filter bubble에 갇힌다. 걸러낸 정보들에 에워싸여, 굳이 알고 싶지 않거나 관심이 없는 정보들로부터 체계적으로 차단당한다. 정보 수용의 편향성은 높아지고, 자신이 접한 정보만을 옳은 것으로 여기게 됨으로써 극단적이 되기 쉬워진다는 건 여러 연구 결과를 통해 드러난 바 있다.

페이스북은 하우겐의 주장이 '사실이 아니다'라는 입장을 밝혔지만 후폭풍은 거셌다. 미국의 41개 주 정부가 청소년을 중독시키는 알고리즘을 가동했다며 페이스북과 인스타그램을 상대로 소송을 냈고 페이스북의 신뢰는 추락했다. 페이스북은 하우겐의 고발 이후 한 달도 채 안 돼 회사 이름을 '메타Meta'로 변경했고, 그간 도입했던 얼굴 인식 기능을 포기하겠다고 선언했다. 얼굴 인식 기능은 이용자가 올린 사진이나 영상 등에서 얼굴을 식별하는 기능이다. 페이스북은 이용자가 올린 얼굴 정보를 수집해온 것으로 알려졌으며, 이런 방식이 프라이버시를 침해한다는 지적이 끊임없이 나왔다. 미국 일리노이주 주민들은 이와 관련해 집단 소송을 제기했고, 한국에서도 동의 없이 정보를 수집했다는 이유로 수십억 원의 과징금이 내려졌다. 페이스북은 얼굴 인식 기능을 없애면서 그간 수집한 10억 명 이상의 얼굴 데이터도 삭제한다고 했다.[73] 내부 고발의 충격파에 이어 프라이버시 침해, 개인 정보 오용 등에 대한 비난을 의식한 조치로 풀이됐다.

소셜미디어 없는
삶은 가능한가

페이스북을 이 세상에 내놓으면서 저커버그는 "프라이버시의 시대
는 끝났다"라고 말했다. "내가 2004년 하버드대학교 기숙사에서 페
이스북을 시작했을 때, '사람들이 왜 인터넷에 자기 정보를 공개하
겠느냐'고 묻는 이가 많았다. 5~6년이 지나자 사람들은 더 많은 정
보를 많은 사람과 공유하게 됐다. 시간이 지나면서 사회 규범은 변
화한다."[74] 저커버그의 이런 견해는 페이스북의 기본 방향이었다.
여러 가지 문제점과 부작용이 드러났으니 이제는 페이스북이 과거
와 다른 선택을 하게 될까? 그렇게 믿는 사람은 많지 않은 듯하다.
수익의 대부분을 광고에 의존할 수밖에 없는 사업 구조 때문이다.
내부 고발자 하우겐은 페이스북이 "회사의 이익과 (우리의) 안전 사
이에서 반복적으로 갈등을 겪었고, 일관되게 이익을 위한 방향으로
결정했다"라고 언급한 바 있다.

방향을 바꾸기는커녕 페이스북은 덩치를 더욱 키웠다. 인스타그
램과 왓츠앱을 인수하면서 시장 지배력을 강화했다. 미국 연방거래
위원회FTC와 46개 주가 페이스북을 대상으로 반독점 소송을 내기도
했다.[75]

그렇다면 우리가 할 수 있는 일은 무엇일까. 플랫폼의 부작용을
최소화하는 방향으로 규제를 강화하는 것은 현실적이면서도 강력
한 방법이다. 유럽연합은 2022년 8월부터 디지털 서비스법Digital Ser-

vices Act을 시행하고 있다. 이 법에 따라 페이스북, 인스타그램, X(이전의 트위터) 등 역내 인구 10% 이상이 사용하는 온라인 서비스를 제공하는 기업은 유해 콘텐츠가 퍼지는 것을 막을 의무가 있으며, 특정 사용자를 상대로 한 타깃 광고를 아예 할 수 없거나 제한적으로만 할 수 있다. 또 규제 기관 등과 일부 데이터를 공유해야 한다. 이를 어기면 매출의 최대 6%에 해당하는 과징금을 부과한다.[76] 데이터는 이용자의 개인 정보 묶음이다. 데이터에 기반한 광고를 제한한다는 점에서 이 법안은 플랫폼 기업의 근본적인 사업 구조를 건드린다. 사생활과 정보 보호를 위해 당국이 나서자, 거대 플랫폼 기업들은 광고가 아닌 구독료 등 다른 방식의 수익 모델을 찾아 나서기 시작했다. 당국이 기업 데이터에 접근할 수 있는 권한을 갖게 된 것도 의미가 있다. 빅테크 기업들은 "알고리즘은 기업의 영업 비밀"이라며 공개를 거부해왔지만, 디지털 서비스법은 일부 서비스의 설계와 알고리즘을 공개하도록 했다.

새로운 비즈니스 모델을 만들고 혁신을 통해 수익을 창출하는 것은 좋은 일이다. 하지만 기업이 어떤 일을 하는지 사람들이 알아야 해악을 막고 규제를 할 수 있다. 담배가 얼마나 해로운지에 대해 기업들이 숨겨왔던 것을 들춰내 담배 산업을 규제했던 것처럼 말이다.[77] 그러려면 기업들이 당장의 손해만 걱정하면서 공개를 꺼릴 게 아니라 열린 자세로 투명하게 논의에 나서야 한다. 소셜미디어의 부작용이 있다 해서 모든 소셜미디어를 끊고 예전으로 돌아갈 수 있는 사람은 많지 않다. 그렇다면 소셜미디어와 공존하는 방법을 찾는 것이 슬기롭다. 기술이 발전하고, 그에 따른 엄청난 변화 속도를 규제와 제도가 힘겹게 쫓아갈 수밖에 없는 4차 산업혁명의 시대에 소셜 미디어를 어떻게 다루느냐는 기술과 인간이 공존할 방법을 가늠케 해주는 하나의 바로미터가 되지 않을까.

하늘의 그물과
'중국판 1984'

2018년 4월의 어느 토요일 중국 장시江西성 난창南昌시의 국제스포츠 센터. 홍콩의 유명 배우이자 가수인 재키 청張學友, Jacky Cheung의 콘서트가 열렸다. 6만 명 넘는 관중으로 시끌벅적한 가운데 콘서트가 시작됐다. 그때 경찰들이 한 남성에게 다가가 신분을 확인하고는 곧바로 체포했다. 광시廣西성에서 경제 범죄로 수배자 명단에 오른 인물이었다.

경찰은 어떻게 수만 명 가운데 그를 찾아내 잡아들일 수 있었을까. 바로 얼굴 인식 시스템 덕분이었다. 경찰은 얼굴 인식 기술이 탑재된 카메라 여러 대를 매표소와 입구 등에 설치해 관객의 얼굴 하나하나를 들여다봤다. 이 카메라를 통해 전송된 '얼굴 데이터'를 경찰의 용의자 데이터베이스와 비교 분석했고, 마침 콘서트장으로 입장하던 용의자를 잡아낸 것이다.[78] 중국 경찰은 얼굴 인식 기술이 적용된 카메라뿐 아니라 이 기술이 탑재된 선글라스를 쓰고 순찰을 하기도 한다.

이미 중국은 6억 대가 넘는 CCTV를 설치해 세계 최고 수준의 얼굴 인식 시스템을 구축한 것으로 알려져 있다.[79] 중국에 거주하는 사람이라면 90% 정확도로 얼굴을 식별할 수 있으며, 이미 구축된 데이터베이스를 활용해 그 신원을 확인할 수 있도록 했다. 부패를 막

2019년 라스베이거스에서 열린 CES 기술 컨퍼런스에서 인공지능을 활용한 얼굴 인식을 보여주는 장면.
©David McNew

고 범죄자를 추적해 치안을 유지하는 것을 골자로 공안부가 주도한 '톈왕天網' 프로젝트가 그것이다. '하늘의 그물'이라는 뜻의 톈왕 프로젝트는 말 그대로 하늘에서 그물을 치듯 빠져나가기 힘든 감시망을 의미한다. 중국 언론 등을 통해 공개된 톈왕을 보면 실시간 인식이 어떻게 이뤄지는지 알 수 있다. 모니터 속에서 거리를 걷는 사람들 위로 사각형이 나타난다. 그가 남성인지 여성인지, 성인인지 어린아이인지, 어떤 의상을 입었는지 여러 정보가 문자로 뜬다. 얼굴 인식 정보를 이용하는 것은 경찰만이 아니다. 공항과 기차역, 학교와 은행, 마트와 관공서, 아파트 입구에서도 신원 확인을 위해 얼굴 인식 기술을 활용한다. QR 코드를 넘어 얼굴로 비용을 결제하는 시스템도 등장했다. 범죄를 막고 편리함을 가져다주는 기술의 이면엔 감시 사회라는 비판이 공존한다. 더 나아가 이 기술을 소수민족과 비판 세력을 탄압하는 데 악용할 수 있다는 우려도 제기된다.

얼굴 인식 기술과 '센스타임'

2023년 12월 인공지능 스타트업계에 한 기업인의 사망 소식이 전해졌다. 탕샤오어우湯曉鷗 홍콩 중문대학교 정보통신학과 교수였다. 그는 2014년 중국 최대 AI 기업 가운데 하나인 센스타임商湯科技, SenseTime을 창업한 인물이다.

일반인들에게는 친숙한 이름이 아니지만, 센스타임은 세계 최고의 얼굴 인식 기술을 가진 기업으로 통한다. 인공지능과 딥러닝을 활용한 얼굴 인식과 영상 분석 분야에서 AI 기술을 보유한 이 회사는 로봇, 자율주행, 금융, 스마트시티 등 다양한 분야에서 고객을 확보하고 있다. 센스타임 지분 약 21%를 보유한 탕샤오어우는 미국 경제지 〈포브스Forbes〉가 선정한 홍콩 억만장자 33위였다.[80]

중국에는 센스타임 외에도 메그비曠視科技, Megvii, 클라우드워크雲從科技, CloudWalk, 이투Yitu Technology 등 얼굴 인식 분야에서 미국과 견줘도 손색없는 기술력을 바탕으로 급성장한 기업이 많다. 메그비는 대표적인 얼굴 인식 분야 벤처기업이다. 메그비가 개발한 소프트웨어 '페이스 플러스플러스Face++'는 글로벌 상거래 업체 알리바바의 얼굴 인식 모바일 결제 '스마일 투 페이'의 기반이 됐다. 2015년 독일 하노버 국제정보통신박람회에서 알리바바의 마윈 회장이 직접 스마트폰 화면을 보고 웃음을 지어 보이자, 장바구니에 넣어놓았던 기념우표가 순식간에 결제되는 장면을 전 세계가 지켜보았다. "온라인 쇼핑몰 비밀번호를 자꾸 잊어버린다고요?"라며 얼굴 인식 솔루션을 자신 있게 선보이는 마윈의 모습에 얼굴 인식 결제는 물론 메그비라는 기업에 대한 세계의 관심이 쏟아졌다.[81] 중국의 차량 공유 업체 디디추싱은 이 소프트웨어로 운전자가 합법적인 운전자인지 확인할 수 있다.

칭화대학교의 이공계 수재들이 몰린다는 컴퓨터 과학 실험반, 일명 '야오반姚班' 친구 3인방이 만든 메그비는 미국 페이스북의 얼굴 인식 정확도를 앞지르면서 2014년부터 세계에 이름을 알리기 시작했다.

또 다른 업체 이투는 2018년 미국 국가표준기술연구소National Institute of Standards and Technology, NIST 등이 주최한 얼굴 인식 공급자 대회에서 1위에 올랐다. 이투의 소프트웨어는 카드나 신분증이 없어도 얼굴 인식을 이용해 현금 지급기ATM에서 돈을 찾을 수 있도록 하는 데에도 쓰이고, 지하철역의 보안 검색대에서도 활용된다. 이 대회에서 10위 안에 든 기업 가운데 무려 여섯 개가 중국 기업이었다.

행복한 감시국가?

생활 곳곳에 스며든 얼굴 인식 기술 덕분에 중국인들의 생활은 훨씬 편해졌다. 기계 앞에 얼굴만 들이대면 결제가 된다. 신분증 없이 공항에서 체크인을 할 수 있다. 지하철처럼 사람들이 많이 모이는 곳의 치안이 강화되고, 범죄자들은 움츠러든다. 일본 학자 가지타니 가이 등은 《행복한 감시국가, 중국幸福な監視國家.中國》이라는 책에서 중국 시민들이 "안전성과 편리성의 향상"을 추구하고 "행복을 원하기 때문에 감시를 받아들인다"라고 말한다. 프라이버시, 자유와 인권 등이 가치가 없다고 생각하지는 않지만 중국인들은 대체적으로 "기업이 개인 정보를 이용하도록 허락하는 대신 편리한 서비스를 얻는 데 적극적"이라는 검색엔진 바이두Baidu 창업자 리옌훙李彦宏의 말이 책에 인용돼 있다.[82]

국가 차원에서도 이런 기술을 활용하고 있다. 중국은 개인의 각종 데이터를 활용해 개별 점수화하고, 사회적 신용등급을 정하는 '사회 신용 제도社會信用體'를 운용한다. 자본주의 시스템 안에서도 은행 대출 등을 이용하려면 신용이 중요하기 때문에 신용등급이 부여된다. 중국의 사회 신용 제도도 2014년 이와 비슷하게 중소기업이나 개인의 대출을 도울 목적으로 시작됐다. 하지만 그 데이터의 범위가 상당히 넓다. 국가 데이터베이스에 수집된 개인의 신용 및 금융 정보뿐만 아니라 범죄 이력, 자원봉사나 헌혈과 같은 사회활동 등 모든 정보를 반영해 점수를 내는 것이다.[83] 이 점수 자체가 개인에 대한 보상과 처벌에 이용된다는 점도 다른 나라와는 다른 점이다. 사회 신용 점수가 낮아 블랙리스트에 오른 이들은 교통수단이나 숙박시설 이용, 자녀 교육 등에서 제재를 받는다. 2018년 비행기 탑승이 금지된 사람은 1,700만 명, 고속철도 탑승이 금지된 사람은 540만 명에 이른다는 보도도 있다.

문제는 악용 가능성이 양날의 검처럼 존재한다는 것이다. 2019년 범죄인 인도 법안에 반대해 거리로 나선 홍콩의 민주화 시위대가 가장 우려한 것은 CCTV를 통해 신분이 드러나는 것이었다. 이들은 헬멧과 두건, 서로 비슷한 브랜드의 옷으로 온몸을 감싸고, 페인트를 뿌려 거리에 설치된 CCTV 카메라 렌즈를 가렸다. IC 칩이 내장된 교통카드 대신 현금으로 대중교통을 이용했다. 이들이 펼쳐 든 우산은 시위대를 향한 경찰의 최루탄이나 물대포를 막는 용도도 있었지만 얼굴 인식 카메라를 통해 신원이 드러나지 않기 위해 얼굴을 가리려는 의도도 있었다고 한다.[84]

생체 정보를 포함한 민감한 내용의 개인 정보가 노출, 수집되면서 국가가 일거수일투족을 감시하는 거대한 감시 시스템이 중국 사회에 가동되고 있다. 대런 바일러Darren Byler 캐나다 사이먼프레이저대학교 교수는 《신장위구르 디스토피아In the Camps: China's High-Tech Penal Colony》에서 소수민족인 위구르족은 휴대전화나 컴퓨터 사용, 이동과 출입 등을 모두 감시당하고 있으며 '모두를 위한 신체검사'란 이름 아래 얼굴과 홍채, 목소리, 혈액과 지문 등의 정보를 국가에 제출하고 있다고 주장했다. 이는 세계를 선도하는 얼굴 인식 기술 등이 뒷받침됐기에 가능한 일이었다. 최근에는 중국 정부가 인공지능과 얼굴 인식 기술을 사용해 감정 상태를 감시하는 카메라를 설치하고 신장 위구르의 수감자들을 대상으로 시범 운용했다는 BBC 보도까지 나왔다. 미국 상무부는 2019년 센스타임을 비롯한 기업들의 기술이 독립을 주장하다가 '요주의 대상'이 된 위구르족 인사들을 식별해 중국 정부가 탄압하는 데에 일조했다는 혐의로 이 기업들을 모두 제재 대상에 올렸다.

"텔레스크린 수신과 송신이 동시에 가능했다. 숨죽인 속삭임을 넘어서는 모든 소리는 기계에 포착됐다. 게다가 금속판의 시각 범위 안에 있는 한, 소리뿐 아니라 행동까지 감지됐다. (중략) 사람들은 자신이 내는 모든 소리가 도청당하고, 어두울 때를 제외하고는 모든 움직임이 주시당하고 있다고 여기며 살아가야만 했고, 그 습관은 거의 본능이 되다시피 했다."[85] 조지 오웰이 1949년에 쓴 소설 《1984년》의 구절이다. 중국은 소설 속의 '오세아니아'처럼 시민들의 생활 곳곳을 감시하는 '빅브라더'가 되어가고 있는 것인가.

5장

나보다 더 나를
잘 아는
빅테크

"모든 사용자가 구글 검색창에 '내일은 뭐 할까?', '어떤 직업을 가질까?'와 같은 질문을 할 수 있게 하는 게 목표예요."[86]

2007년 에릭 슈미트Eric Schmidt 구글 최고경영자는 한 기자회견에서 5년 후 구글이 어떤 모습일지 묻는 질문에 이렇게 말했다. 그로부터 17년이 지난 지금, 구글은 "현대의 신"으로 통한다. 나보다 나를 더 잘 아는 존재. 기업 전문가인 스콧 갤러웨이Scott Galloway 뉴욕대학교 교수는 "사람들은 역사의 어떤 존재보다 구글을 신뢰한다"라고 말했다.

"구글 신은
알고 있다"

구글은 검색으로 시작해 메일, 지도, 브라우저, 포토 등 다양한 서비스와 최대 동영상 플랫폼 유튜브, 스마트폰 운영체제인 안드로이드Android와 클라우드 사업까지 가히 디지털 제국을 건설한 세계 최대 IT 기업이다. 전 세계 검색량의 80~90%를 차지하며, 가장 많은 데이터 센터를 보유하고 있다. 수많은 사용자가 인터넷에 접속해 엄청난 양의 정보와 지식을 구글에서 찾는다. 구글은 정답을, 아니 정답까지는 아니더라도 꽤 객관성이 담보된 정보를 전달해줄 것이라는 소비자들의 신뢰도 있겠지만, 구글이 사실상 검색 시장을 독점해왔기 때문이기도 하다. 뿐만 아니다. 증강현실AR 헤드셋을 만들고, 자율주행차도 운행한다. AI를 전 세계에 알린 이세돌과 알파고의 대결을 성사시키며 AI 분야의 개발도 계속하고 있다.

구글링googling이라는 단어는 이제 '검색한다'와 동의어가 됐다. 앞으로 구글은 어디까지 진화할까. 구글의 검색은 전지전능하며 늘 올바를까. "사악해지지 말자Don't be evil"라던 그들의 초창기 모토[87]는 과연 잘 지켜지고 있을까.

시간을 30년 전으로 되돌려보자. 닷컴 열풍이 불던 1990년대 중반, 인터넷이 대중적으로 쓰이기 시작하면서 사람들은 웹에서 정보를 찾기 시작했다. 라이코스Lycos, 알타비스타AltaVista, 야후Yahoo!가 잇따라 등장했다. 사용자들을 사로잡은 주요 포털들인데, 화려한 컬러와 여러 콘텐츠가 배열된 초기 화면이 인상적이었다. 그중에서도 야후는 여러 국가에서 서비스를 제공하며 상당한 점유율을 기록했다. 전화번호부처럼 분야별 인덱스에 따라 디렉토리를 나누고 이를 통해 원하는 사이트를 찾을 수 있게 해준 야후는 큰 인기를 끌었다. 이후 야후는 메일, 뉴스, 쇼핑, 게임 등 다양한 서비스를 선보이며 포털 서비스로 변신했고 기업공개를 거쳐 가파르게 성장했다.

야후가 빠르게 커가던 1996년, 스탠퍼드대학교에 재학 중이던 래리 페이지Larry Page와 세르게이 브린Sergey Brin은 '어떻게 하면 수많은 정보 가운데 가장 중요한 정보가 제일 먼저 검색될 수 있는 정확한 검색엔진을 만들 수 있을까'를 고민한 내용의 프로젝트 결과를 발표한다. 이들의 가정은 이렇다. '여러 웹사이트 가운데 다른 웹사이트에 많이 링크된 사이트가 중요할 것이다.' 이 전제에 따라 사이트 링크가 클릭된 횟수, 다른 웹사이트에 얼마나 많이 연결됐는지 등을 바탕으로 사이트마다 점수를 매긴다. 그리고 검색엔진에서 이 점수에 따라 페이지가 노출된다. 래리 페이지의 이름을 따 페이지랭크Pagerank라는 이름이 붙었던 이 알고리즘이 구글의 모태다.[88] 이들은 회사 이름을 처음엔 10의 100제곱을 가리키는 구골googol로 지었다. 1 뒤에 0이 100개나 오는 이 숫자만큼 넓디넓은 웹에서 가장 중요한 정보를 가장 먼저 보여주겠다는 포부가 담긴 이름이었다. 실수로 구골 대신 구글Google이 됐지만 말이다.

당시 인기 있던 야후의 디렉토리 검색과는 달리, 페이지랭크라는 구글만의 알고리즘은 사람들의 검색 패턴을 바꿔놓았다. 모든 정보를 일단 커다란 카테고리로 분류한 뒤 정리된 디렉토리 안에서 검색하는 야후의 방식과 달리, 구글은 넓디넓은 망망대해를 자유롭게 헤엄치며 독특한 알고리즘에 따라 원하는 검색 결과를 정확히 찾아내는 방법을 택했다. 이런 차이점을 보여주듯 구글은 디렉토리를 화려하게 늘어놓은 검색엔진들과 다르게 로고와 검색 입력창만 놓인 심플한 초기 페이지를 선보였다. 정확한 검색에 방해가 되는 불필요한 기능은 모두 배제한 디자인에선 자신감이 엿보였다.

구글은 이내 검색 시장에서 인기를 끌기 시작했다. 사용자가 늘어날수록, 웹상의 정보량이 늘어날수록 사용 패턴과 데이터에 근거한 구글의 검색 알고리즘은 더욱 강력해졌다. 어느덧 구글은 야후를 넘어서더니 2000년대 초반 이후 검색 분야에서 경쟁자가 없을 정도가 됐다. 페이팔PayPal 창업자 피터 틸Peter Thiel은 성공하는 기업들의 특징을 기록한 공저 《제로 투 원Zero to One》에서 구글을 "0에서 1을 이룬 대표적 회사"라고 칭했다. "자기 분야에서 너무 뛰어나기 때문에 다른 회사는 감히 그 비슷한 제품조차 내놓지 못하는 회사"라는 것이다.[89] 2024년 월별 구글 방문자 수는 842억 명, 모바일과 웹을 통틀어 구글의 전 세계 시장 점유율은 91.47%에 육박했다.[90]

내 클릭이
그들의 돈이 된다면

구글의 수익은 바로 이 강력한 검색엔진에서 나온다. 페이지랭크를 비롯한 일련의 알고리즘을 통해 구글은 검색의 최강자로 등극했다. 이용자의 검색을 웹페이지 랭킹과 연결함으로써, 구글은 이용자의 실시간 검색 활동 자체를 데이터화해 축적했다. 이는 광고주들을 사로잡았다. 껌 한 통을 사고 싶은 사람이 있다고 치자. 구글에서 어떤 껌이 유행하는지, 혹은 충치를 유발하지 않으면서 맛이 좋은지, 다른 사람은 어떤 껌을 주로 사는지 등을 검색해본다. 껌을 파는 기업 입장에서는 이런 유저들에게 자신의 제품을 노출해 이목을 끌고 싶을 것이다. '껌'과 관련한 내용을 검색했을 때 구글 검색의 맨 위에 자신의 상품이나 서비스가 나오길 바라면서 구글에 광고비를 낸다. 마케팅 책임자들은 구글 검색에서 잘 노출되는 콘텐츠를 만들고, 검색 결과에 자신이 홍보하고 싶은 대상을 노출시키기 위해 검색엔진 최적화Search Engine Optimization, SEO라는 기법을 이용하기도 한다.

구글이 광고주들에게 인기 있는 이유는 단순히 검색량이 많기 때문만은 아니다. 정확한 타기팅이 가능하기 때문이다. 구글의 검색 서비스는 사용자에 따라 다른 결과를 보여주곤 한다. 검색을 언제 어디서 하느냐, 어떤 언어로 하느냐, 모바일에서 하느냐 등에 따라 맞춤형 검색 결과가 나타난다. 구글 홈페이지의 표현을 빌리면 '맥락'을 반영한다. 기업들은 이용자의 컴퓨터나 휴대전화에 자동으로 저장되는 임시 파일인 '쿠키'를 활용해 검색 기록이나 구매 기록 같은 정보를 얻고, 이를 바탕으로 맞춤형 광고를 내보낼 수 있다. 여행을 가기 위해 호텔을 검색해본 사람이라면, 이내 호텔과 관련한 광고들이 줄줄이 뜨는 경험을 해본 적이 있을 것이다. 이용자의 동의를 받는 절차 없이 정보를 모았다가 구글을 비롯한 IT 업체가 거액의 과징금을 문 일도 많다. 검색엔진만이 아니다. 스마트폰 운영체제인 안드로이드를 바탕으로 한 구글 맵에서 수많은 사용자가 호텔, 식당, 건물 등 다양한 지리 정보를 검색하는데, 여기에서도 구글은 광고 수익을 올린다. 실제 구글의 모회사 알파벳Alphabet Inc.이 공개한 보고서에 따르면 2023년 전체 매출은 3,073억 9,400만 달러였고, 이 가운데 약 89%가 구글로부터 나왔다. 구글의 매출 가운데 87%는 검색 및 유튜브 광고를 통해 올린 것으로 2,725억 4,300만 달러에 이르렀다.[91]

22년 만의
반독점 소송

구글이 검색 시장의 절대 강자로 떠오르면서 사실상 독점적 지위를 누리고 있다는 점은 오래된, 그러나 여전히 진행형인 문제다. 사용자의 방대한 데이터를 바탕으로 새로운 서비스를 만들고 광고 시장을 장악한 구글을 둘러싸고서 독점 논란이 계속돼왔다. 2017년 유럽연합은 구글이 시장 지배력을 남용해 검색 결과에서 자사 서비스를 부각하고 경쟁자들의 서비스 순위는 낮췄다며 3조 원가량의 과징금을 부과했다.

특히 구글은 마이크로소프트가 윈도우 운영체제에 탑재해 독식해오던 검색 브라우저 시장에서도 크롬을 앞세워 1위로 올라섰는데, 이 부분이 독점적 지위를 갖추는 데 큰 역할을 한 것으로 평가된다. 크롬 브라우저를 강력히 주장한 인물이 현재 구글을 이끄는 CEO 순다르 피차이Sundar Pichai다. 피차이는 컨설팅 그룹에서 일하다 2004년 구글에 합류했다. 당시 마이크로소프트의 '인터넷 익스플로러'가 웹브라우저 시장을 독식하고 있는 것에 맞서서 자체 웹브라우저를 만들 필요가 있다고 구글 경영진을 설득한 것이 피차이였다. 다른 웹브라우저들이 마이크로소프트에 맥을 못 추는 상황에서 무모한 제안으로 들릴 수도 있었지만 경영진은 시장 가능성을 보았고, 구글은 크롬을 개발하기에 이른다. 번거롭고 느린 익스플로러 대신 크롬을 선택하는 이들이 늘었고, 크롬은 어느새 미국 웹브라우저 시장의 절반 이상을 차지하며 마이크로소프트를 제쳤다. 2020년 미국 하원 반독점소위원회의 민주당 소속 의원들은 구글과 아마존을 비롯한 빅테크 기업들의 독점적 행태를 지적하는 내용의 보고서를 발표했다. 이 보고서는 "검색 시장에서 압도적 지배력을 가진 기업은 구글"이며 "아마도 가장 중요한 것은 크롬이 온라인 검색과 온라인 광고라는 구글의 핵심 시장으로의 진입로를 통제하는 역할을 하고 있다는 점"이라고 지적했다.[92]

10년 넘게 논란이 되어오던 구글의 독점 여부에 대해 2024년 8월 미국 워싱턴 DC 연방법원은 구글을 독점기업monopolist이라고 명시했다. 법원은 2020년 미국 법무부가 "구글이 각종 디바이스에서 구글 검색엔진을 기본으로 설정하도록 하는 대가로 스마트폰 제조사와 통신사 등에 금전적 이득을 제공했다"라며 제기한 반독점 소송에서 "구글은 독점을 유지하려는 행동을 해왔다"라며 법무부 손을 들어줬다. 소송의 핵심은 다른 업체들이 시장에 진입하지 못하도록 구글이 '독점적 지위를 남용했는지'였다.[93] 구글은 마케팅 비용을 쓰는 것은 기업으로선 당연한 일이라면서 "더 우수한 제품이나 서비스를 제공해 시장 우위를 점한다는 이유만으로 처벌하는 것은 전례 없는 결정이 될 것"이라고 반박했다. 1998년 미국 정부는 윈도 운영체제에 웹브라우저를 끼워 팔아 시장을 장악한 마이크로소프트를 상대로 반독점법 위반 소송을 냈다. 구글 재판은 그 후 20여 년 만에 빅테크 기업을 상대로 이뤄진 반독점 소송이어서 주목받았다. 법원은 마이크로소프트에 기업을 분할하라는 명령을 내렸다. 이후 마이크로소프트는 기나긴 법정 싸움 끝에 거액 합의금을 내고 분할을 피했지만 법원의 판결은 IT 업계에 큰 파장을 불러일으켰다.

법원은 구글의 '독점적 지위'만 인정했을 뿐, 어떤 조치를 취해야 하는지는 명시하지 않았다. 미 법무부는 법원에 웹브라우저인 크롬의 강제 매각을 요청했다. 구글이 어떤 명령을 받게 될 것인지는 다시 몇 년에 걸친 소송 끝에 결정될 것으로 보인다. 그럼에도 이번 판결은 21세기 들어 빅테크 기업의 독점적 행위를 처음으로 인정한 사례로서 "거대 테크 기업이 가진 힘에 타격을 주고, 그들의 사업 방식을 근본적으로 바꿀 수 있는 이정표와 같은 판결"(〈뉴욕 타임스〉)이라는 평가가 나왔다.[94] 구글은 물론 항소할 계획이다.

검색은 내 '생각'을 바꿀 수 있을까

구글은 창립 초기 '구글이 발견한 10가지 진실'이라는 웹 문서에서 '인터넷은 민주주의가 통하는 세상입니다'라는 항목 아래 "구글은 웹사이트에 링크를 게시하는 수많은 사용자 덕에 가치 있는 콘텐츠를 제공하는 사이트를 잘 파악할 수 있다"라고 밝힌 바 있다. 구글을 이용하는 사람들 덕분에 서비스가 개선된다는 것이다. 또 '부정한 방법을 쓰지 않고도 돈을 벌 수 있습니다'라는 항목에서는 "사용자가 구글의 객관성을 신뢰한다는 사실을 잘 알기 때문에 단기적인 이익을 얻고자 사용자의 신뢰를 저버리는 행위를 하지 않는다"라고 명시했다. 과연 지금의 구글은 이 '진실'에 얼마나 부합할까. 일련의 소송과 문제 제기를 통해 보자면 그다지 부합하지 않는 측면도 존재하는 것 같다. 구글이 사용하는 수많은 데이터를 만들어낸 이용자와 구글의 관계는 과연 평등할까. 구글이 제공하는 많은 무료 서비스를 편리하게 이용하는 대가로 각종 정보를 제공하는 것은 이용자가 지불해야 할 정당한 대가일까. 시장을 지배하는 구글은 여전히 부정한 방법을 쓰지 않으면서 이익을 얻고 있는 걸까. 질문을 더 도약시켜본다면, 인터넷은 정말로 민주주의가 통하는 세상일까. 앞으로 답을 찾아가야 할 질문들이 많이 남아 있다.

구글은 페이지랭크 알고리즘을 비롯한 다양한 방식으로 각 웹페이지의 중요도를 평가하며, 웹의 규모가 커지면서 정확성과 객관성을 확보할 수 있게 됐다고 설명한다. 인간이 개입하지 않고 정해진 알고리즘에 따라 척척 답을 내놓는 방식은 일견 선입견이나 편견을 배제할 수 있는 방법인 것처럼 여겨질 수 있다. 하지만 과연 알고리즘은 객관적일까? 만약 알고리즘 자체가 편향돼 있다면? 구글 알고리즘에 편견이 스며 있고 그 편견이 검색 결과로 나타난다는 점은 이미 지적된 바 있다. 2015년 발표된 한 연구에 따르면 구글이 남성에게는 고액의 임금을 받는 임원 채용 광고를 표시한 반면, 여성에게는 이런 광고를 훨씬 더 적게 노출한 것으로 나타났다.[95]

알고리즘에 엔지니어가 개입하지 않는다는 말조차 절반은 맞고, 절반은 틀렸다. 알고리즘은 스스로 학습하며 그 과정에서 인간이 특별한 역할을 하지 않는다. 그러나 어떻게 배울지를 프로그래밍하는 것은 인간이다. 알고리즘에는 인간의 편견이나 의도가 어떻든 반영될 수밖에 없다. 게다가 3장에서 지적했듯이 알고리즘이 학습하는 데이터 자체에도 사회의 구조적 모순이 담겨 있다. 구글에 'CEO'를 검색했을 때 백인 남성들을 주로 보여주는 것은 알고리즘이 잘못 설계됐기 때문이라기보다는 사회의 현실을 보여주는 것일 뿐일지도 모른다. 그러나 "사람들이 세계를 인식하는 방식이 검색 결과에 영향을 미치고, 검색 결과가 다시 사물을 인식하는 방식에 영향을 미친다"라는 메릴랜드대학교 신시아 마투섹Cynthia Matuszek 교수의 말처럼, 현실의 구조적 차별에 익숙한 우리의 클릭이 웹에 쌓이고, 알고리즘은 이를 더 강화한 검색 결과를 보여주게 된다.[96] 이는 알고리즘의 편견을 비판하는 동시에 현재의 차별을 돌아봐야 하는 이유이기도 하다.

10억 리터의 물

2023년 7월 우루과이 수도 몬테비데오 시민 수만 명이 거리로 쏟아져 나와 플라스틱 물병을 들고 시위를 벌였다. 이들이 외친 구호는 "물을 달라"였다. 그 무렵 몬테비데오에는 기후변화로 74년 만에 최악의 가뭄이 닥쳤고, 비상사태가 선언됐다. 당국은 수돗물에 바닷

2023년 우루과이 몬테비데오에서 "가뭄이 아니라 약탈이다"라는 슬로건 아래 벌어진 물 부족 관련 시위.
©Vivir.solo.cuesta.vida

물과 지하수를 섞어서 상수도로 흘려보냈고 루이스 라카예 포우Luis Lacalle Pou 대통령은 한 초등학교를 방문했다가 어린이들에게서 "물이 왜 이렇게 짜요?"라는 질문을 듣고 쩔쩔매야 했다.

이들의 분노를 더욱 자극한 것은 구글이었다. 구글이 중남미의 두 번째 데이터 센터를 우루과이에 짓겠다고 선언했기 때문이다.**97** 각종 데이터를 저장하고 관리하는 데이터 센터는 서버와 통신 설비, 전기 공급 시설 등으로 구성된다. 꺼질 새 없이 돌아가는 데이터 센터에서는 엄청난 양의 열이 발생하는데 이를 식히기 위해서는 냉각수가 필요하다. 구글이 공개한 2023년 환경 보고서에 따르면 구글은 연간 2억 7,100만 갤런(약 10억 리터)의 물을 사용하는 것으로 나타났다. 국제대회 공식 규격 수영장 400개를 채우는 양이다.[98] 우루과이 카넬로네스주에 건설될 예정이던 구글의 데이터 센터가 하루에 5만 5,000명이 쓰는 양에 해당하는 200만 갤런의 물을 사용할 예정이라는 보도도 나왔다. 이 뉴스는 물 부족에 시달리던 우루과이 사람들을 자극했다.

물뿐만 아니다. 전기 소비량도 엄청나다.[99] 2022년 구글의 연간 전력 사용량은 21.78TWh(테라와트시)에 이르렀는데, 대부분은 세계 곳곳에 위치한 데이터 센터에서 발생했다.[100] 디지털화로 종이나 잉크 같은 물리적 자원의 소비는 줄었을지 몰라도, 디지털화가 온전히 친환경적이라고 말하긴 어렵다. 디지털 장치, 클라우드 저장, 데이터 센터 운영 등에 어마어마한 전력과 물이 들어가는 것을 보면 말이다.

전기의 경우 구글은 2017년부터 사용량 전부를 재생에너지로 공급하고 있다고 밝혔다. 벨기에 생기슬랭에 있는 데이터 센터에 배터리만으로 활용되는 전력 시스템을 구축한다거나, 칠레 비오비오 지역에 풍력발전기를 설치하는 식으로 늘어나는 전력 사용량을 앞으로도 계속 재생에너지로부터 충당하겠다는 게 구글의 계획이다.

AI를 학습시키기 위해서 사용되는 물은 기하급수적으로 늘고 있다. 우루과이에서 벌어진 시위에서 보이듯이, 기후변화로 물 부족이 심해지는 상황에서 '물 먹는 하마'인 데이터 센터를 어디에 지을지를 놓고 앞으로 더 심각한 갈등이 야기될 수도 있다. 우루과이뿐 아니라 스페인과 칠레 등에서 데이터 센터 건립을 놓고 물 문제로 반대 시위가 벌어졌고, 한국에서도 데이터 센터를 사실상 혐오 시설로 규정하고 지역 주민들이 반대하면서 논란이 빚어진 바 있다.

　이메일을 안 보낼 수도 없고 검색을 하지 않을 수도 없다면, 데이터 센터의 부작용을 최소화하면서 갈등을 푸는 수밖에 없다. 영국 스타트업 딥 그린Deep Green은 데이터 센터의 열로 수영장 물을 데우거나 지역난방을 하는 장비와 서비스를 개발했다.**101** 캐나다 스타트업 큐스케일QScale은 데이터 센터 근처에 온실을 짓고 열을 끌어와 농산물을 재배하는 방안을 연구 중이다.**102** 데이터 센터를 아예 바다에 건설하려는 기업들도 있다. 데이터 센터를 둘러싸고 벌어지는 논란들, 빅테크가 가져다주는 유용함 뒤에 존재하는 위험을 살펴보면 우리가 편리함을 얻는 대신 어떤 비용과 대가를 치르고 있는지 알게 된다. 인공지능 기술은 더 빠르게 발전할 것이며, 우리는 앞으로도 계속해서 클릭 한 번으로 이메일을 보내고, 검색하고, 동영상을 업로드할 것이다. 이대로 괜찮을지, 일상적인 행동이 불러올 복잡한 파장을 생각해봐야 할 시점이다.

6장

넷플릭스와
쿠팡이
싸우면?

"당신의 일상생활에 없어서는 안 된다고 생각하는 매체를 한 가지만 말씀해주세요. TV, 라디오, 종이 신문, 데스크톱 PC나 노트북, 태블릿 PC, 스마트폰, 서적, 기타." 이 질문에 여러분은 어떤 항목을 고르겠는가. 스마트폰이 압도적으로 많을 것이다. 방송통신위원회가 2023년 만 13세 이상을 대상으로 어떤 디바이스가 가장 필수적인지 조사했더니 스마트폰이 꼭 필요하다는 비율이 70%에 달했다.

연령별로 쪼개 보면 10대 95.5%, 20대 91.6%, 30대 88%, 40대 84.8%, 50대 71.3%가 스마트폰을 꼽았다. 78.9%가 TV를 필수 매체라고 답한 70대 이상을 제외하고는 고령층 이외의 모두가 스마트폰을 꼽은 것이다. 그렇다고 이들이 TV에서 방영되는 프로그램 자체를 보지 않는 게 아니다. 다만 스마트폰에서 OTT Over The Top를 클릭할 뿐이다. 같은 조사에서 OTT 이용률은 77.0%, 그중에서도 10~30대의 이용률은 95%가 넘었다.[103]

비디오 대여점,
세계의 문화가 되다

OTT는 인터넷을 통해 사용자가 원하는 시간, 원하는 프로그램을 선택해 볼 수 있도록 하는 서비스를 말한다. OTT에 들어간 톱top은 셋톱박스를 뜻하는데, 셋톱박스와 케이블, TV를 연결하는 고전적인 방식을 넘어선 서비스라는 의미다. OTT는 기존 방송국이나 케이블 TV 또는 통신사업자를 거치지 않고 콘텐츠 제작자가 직접 시청자에게 원하는 내용을 스트리밍해 전달할 수 있다. 수많은 OTT 플랫폼에 익숙한 지금은 이런 방법이 너무나 당연하다고 생각할지 모르지만 OTT가 제대로 자리 잡기 시작한 것은 고작 20여 년 안팎에 불과하다. 넷플릭스라는 기업이 사실상 그 시작이었다. 지금은 전자상거래 업체인 아마존과 쿠팡까지도 OTT 사업에 뛰어들어 치열한 플랫폼 경쟁을 벌이고 있다. 한국의 시청자가 K리그나 잉글랜드 프리미어리그EPL 구단의 국내 친선 경기를 보고 싶을 때 TV를 켜지 않고 쿠팡플레이에 접속하는 시대를 살고 있다.

'구글'이 '검색한다'는 뜻의 동사로 쓰이듯, 넷플릭스Netflix는 이미 그 자체로 OTT를 켜고 원하는 시간에 원하는 프로그램을 시청한다는 의미로 통한다. 인터넷이 연결된 곳이라면 세계 어디에서든 넷플릭스에 접속해 영화, 애니메이션, TV 시리즈, 다큐멘터리, 예능 등 온갖 콘텐츠를 시청할 수 있다. 스마트폰, TV, 태블릿 등 다양한 디바이스에서 편하게 볼 수 있는 것은 물론이다. 내 아이디로 가입한 넷플릭스는 나만의 세상이다. 좋아하는 프로그램을 즐겨 찾기해둘 수 있고, 내 시청 기록을 참고해서 내가 좋아할 만한 콘텐츠를 넷플릭스가 알아서 추천해주기도 한다. 가입자는 190개국 2억 6,000만 명에 달한다.

세계 최대의 OTT 플랫폼인 넷플릭스는 처음엔 DVD와 비디오 대여점으로 시작했다. 처음 서비스를 시작한 1998년만 해도 미국에는 집집마다 비디오카세트와 DVD 플레이어가 있었고, '블록버스터Blockbuster'라는 압도적 규모의 비디오 대여 체인이 있었다. 영화를 보려면 대여점을 직접 찾아가 비디오테이프나 DVD를 빌려 와야 했다. 넷플릭스는 소비자가 오프라인 매장을 찾는 것이 아니라 온라인으로 주문할 수 있게 했다. 돈을 내면 봉투에 DVD를 넣어 집으로 배달해줬다. 단순한 방식이었지만 다른 '대여점'들과 다른 게 있었다. 일정한 금액, 그러니까 월 회비 같은 것을 내면 DVD를 무제한 빌려 볼 수 있게 한 것이다. 지금의 구독 시스템과 비슷한 서비스를 시작한 선구자가 넷플릭스였던 셈이다. 연체료도 부과하지 않았다.

막상 사업을 시작했으나 배송비는 큰 부담이었다. 이때 설립자 리드 헤이스팅스Reed Hastings가 2000년 블록버스터에 넷플릭스 인수를 제안했으나 거절당한 이야기도 유명하다.

위기를 버텨낸 넷플릭스는 2007년 기존과 완전히 다른, 새로운 서비스를 시작한다. 인터넷을 통해 온라인 스트리밍 서비스를 제공한 것이다. 넷플릭스에 가입해 매월 일정액을 내고 서비스를 구독하면 접속 화면에 수많은 콘텐츠 재생 목록이 뜨고, 클릭 한 번이면 원하는 시간에 원하는 방법으로 시청할 수 있다. DVD를 빌리러 갈 필요도, 연체료를 낼 필요도 없는 획기적인 이 서비스에 수많은 사람이 열광했고, 온라인 스트리밍 서비스의 구독은 곧 넷플릭스 자체라고 여겨질 만큼 중요한 비즈니스 모델로 자리 잡았다.

이후 비슷한 다른 OTT 플랫폼들이 속속 출연하면서 장점이 희미해지자 넷플릭스는 또 다른 도전을 한다. 그간 TV 프로그램이나 영화 등 기존 콘텐츠를 재판매해왔던 전략에서 벗어나 넷플릭스만의 '오리지널 콘텐츠'를 제작하기 시작한 것이다. 엄청난 제작비가

들었지만 투자를 계속해나갔다. 결과는 성공이었다. 헤이스팅스는 이렇게 말했다. "2011년 콘텐츠 담당자가 〈하우스 오브 카드House of Cards〉라는 드라마를 제작하자고 했다. 제작비가 1억 달러가 들었다. 엄청난 투자였고, 그것이 돌파구가 됐다. 탁월한 선택이었다."[104] 〈하우스 오브 카드〉는 TV의 아카데미상으로 알려진 에미상 등을 수상하면서 화제를 일으켰다. 인기 높고 평단의 인정을 받은 자체 제작 콘텐츠는 넷플릭스만의 브랜드 이미지를 형성했다. 그저 지나간 방송을 다시 틀어주는 곳이 아니라 오직 그곳에서만 즐길 수 있는 볼거리가 있다는 브랜드 파워가 생겨난 것이다.

넷플릭스는 어떻게 시장에 먹혀들 만한 콘텐츠를 제작하게 됐을까. 운도 따랐겠지만, 구독자가 어떤 콘텐츠를 즐겨 보는지, 어떤 취향인지를 알 수 있는 데이터를 구축했고 이를 정확히 분석해서 그 결과를 콘텐츠 제작에 반영했기 때문이다. 넷플릭스를 '구독 모델을 이끈 선두적 IT 기업'으로 분류하는 주된 이유도 이것이다. 구독이나 추천 모델과 관련해서는 이어지는 글에서 더 자세히 알아보겠지만, 넷플릭스는 프로그램 시청 습관까지 바꿔버렸다. 한 번에 몰아 보기, 이른바 빈지 워칭Binge Watching이 가능하게 만드는 전략을 편 것이다. 여기에도 헤이스팅스의 판단이 있었다. "넷플릭스는 DVD 공급으로 성장했다. 시리즈로 구성된 DVD 박스 세트라는 게 있었다. '여러 회차로 구성된 시리즈물의 경우엔 모든 회차를 한꺼번에 보여줄 수 있다는 게 엄청나게 강력한 힘이구나'라고 생각했다. 이런 것은 일반 TV는 할 수 없는 일이지 않나."[105] 판단은 적중했다. 원하는 콘텐츠를 원하는 시간에 '원하는 만큼' 볼 수 있는 지금의 시청 패턴은 넷플릭스가 만든 커다란 변화였다.

봉준호부터
알폰소 쿠아론까지

넷플릿스는 세계 여러 나라로 영역을 넓혀간다. 서비스 제공 국가도, 국가별 가입자 수도 늘어났지만 각 나라와 문화에 맞는 오리지널 콘텐츠를 제작하면서 지역화된 콘텐츠를 바탕으로 글로벌화 전략을 폈다는 점이 주목할 만하다. 넷플릭스는 해외 진출을 위해 현지 제작자와 배우들을 섭외하고, 현지의 문화적 특징을 담은 콘텐츠를 제작하는 방식을 택했다. 드라마 〈나르코스Narcos〉가 대표적이다. 콜롬비아의 마약왕 파블로 에스코바르와 그를 둘러싼 이야기를 다룬 〈나르코스〉를 제작하면서 넷플릭스는 브라질 출신의 감독과 배우들을 기용했다. 남아메리카 시장을 겨냥한 포석이었다. 뒤이어 프랑스, 스페인, 이탈리아, 인도 등 각국의 색깔이 진하게 입혀진 콘텐츠들이 연이어 탄생했다. 이렇게 제작된 콘텐츠는 그 나라 시청자들은 물론 다른 나라 시청자들도 사로잡았다. 인터넷에 접속할 수 있는 넷플릭스 구독자라면 손쉽게 다른 언어를 쓰는 문화권의 여러 콘텐츠를 자막과 함께 접할 수 있었다. 국경을 초월해 얼마든지 기발한 내용이나 창의력이 넘치는 작품을 경험할 수 있게 된 것이다. 넷플릭스는 세계의 수많은 시청자를 끌어들였다. 한국에서는 조선 시대에 깨어난 좀비를 소재로 한 드라마 〈킹덤〉을 신호탄으로 〈오징어 게임〉이 전 세계적으로 흥행하면서 로컬에서 잘 만들어진 콘텐츠가 세계 무대에서도 얼마든지 성공할 수 있다는 것을 보여줬다.

넷플릭스의 오리지널 콘텐츠가 주목받은 또 다른 이유는 유명 감독의 작품에 과감히 투자했기 때문이다. 2016년 넷플릭스는 봉준호 감독의 할리우드 진출작 〈옥자〉에 5,000만 달러를 투자했다. 봉 감독은 전통적인 영화 투자사가 아닌 OTT 업체와 손잡은 이유에 대해 "어느 나라 투자자도 이 정도 예산의 영화에서 감독에게 전권을 주는 경우는 거의 없다. 내게는 행운이었다. 넷플릭스와의 협업을 망설일 이유가 없었다"라고 했다. 넷플릭스 입장에서도 봉준호라는 스타급 감독을 과감히 영입해 브랜드 인지도를 더욱 높이고, 양질의 콘텐츠를 확보할 수 있다는 장점이 있었다. 봉준호 감독을 비롯해 알폰소 쿠아론(〈로마〉), 마틴 스코세이지(〈아이리시맨〉), 데이비드 핀처 (〈마인드 헌터〉) 같은 감독들이 넷플릭스와 손을 잡았다.

넷플릭스는 이렇게 막대한 자본을 투여하고 거장들과 협업하며 영화계에 영향력을 키웠을 뿐만 아니라 영화 업계의 오래된 관행에 균열을 가했다. 넷플릭스가 직접 제작하고 굳이 극장을 거치지 않은 채 직접 공개할 수 있게 된 것이다. 영화관에서 먼저 개봉하고 일정한 기간이 지난 뒤 TV와 스트리밍 플랫폼에서 유통시키는 이른바 '홀드백Holdback' 규정이 흔들리기 시작했다. 〈옥자〉의 경우 극장과 넷플릭스에 동시에 공개된 탓에 극장의 '독점 상영 기간'이 없었다. 이 영화의 상영을 둘러싸고 일부 멀티플렉스 영화관에서는 "극장 생태계를 파괴한다"라며 동시 개봉에 반발했다.[106] 반면 다른 쪽에서는 강력한 홀드백 규정보다는 소비자의 다양한 선택권을 보장하는 것이 더 중요하다고 주장했다. 이렇게 넷플릭스가 스트리밍 영화라는 새로운 방식을 도입하며 판을 흔들었고, 영화를 둘러싸고 보다 복잡하고 다양해진 이해관계자들의 의견이 수면 위로 떠올랐다. 시장의 변화에 맞춰 제작과 배급에서 그간 당연한 것으로 받아들여졌던 관행과 제도를 세심하게 다듬을 필요가 있다는 점이 확인된 것이다.

넷플릭스의 부상은 코로나19라는 특수한 상황과도 맞물려 가속화했다. 코로나19 팬데믹 기간 동안 각국에 이동 제한 조치가 내려지고 사람들이 집에 머무는 기간이 길어지면서 넷플릭스 가입자가 대폭 늘었다. 인파가 몰리는 극장이 문을 닫자 OTT 플랫폼으로 콘텐츠 소비가 집중됐다. 코로나19가 콘텐츠 소비 행태에 변화를 불러오면서, 제작사나 배급사도 기존 방식에서 탈피해 다른 길을 모색할 수밖에 없었다.

지적재산권 확보를 꿈꾸는 거대 기업들

구독료 이외에 넷플릭스의 다른 수익은 어디서 나올까. 콘텐츠 제작에 막대한 자금을 투자해 오리지널 지적재산권ıp을 확보하고, 이로부터 파생되는 다양한 사업을 통해 돈을 벌고 있다. 넷플릭스 오리지널의 저작권 말이다. 넷플릭스가 투자하고 한국에서 만들어진 〈오징어 게임〉의 경우 전 세계적으로 돌풍을 일으켰고, IP를 확보한 넷플릭스는 투자 대비 40배가량의 수익을 거뒀다고 한다. 정작 이 시리즈를 만든 한국의 제작사가 가져간 몫은 제작비를 빼고 나면 극히 일부에 그친 것으로 알려졌다. 콘텐츠 파생 수익을 거두기 위해서는 IP를 확보하는 것이 무엇보다 중요하다는 얘기다. 판권이나 유통권 같은 법적 권리를 누가 갖느냐도 중요하지만, 영향력과 파급력이 큰 IP를 발굴하고 투자하고 제작까지 이어가는 일련의 작업이 콘텐츠 산업의 핵심 영역으로 떠오른 것도 이 때문이다.

그런 점에서 한국은 힘 있는 스토리 라인과 제작 능력, 연기력 있는 배우 등을 갖추고 세계 시장에 내놓아도 상당히 통할 수 있는 콘텐츠를 제작하는 국가로 통하고 있다. 2023년 넷플릭스 오리지널 한국 드라마는 14편 제작됐고 대부분이 글로벌 시청 순위 10위 안에 들었다.

이런 드라마 가운데 절반이 웹툰을 원작으로 하고 있다는 점도 특기할 만하다. 웹툰을 바탕으로 영상 콘텐츠를 만들면, 첫째로 줄거리와 장면이 미리 짜여 있어 영상으로 엮기가 상대적으로 쉽다는 장점이 있다. 독자의 인기가 이미 확인된 웹툰이라면 사실상 시장의 반응이 어느 정도 검증된 셈이라 영상 제작사로서는 실패 가능성을 낮출 수 있다. 웹툰의 캐릭터와 줄거리와 세계관이 영상, 게임, 굿즈,

©James Duncan Davidson

©Jaclyn Nash

©Bloomberg

OTT 시장의 대표주자로 손꼽히는 기업 또는 모기업의 CEO.
위에서부터 넷플릭스의 리드 헤이스팅스, 아마존의 제프 베이조스,
쿠팡의 김범석.

음악, 팝업 스토어, 광고 등으로 확장되면서 IP의 범위가 넓어지고 서로가 상승효과를 일으키는 경우도 생겨났다. 잘 만든 IP 하나가 엄청난 경제적·문화적 파급효과를 낳을 수 있는 시대가 되면서 한국의 웹툰 시장은 거침없이 성장하고 있다. 2022년 웹툰 산업의 총 매출액은 1조 8,290억 원 규모로, 이 전해에 비해 16.8% 커졌다.[107]

웹툰 시장을 좌지우지하는 건 유통 플랫폼이다. 네이버와 카카오 같은 포털 업체들이 플랫폼에 웹툰을 태워 소비자들에게 전달하고 이를 구독자들이 소비하는 방식이 일반적이다. 웹툰 산업 매출의 대부분도 플랫폼 업체들이 만들어냈다. 이들은 창작자와 계약을 통해 웹툰을 제작해 공개하고, 이를 n차 활용한 콘텐츠의 IP도 관리하면서 수익을 낸다. 웹툰 IP가 고부가가치를 창출하면서 네이버 웹툰은 웹툰 플랫폼을 넘어 글로벌 엔터테인먼트 플랫폼이 되겠다며 넷플릭스를 경쟁자로 꼽았다. "진짜 경쟁사는 '넷플릭스'처럼 많은 시간을 점유하는, 웹툰 외 다양한 콘텐츠 플레이어들"이라는 것이다.

그림자가 없는 것은 아니다. 웹툰 산업은 커졌지만 일부를 제외하면 정작 원작을 만들어낸 작가들은 산업 내 경쟁이 치열해진 까닭에 수입이 대폭 늘지는 않았다. 또 표준계약서가 있다는 사실을 알고 있더라도, 10명 중 8명은 그 양식을 활용해 계약서를 작성하지 않고 있었다.[108]

글로벌 콘텐츠 플랫폼,
문화 다양성에 득? 독?

OTT 소비자 입장에서 다른 나라에서 만든 재미있는 콘텐츠를 내 집 안방에 앉아 자막을 읽으며 편안히 즐길 수 있다는 건 매력적인 일이다. 생산자 쪽에서 보자면, 별로 유명하지 않은 신예 창작자가 별다른 투자를 받지 못한 채 적은 예산으로 만든 콘텐츠라고 할지라도 OTT 플랫폼을 통해서라면 얼마든지 전 세계 어떤 구독자와 만날 수 있다는 장점이 있다. 그런 점에서 넷플릭스를 비롯한 많은 OTT 플랫폼은 다양한 문화가 존재하고 또 교류하는 통로다. 도널드 서순Donald Sassoon 런던대학교 퀸메리칼리지 명예교수는 "문화 생산자는 계속 늘어왔고 앞으로도 늘어날 것이다. 앞으로 생산되는 문화 상품은 과거의 문화처럼 획일적이지 않을 것"이라고 예측한다. 그는 넷플릭스 같은 스트리밍 서비스나 다양한 OTT 채널이 없었다면 〈오징어 게임〉, 〈더 글로리〉, 〈기생충〉 등으로 대표되는 한류 현상도 일어나지 못했을 것이라며 이같이 말했다. 문화 상품을 소비자에게 전달하는 방식이 바뀌면서 커다란 변화가 일어났고, 특히 상호작용이 가능한 미디어의 경우 그간 제작이나 유통 권력을 갖지 못했던 사람들도 자신이 원하는 콘텐츠를 얼마든지 만들어 퍼뜨릴 수 있게 됐다는 것이다. 덕분에 문화는 훨씬 다양해지고 세분화될 것이라는 게 서순 교수의 설명이다.[109]

넷플릭스는 공개된 콘텐츠가 인종, 성별, 장애 등의 이슈를 얼

2023년 5월, 뉴욕에서 파업 중인 미국 작가 조합원들. 미국의 인기 TV 시리즈 〈세브란스Severance〉를 언급하며 "우리는 단절되어 있지 않다We are not in Severance"를 시위 구호로 내세우고 있다. ©Fabebk

마나 다양성 있게 다루었는지 분석한 결과를 2년마다 공개한다. 2023년 보고서에 따르면 비주류 인종이 주연 또는 공동 주연으로 출연한 작품이 40.4%, 여성이 주연 또는 공동 주연으로 출연한 작품은 55%였으며 그 비중이 점점 늘고 있는 것으로 나타났다. 테드 서랜도스Ted Sarandos 최고콘텐츠책임자는 2021년 "넷플릭스가 발전하려면 그간 소외됐던 계층의 목소리를 대변할 기회가 늘어나야 한다"라고 말했다.[110]

OTT 플랫폼들의 영향력이 점점 커지면 창작자의 창의성이 제약되고 콘텐츠의 질이 저하될 것이라고 우려하는 이들도 있다. 창작자들에게 불리한 계약으로 플랫폼은 돈을 벌지만 창작자의 노동 강도는 훨씬 세지고, 콘텐츠 흥행이 부진할 경우 짊어져야 하는 부담은 더 커지는 구조가 생겨났기 때문이다. 2023년 5월 미국작가조합Writers Guild of America, WGA의 파업은 '넷플릭스 파업'이라고 불렸다.[111] 작가들은 OTT 플랫폼의 등장에 따른 환경 변화로 자신들의 수익은 줄어든 반면에 근무 조건은 악화됐다며 파업에 돌입했다. 이들은 스트리밍 플랫폼에서 작품이 상영될 때마다 제작자에게 돌아가는 '재상영 분배금'이 작가에게는 제대로 지급되지 않고 있다고 지적했다. 과거 방송사 제작 시스템에 비해 플랫폼 시대에는 제작되는 작품의 양 자체는 늘어났지만 작품당 에피소드 수가 줄어들었다. 시즌제가 일반화되며 시즌과 시즌 사이에 작가들이 일감을 찾지 못하는 경우도 생겨났다. 반면 플랫폼 간의 경쟁이 치열해지면서 작가들의 노동 강도는 높아졌다. 할리우드 배우들까지 이 파업에 동참하며 60여 년 만의 배우, 작가 동반으로 5개월가량 파업이 이어졌다.

OTT가 늘어나면서 콘텐츠의 질이 떨어질 것이라 걱정하는 목소리도 있다. 소비자의 이목을 끌기 위한 자극적인 프로그램이 양산되거나 한정된 자본으로 더 많은 구독자를 끌어오기 위해 이미 검증된 작품과 비슷비슷한 콘텐츠가 반복 생산된다는 점이 지적되곤 한다. 또 거대 기업이 플랫폼을 독점하고 콘텐츠의 제작, 배급, 유통을 독점하는 구조가 굳어지는 것에 대한 비판도 나온다. 쿠팡의 쿠팡플레이, 아마존의 프라임비디오처럼 OTT가 전자상거래를 띄우기 위한 일종의 마케팅 수단으로 콘텐츠를 활용하면서부터다. 쿠팡은 쿠팡플레이의 영상 콘텐츠나 스포츠 경기 중계 등을 쿠팡 멤버십 회원에게만 제공하는 형식으로 소비자를 붙잡아둔다. 아마존 설립자 제프 베이조스는 프라임비디오에 대해 "우리가 골든글로브상을 받으면 신발을 더 많이 팔 수 있을 것이다"라고 말하기도 했다.[112] 좋은 콘텐츠는 잠재적 소비자를 아마존에 머물게 하는 효과적인 수단이라는 이야기다. 일부 한국 소비자들은 쿠팡이 공정거래법이 금지한 '거래 강제', '끼워 팔기' 행위를 하고 있다며 공정거래위원회에 신고했다. 쿠팡플레이 등을 멤버십에 끼워 팔면서 높은 가격을 매기고 있다는 것이다.

냉혹한 비즈니스의 세계에선 콘텐츠 자체로든, 콘텐츠를 수단으로 삼아서든 이윤을 창출하는 게 중요하다. 그러나 그 가운데 '다양성'이라는 가치가 퇴색될 수 있다는 걱정은 단지 기우로만 치부할 수는 없다. 과연 쿠팡플레이와 프라임비디오가 소비자들에게 별다른 관심을 끌지 못할 것이 뻔한 사회적 약자를 위한 콘텐츠나 고발 프로그램을 제작할까? 넷플릭스는 막대한 투자 비용이 들지만 일부 구독자들만 환호하는 다큐멘터리 프로그램에 지속적으로 과감한 투자를 할 수 있을까? 아직 이런 질문들에 답하기엔 이르다. OTT와 스트리밍 플랫폼의 무한 경쟁 시대. 더 나은, 더 의미 있는 콘텐츠를 고민하는 기업이 더 많은 이윤을 내는 구조를 만드는 일은 규제 당국과 사용자의 몫으로 남아 있다.

'구독'은 경제의
미래가 될까

주말 오전 느지막이 눈을 뜬다. 가장 먼저 스포티파이Spotify 앱을 켜고, 추천해주는 음악을 들으며 잠을 깬다. 일주일에 한 번 배송되는 스페셜티 원두로 커피 한 잔을 내리고 2주에 한 번씩 배달되는 채소 박스를 열어 식사를 준비한다. 아침을 먹고 나면 넷플릭스를 켜서 밀린 드라마 시리즈를 본다. 오후에는 빨랫감을 정리해 문밖에 내어둔다. 세탁 구독 서비스 업체가 가져다가 세탁을 마치고 다시 집 앞까지 가져다주니 편리하다. 저녁 식사에는 전통주 큐레이션 업체가 보내준 술 한 잔을 곁들인다.

집 밖에 나가지 않고도 편안하고 알차게 보낸 이 사람의 하루는 이 서비스로 가득 차 있다. 구독Subscription. 물건이나 서비스를 구매하는 것이 아니라, 정기적으로 결제하면서 정해진 기간 동안 이용할 수 있게 하는 것을 말한다.

무언가를 '이용'하는 것에 돈을 내는 구독 비즈니스는 오래전부터 있었다. 우유 배달, 신문 배달은 고전적인 사례다. 녹즙 배달, 정수기 렌털 서비스 같은 것들도 시작된 지 오래됐다. 하지만 디지털 기술의 발전과 함께 손쉬운 거래 플랫폼이 구축되고, 물류 시스템이 발전하고, 구독 서비스가 가능한 품목이 늘어나면서 '구독 경제'는 과거보다 훨씬 편리해지고 다양해지고 규모가 커졌다. 특히 코로나

19로 집 안에 발이 묶이자 각종 구독 서비스 수요가 폭발적으로 늘었다. 면도기, 영양제, 꽃, 옷, 커피, 밀키트, 음악, 영상, 도서, 세탁 서비스까지, 구독할 수 있는 아이템들은 무궁무진하다. 세계의 구독 경제 시장 규모는 2024년 약 6,000억 달러에 이르고 2028년엔 1조 달러 정도로 성장할 것이라는 관측이 나온다.[113]

빌보드에서 스포티파이로, '차트'의 진화

음악을 즐길 수단이 음반, 라디오, TV 등으로 한정돼 있던 시절, 사람들의 플레이리스트는 거의 비슷비슷했다. 대중 매체에서 많이 흘러나오는 노래, 음반이 많이 팔리는 노래가 단연 인기가 좋았다. 이런 수치를 반영한 빌보드 차트는 오랜 시간 아티스트들에게는 명예와 인기를 동시에 상징했다. 그런데 인터넷으로 노래를 스트리밍 또는 다운로드해서 들을 수 있게 되면서 빌보드도 바뀌지 않을 도리가 없었다. 2014년부터 디지털 음원 판매량과 스트리밍 횟수를 차트에 반영하기 시작한 것이다. 어찌 보면 이런 변화의 최대 수혜자가 바로 K팝이었다. 물리적 거리를 극복하고 K팝이 여러 해외 시장에서 인기를 끌고 빌보드 차트 순위에 진입할 수 있었던 것이다.

빌보드가 전통의 강자라고 한다면, 최근에 아티스트의 인기와 영향력을 가늠하기 위해 꼭 봐야 하는 차트로 떠오른 게 있다. 스웨덴의 음악 스트리밍 서비스 스포티파이의 차트다. 여느 업체와 크게 다를 바 없이 재생 횟수, 공유 횟수, 재생한 인원수 등을 반영해 계산되는 스포티파이 차트는 왜 새로운 인기의 척도가 됐을까. 구독 모델을 기반으로 음악 스트리밍의 판도를 바꿔놓았기 때문이다.

　7,000만 곡 이상을 보유한 스포티파이는 구독자를 모집하고 광고를 볼 경우는 공짜고, 광고 없는 구독의 경우는 일정 금액을 받는다. 이 서비스가 나오기 전에도 스트리밍은 있었지만 저작권 문제가 발목을 잡곤 했다. 스포티파이는 2년 넘게 음악 레이블 회사를 설득해 합법적으로 스트리밍을 할 수 있는 플랫폼을 만들었다. '불법 다운로드'를 비롯한 온갖 저작권 침해가 판을 쳤던 것은, 저작권에 대한 인식이 없는 소비자들 문제도 있었지만 디지털 생태계에 대한 '음반 회사'의 인식이 부족하고 기술적인 준비가 덜 돼 있던 탓도 있었다. 스포티파이는 다운로드가 느리거나 스트리밍에 버퍼링이 걸리는 등의 문제를 해결할 수 있는 기술력을 갖췄다. 그 결과 음원을 만든 아티스트와 제작자에게도 수익이 돌아갈 수 있는 스트리밍 생태계가 구축됐다. 언제 어디서나, 어떤 음악이든 골라서 들을 수 있고, 나만의 플레이리스트를 얼마든지 만들 수 있다는 점도 스포티파이의 강점이다. 다운받은 음악에 다른 음악을 추가하기 어려웠던 기존의 시스템과 달리 스포티파이는 골라서 듣고, 원하는 대로 편집이 가능한 기술을 선보였다. "모든 사람을 위한 음악Music for everyone"이라는 홍보 문구 그대로였다. 처음에는 스포티파이의 소비자로 플랫폼에 들어온 음악 애호가들은 그 안에서 개성을 담은 플레이리스트들을 만들었다. 대중음악 평론가 김영대는 스포티파이의 강점 중 하나로 "서로 취향을 공유할 수 있는 플레이리스트 기능"을 꼽았다. 스포티파이는 전 세계에 수많은 '음잘알' 사용자를 보유하고 있고, 이

들이 만들어주는 플레이리스트는 업체가 제공하는 리스트의 수준을 훨씬 뛰어넘는다는 것이다. 스트리밍 서비스인 동시에 소셜미디어의 기능까지 하고 있는 셈이다.

구독이 힘이 센 이유

여러 특징 중에서도 스포티파이의 핵심은 구독 서비스의 강점을 최대화한 추천 및 큐레이션 기능이다. 스벤 칼손Sven Carlsson 등이 쓴 책《스포티파이 플레이The Spotify Play》에 따르면 개발자 에드워드 뉴엣Edward Newett과 크리스 존슨Chris Johnson은 처음부터 사용자 취향에 맞춘 플레이리스트를 만드는 것을 목표로 삼았다고 한다. 빅데이터와 머신러닝 기술을 활용하고 싶었던 이들은 비슷한 곡을 재생한 사용자들을 분류한 뒤 그들이 플레이 버튼을 누른 수많은 곡을 하나하나 살펴봤다. 스포티파이가 직접 만든 약 15억 개의 플레이리스트도 분석 대상이었다. 그렇게 해서 곡의 템포와 구조, 강도 등이 비슷한 음악을 자동으로 모을 수 있는 알고리즘을 만들고 플레이리스트를 생성했다.[114]

이런 방식으로 매주 월요일 스포티파이는 디스커버 위클리Discover Weekly라는 구독자 맞춤형 플레이리스트를 7,500개씩 업데이트한다. 스포티파이라는 플랫폼을 이용한다는 건 모두 같지만, 구독자 각각의 플레이리스트는 서로 다르고 '나만의 플레이리스트'를 갖게 되는 셈이다. 개인의 취향을 반영해 특정 유저만이 가질 수 있는 고유의 아이덴티티를 만들어내고, 개인화된 경험을 제공하는 것이 스포티파이의 중요한 성공 요인으로 꼽힌다. 2023년 기준으로 스포티파이 구독자는 약 2억 3,000만 명에 이른다.

이처럼 개인화 전략은 구독 서비스를 제공하는 플랫폼들이 갖춘 큰 무기 가운데 하나다. 기업들은 저마다의 추천 알고리즘을 갖추고 수많은 이용자의 방대한 시청 패턴이나 이들이 소비한 콘텐츠를 분석해 '이런 것 한번 즐겨보면 어때?'라고 추천 콘텐츠를 들이민다. 유튜브의 경우 로그인을 하면 맨 먼저 추천 동영상이 보인다. 2018년 유튜브 최고제품책임자 닐 모한Neal Mohan은 CES에서 "전 세계 사람들이 하루에 유튜브를 보는 시간을 합치면 10억 시간인데 그중 70%는 유튜브 알고리즘에서 추천한 것을 본다"라고 밝힌 바 있다. 추천 알고리즘이 이용자 개인의 관심사와 취향을 제대로 겨냥한 영상을 내놓기 때문에 더 오래 플랫폼에 머물게 한다는 것이다.[115] 넷플릭스나 스포티파이도 마찬가지다. 개개인이 좋아할 만한, 즐길 수 있는 맞춤형 콘텐츠를 추천해 파고드는 전략을 편다.

이런 전략은 내가 플랫폼에 공개한 데이터 덕분에 가능하다. 수많은 구독자의 이용 데이터가 차곡차곡 쌓여 있기에 더욱 정확한 추천 알고리즘을 만들 수 있다. AI와 머신러닝에 수억 달러를 투자한 스포티파이는 2024년 'AI 플레이리스트'의 베타(시험용) 서비스를 선보였다. '고양이에게 불러줄 세레나데 같은 노래', '지구 종말 좀비에 맞서 싸울 비트'같이 자세한 요구 사항을 집어넣으면 맞춤형 음악을 골라 소개하고 들려준다. 기존 추천 방식과 같은 알고리즘에 더해, 챗GPT와 같은 대규모 언어 모델을 통해 사용자가 입력한 내용을 해석하고 곡을 추천한다고 한다.[116] 구독 서비스는 훨씬 더 복잡하고 소비자 한 명 한 명의 취향을 반영하는 쪽으로 계속 나아가고 있다.

슬기로운 구독 생활을 위해

구독을 활용하는 비즈니스 영역에는 거의 제한이 없어 보인다. 음악, 게임, 영상 같은 디지털 구독에서부터 채소, 우유 등 음식, 옷, 여가, 소프트웨어 등에 이르기까지 다양한 것이 구독의 대상이 된다. 한번 사면 고장 날 때까지 10년이고 20년이고 써왔던 냉장고, 세탁기, 에어컨, TV 같은 덩치 큰 가전제품도 구독 시장 안으로 들어왔다. 로봇까지 구독할 수 있다. 자주 바꿔가며 신상품을 써보기 어려운, 가격대가 높은 제품들이 구독의 범위에 들어온 것이다. 새로운 '경험'을 중요하게 여기는 소비자들은 물건을 사서 소유하고 오래도록 쓰기보다는 언제든 편하게 바꿀 수 있는 구독 서비스를 택한다.

또 건강 관리에 대한 관심이 늘면서 개인의 신체 정보를 바탕으로 질병을 예방해주거나 관리해주는 프로그램들도 늘었다. 기기 대여 등 헬스 케어 분야의 구독 모델이 생겨난 것이다. 반려동물의 먹이나 케어 서비스 같은 분야의 구독 플랫폼도 속속 등장했다. 통계에 따르면 미국 소비자 세 명 중 두 명은 매달 구독 서비스에 200달러 이상을 쓰고 있으며, 이들이 평균적으로 이용하는 서비스 숫자는 12종에 이르는 것으로 나타났다.

한국 소비자들도 비슷할 것이다. 문제는 내가 무엇을, 얼마에 구독하고 있는지 늘 파악하고 있기가 쉽지 않다는 점이다. 구독료는 대개 정기적으로 자동 결제되기 때문에 한번 신청하고 나면 얼마가 지출되는지 잊곤 한다. 미국 온라인 매체 〈버즈피드〉 기자 출신인 작가 데이비드 맥David Mack은 〈뉴욕 타임스〉 칼럼에서 구독 서비스로 빠져나가는 이런 돈을 "배경 지출background spending"이라고 정의하면서 "이는 '자동화된 자본주의'라고 볼 수 있다"라고 썼다.[117] '소유'가 아니라 '경험'이라는 가벼운 소비 모델로 각광을 받았던 구독 모델이 점차 그 수가 늘어나면서 경제적 부담을 주고 있는 것이다. 실제 일부 기업이 이른바 '다크 패턴dark pattern'을 이용해 구독 결제를 유도한다는 비판이 있다. 다크 패턴은 사용자가 자유롭게 선택하기 힘들게 만들어서 고액 서비스를 고르도록 유도하게끔 설계된 인터페이스를 말한다. 구독을 클릭하긴 쉽지만 구독 해지 버튼은 찾기 어렵게 만들어놓은 플랫폼들을 많이들 보았을 것이다. 이는 서비스 해지를 사실상 방해하는 행위다. 이에 대한 불만이 커지면서 각국의 규제 기관이 이런 행위에 제동을 걸기 시작했다.

추천 알고리즘이 점점 자극적이고 극단적인 콘텐츠를 보여준다는 점도 논란거리다. 특정한 알고리즘으로 인해 이용자가 자신도 모르는 사이에 더욱 자극적인 콘텐츠를 계속해서 보게 되는 현상을 '토끼굴Rabbit hole 효과'라고 부른다.[118] 유튜브 추천 알고리즘 개발팀에서 일한 적 있는 구글 엔지니어 출신의 기욤 샬로Guillaume Chaslot는 "유튜브 알고리즘은 시청 시간을 늘리는 데에 최적화돼 있다"라고 말한다. 극단적인 내용을 담은 콘텐츠나 음모론도 시청 시간을 늘리는 데 도움이 된다면 추천 콘텐츠 리스트에 오른다는 이야기다.[119]

슬기로운 구독을 위해서는 그저 개인이 정신을 차리고 구독 방식을 바꾸는 방법밖에 없을까? 경제생활의 주체로서 선택에 따르는 책임은 개인이 지는 것이 당연하다. 다만 갈수록 정교하고 교묘해지는 기업들의 운영 방식이 사용자들에게 피해와 부작용을 가져온다면 마땅히 견제해야 한다. '소유의 종말'이라고 불릴 만큼 '구독'이 대세가 된 시대다. 구독이 경제의 미래라면 그 미래는 기업의 이윤만이 아닌 모두를 위한 것이어야 한다.

2부

기술은 세계 패권을
어떻게 바꿀까

7장

틱톡은
어떻게 미국을
흔들었나

2024년 3월 미국 하원은 일명 '틱톡 금지법'을 통과시켰다. 법안의 공식 이름은 '외국의 적이 통제하는 앱으로부터 미국인들을 보호하는 법Protecting Americans from Foreign Adversary Controlled Applications Act'이다.[1] 법안이 틱톡만을 대상으로 삼은 것은 아니지만 사실상 동영상 플랫폼 틱톡Tiktok과 그 소유주인 중국 기업 바이트댄스ByteDance를 겨냥한 것이어서 '틱톡 금지법'이라고 불렸다. 찬성 352표 대 반대 65표. 압도적 표 차로 미국 의회가 틱톡을 몰아내려 한 것이다. 법안은 바이트댄스가 틱톡을 1년 안에 팔지 않으면 틱톡 사용을 사실상 금지시킬 수 있게 했다. 5월 7일 틱톡은 이 법이 위헌이라며 미국 정부를 상대로 소송을 제기했다. 하지만 틱톡을 강제 매각하게 하려는 시도는 이미 전임 도널드 트럼프 정부 때부터 추진돼왔고, 입법은 그 결과물일 뿐이었다. 이미 법안이 통과되기 전부터 미국 각 주와 지방정부, 연방정부 기관들 그리고 대학들은 공공 컴퓨터나 통신 기기에서 틱톡 앱을 차단했다. 그럼에도 개별 유저들의 틱톡 사랑을 중단시킬 수는 없었다. 미국 내 틱톡 이용자 수가 1억 5,000만 명에 이르고 2023년 틱톡이 미국에서 벌어들인 돈이 160억 달러, 21조 원이라는 보도들이 나왔다.[2]

중국 앱은
위험하다?

2024년 7월 현재 미국에서 가장 많이 다운로드된 100대 앱 중 4분의 1이 외국산이다. 앱토피아Apptopia에 따르면 2021년과 2022년에 미국에서 가장 많이 다운로드된 앱이 틱톡이었다. 2023년 1위는 페이스북 모기업 메타의 새로운 소셜미디어 스레드Thread, 2위가 틱톡, 3위가 중국 전자상거래 앱인 테무Temu였다. 또 다른 중국 전자상거래 앱인 쉬인Shein은 6위를 차지했다. 틱톡의 모기업인 중국 바이트댄스의 동영상 편집 앱인 캡컷CapCut이 7위로 뒤를 이었다. 통계 전문 사이드 스태티스타Statista 자료에서도 추이는 비슷하다. 2023년 3월 기준으로 테무는 iOS 앱스토어와 구글 플레이스토어에서 1,000만 다운로드를 기록했다. 2위는 740만 명이 다운받은 틱톡, 3위는 670만 번 다운로드된 캡컷이었다.[3]

중국에서 미국 등 외국의 소셜미디어나 검색엔진을 마음대로 사용하지 못한다는 것은 잘 알려진 사실이다. 중국의 어두운 과거인 1989년의 '천안문 학살'은 물론이고 천안문이라는 단어 자체가 제대로 검색되지 않는다. 미국은 억압적인 중국 정부가 구글 검색을 금지시키고 페이스북도 못 쓰게 한다며 비판해왔다. 그러나 틱톡을 금지시킨 미국의 조치도 중국과 별반 달라 보이지는 않았다. '안보 우려'를 들기는 했지만 중국 기업이 새로운 서비스를 개발하고 인기 상품을 만들면 다 금지시킬 것인가, 그것도 소프트웨어를 금지시키는 것이 가능하기나 한가 하는 반론이 제기됐다. 미국 안에서도 틱톡 금지나 강제 매각은 오히려 미국 미디어 생태계를 혼란에 빠뜨릴 수 있는 선례가 될 수 있다는 지적이 적지 않았다. 입장을 바꿔서 중국이 미국 기업을 겨냥해 현지 사업을 매각하라, 기술 이전을 하라고 강제 조치를 취하면 어떻게 되겠느냐는 얘기다. 바로 그런 우려 때문에 메타와 같은 미국 기술 기업들은 틱톡 문제에 의견을 내기보다는 침묵하는 쪽을 택했다. 메타만 해도 2023년 전체 매출 가운데 북미에서 발생한 것은 45%뿐이었고, 해외 매출이 더 많았다.

미국 정보기관들은 법안 통과를 앞두고 연례 위협 평가를 하면서 "중국이 틱톡을 통해 미국 선거에 영향을 미치려 한다"라고 경고했으나 증거를 제시하지는 못했다. 이어진 소송에서 미 법무부는 "틱톡이 총기 규제, 낙태 및 종교와 같은 사회문제에 대한 견해를 기준으로 사용자들의 정보를 대량으로 수집하는 능력을 갖고 있으며 이를 활용하고 있다"라고 비난했다. 법무부가 워싱턴 연방 항소법원에 제출한 자료에 따르면 미국의 틱톡 직원들이 내부 온라인 통신 시스템을 이용해서 베이징의 바이트댄스 엔지니어들과 직접 대화하고 있다는 것이었다.4 통신망을 사용한다는 것만으로는 문제가 될 것이 없다. 법무부는 틱톡 직원들이 라크Lark라는 이름의 이 웹 통신 시스템을 통해 미국 사용자에 대한 '민감한 데이터'를 전송했고, 중국의 바이트댄스 직원들은 이 데이터에 접근할 수 있다고 주장했다.

반면 앱 개발 업계에서는 충분한 증거 없이 국가 안보를 핑계 삼아 일방적으로 앱을 금지할 수 있게 하는 것은 지나치다는 얘기들이 나왔다. 법안에 반대하는 사람들은 중국 정부가 미국인들에 대한 정보를 얻고자 한다면 굳이 틱톡을 이용하지 않아도 개인 정보를 거래하는 브로커들을 통해 얼마든지 얻을 수 있다고 말한다. 미국 역시 이를 알고 있다. 그래서 미 정부는 대외 원조 법안들을 이용해서 데이터 브로커들이 북한, 중국, 러시아, 이란 등등의 국가기관에 '개인 식별이 가능한 민감한 데이터'를 넘기는 것을 금지하는 조항을 넣었

틱톡의 최고운영책임자를 역임한 바네사 파파스. 2021년 〈블룸버그 통신〉이 선정한 '영향력 있는 인물 50인'에 포함된 그는 틱톡 사용 금지와 관련하여 미국 정부의 압박이 이어지자 2023년 6월 사임을 발표했다.
ⓒAnthony Quintano

다. 하지만 이것에 대해서조차 미국시민자유연맹American Civil Liberties Union을 비롯한 시민 단체들은 '규정이 너무 모호해서 언론 자유를 침해할 수 있다'는 지적을 한 바 있다. 틱톡 금지법에 반대하는 쪽에서는 미국 소비자를 보호하는 것이 목적이라면 어느 나라 기업이냐에 상관 없이 모든 기업을 대상으로 하는 포괄적인 연방 '데이터 프라이버시법'을 시행하는 편이 낫다고 주장한다. 앞서 본 미국 법무부 주장에서도 드러났듯이, 미국은 틱톡이 미국 사용자 정보를 중국 당국에 넘겼다거나 중국 정부가 틱톡 알고리즘을 조작하려 했다는 증거를 내놓지는 못했다.[5]

트럼프가 기름 부은
무역 갈등

2025년 1월 취임한 트럼프 대통령은 틱톡 금지령을 오히려 풀었지만, 틱톡 인수를 염두에 두고 국부펀드를 설립하겠다는 뜻을 내비쳤다. 결국 틱톡과 관련된 싸움은 '중국 경계'에 초점이 맞춰져 있고, 시민 정보 보호는 그 명분인 측면이 강했다. 중국 통신 설비 회사 화웨이Huawei에 이어 틱톡이 뭇매를 맞는 대상이 됐을 뿐이었다.

그러나 미국의 보호주의, 그리고 반중국 조치들을 '여론 몰이'라고만 볼 수는 없다. 중국에 밀릴지 모른다는 미국의 위기의식은 너무나 깊고, 근거 없는 불안감으로만 치부할 수 없기 때문이다. 1970년대 후반 중국의 경제 개혁이 시작된 이래 미국과 중국의 상품 교역량은 급격히 늘었다. 2001년 중국이 세계무역기구WTO에 가입한 이후 무역량은 풍선처럼 부풀었고, 미국과 중국은 서로의 가장 중요한 무역 파트너가 됐다. 하지만 흑자는 중국 몫이었다. 미국은 늘 중국으로 수출하는 것보다 중국으로부터 수입하는 양이 많았다. 2023년 중국은 미국을 상대로 3,360억 달러의 무역 흑자를 기록했다. 흑자 규모로 보면 중국에 가장 수지 맞는 파트너가 돼준 것이 미국이었다. 유럽연합 전체를 상대로 한 흑자 2,195억 달러보다도 훨씬 많았다.

여기에는 구조적인 이유들이 존재한다. 단순히 저가 공세로 중국산 제품들이 미국을 습격했다고만 볼 수는 없다. 이를테면 각국의 소비에는 저축률이 큰 영향을 미친다. 중국 가정들은 가처분소득에서 평균 30% 이상을 저축하는 반면에 미국은 7%를 저축한다.[6] 소비 행태 자체에 차이가 있는 것이다.

미국 정부는 무역 적자에 대해서 중국의 '환율 조작'과 보조금을 비판해왔고, 그 차이를 메우기 위한 조치라며 관세를 매겼다. 조지 W. 부시와 버락 오바마 행정부는 중국산 섬유 수입량을 제한하고 관세를 부과했다. 오바마 정부는 중국이 알루미늄과 철강 생산에 보조금을 지급하고 있다면서 반덤핑 조사를 했다. 그러나 그 두 번의 행정부를 거치는 기간에 미국과 중국의 무역은 계속 늘었고 중국 경제는 미국에 이어 세계 2위(명목 환율 기준)로 커졌다. 일대일로 이니셔티브Belt and Road Initiative, BRI와 아시아인프라투자은행AIIB, '메이드 인 차이나 2025' 등 중국의 대규모 경제 이니셔티브는 중국의 존재감을 세계에 부각시켰다. 미국 정부는 중국의 이런 성장을 미국의 경제적·지정학적 지배력에 대한 도전으로 여겼다.

트럼프는 2016년 대선 때 미국의 대중국 무역 적자를 줄이겠다고 공약했다. 그것이 미국인들의 일자리를 늘리고 '미국을 다시 위대하게' 만드는 길이라고 주장했다. 실제로 중국과의 무역 전쟁이 미국의 일자리를 늘렸는지는 회의적이지만, 어쨌든 트럼프의 주장은 미국 유권자들에게 먹혀들었다. 뒤이은 바이든 행정부도 중국에 대한 시각은 트럼프 정부와 다르지 않았다. 2024년 대선에 재도전한 트럼프는 "중국산 제품에는 모두 60%의 관세를 붙이겠다"라는 공약을 내세워 승리했다.

일본 찍어 누른 미국,
중국도 누를 수 있을까

따지고 보면 미-중 무역 불균형은 오래된 일이다. 그렇다면 질문을 바꿔서 '왜 과거엔 미국이 중국을 봐줬는데 지금은 용인하지 않는가'를 묻는 게 낫겠다. 중국이 처음 개혁개방에 나섰을 때는 아직 냉전이 진행 중이었고, 중국이 '자유시장경제'에 포섭되도록 하기 위해 미국이 중국의 여러 불공정 관행을 용인해준 측면이 컸다. 중국의 발전 수준이 낮았던 까닭에 자유무역의 이론적 원칙들을 지키기엔 역부족이었고, 중국이 점진적인 개선을 추구해온 것 또한 부인할 수 없다. 트럼프가 불붙이고 2018년 본격적으로 개시한 두 나라 간의 무역 전쟁은 미국인들의 오랜 경제적 불만을 중국 탓으로 돌리는 트럼프라는 선동적인 정치인의 존재와 떼어놓을 수 없다. 그러나 선동이 먹혀드는 데에는 늘 원인이 있다. 논리적 연결 고리가 맞든 안 맞든 간에 현실적으로 경제 패권을 둘러싼 경쟁에서 중국이 너무 거세게 도전해 오고 있고 미국이 밀릴 수 있다는 위기의식이 그만큼 컸으며 미국인들 사이에 널리 퍼져 있었던 것이다.

트럼프 정부 이후 미국의 대중국 압박은 과거 냉전 시절에 일본을 끌어안고 키우다가, 미국 경제가 재정 적자와 무역 적자의 '쌍둥이 적자' 수렁에 빠지자 일본을 찍어 눌렀던 것과 비슷하다. 미국은 1980년대에 일본을 윽박질러 '플라자 합의Plaza Accord'라는 것을 통해 환율을 강제로 조정하게끔 했다. 이후 경쟁력에 치명타를 입은 일본은 '잃어버린 20년' 시대에 들어갔고 지금까지도 완전히 회복되지 못했다. 트럼프는 중국을 상대로 같은 시도를 한 것이며, 다만 이번엔 무역 갈등의 양상으로 전개됐을 뿐이다.

뒤이은 바이든 정부의 대중국 정책도 비슷했다. 2022년 12월 세계무역기구는 트럼프 정부가 2018년 중국산 철강과 알루미늄 수입 관세를 올린 것이 글로벌 무역 규칙을 위반한 것이라고 판결했다. 그러나 바이든 행정부는 이의를 제기하며 트럼프 노선을 고수했다. 자유무역 원칙을 세계에 강요하다시피 해놓고 스스로 위반한 미국의 태도는 비판을 낳았고 유럽 쪽에서도 볼멘소리가 나왔다. 하지만 유럽은 이내 태도를 바꿔 반중국 전선에 동참했다. 2023년 1월 유럽연합은 미국과 함께 첨단 반도체 칩 생산과 관련된 기술이 중국에 판매되지 않도록 차단할 것이라고 발표했다.

2024년 5월 바이든 행정부는 중국에서 수입하는 태양전지에 대한 관세를 두 배로 올리고, 중국에서 수입하는 리튬이온 전기자동차 배터리에 대한 관세는 세 배로 인상했다. 중국산 철강·알루미늄·의료 장비 수입에 대한 관세도 올렸다. 중국 정부는 "미국의 진짜 목표는 중국의 성장을 억누르는 것이며, 무역 전쟁은 전 세계에 부정적인 영향을 미쳤다"라고 주장한다. 중국이 외국의 지적재산권을 멋대로 침해하고 있다는 주장에 대해서도 "근거 없다"고 맞선다. 2019년 3월 중국의 명목상 의회 격인 전국인민대표대회는 2020년부터 시행될 새로운 외국인 투자 법안을 승인했는데, 이 법안은 외국 기업으로부터 지적재산권을 강제 이전하는 것을 명시적으로 금지했다. 중국은 이런 노력을 들면서 자신들이 외국 기업들의 지적재산권과 영업 비밀을 강력하게 보호하는 쪽으로 가고 있다고 주장한다. 또 내수를 늘리라는 외국의 압력을 어느 정도 받아들여 2019년 1월 개인소득세 과세 기준을 3,500위안에서 5,000위안으로 올려 세금을 낮췄다. 하지만 미국과의 관계는 풀리지 않았고, 무역 전쟁으로 오히려 중국에서 민족주의가 더 거세졌을 뿐이었다. 트럼프 대통령은 2기 집권 뒤 다시 관세 올리기에 나섰고, 중국이 보복 관세를 천명하면서 무역 전쟁은 더욱 거세졌다. 이 전쟁에서 누가 이기든 '피투성이 승자'에 그칠 것이 뻔하다.

고래 싸움 속
등 터지는 세계

중국은 미국의 동맹국들을 이간시키기 위해 애쓰고 있다. 현재까지 상황으로 보면 일단 유럽의 네덜란드와 아시아의 일본은 확고한 미국의 동맹으로 볼 수 있다. 반면에 중국 입장에서 봤을 때 미국의 '취약한 동맹 고리'들이 있을 수 있다. 미국 전문가들이 보기에 중국과 손잡을 경우 미국의 '반중국 전선'에 가장 큰 타격을 입힐 국가는 독일과 한국이다. 시사 잡지 〈타임〉은 "독일과 한국의 기술적 전문성이 중국의 재원이나 엔지니어링 역량과 결합하면 미국에 심각한 위협이 될 것"이라고 쓴 바 있다.[7] 이는 한국이나 독일이 미국과 맺고 있는 외교적 거리보다는 두 나라의 기술적·경제적 위상과 관련된 문제다. 중국 시장에 대한 의존도가 높은 주요 제조업 국가들이라는 점에서 한국과 독일은 미국의 압박에 마냥 밀려 중국을 포기하기 힘든 상황인 것이다. 동시에 이는 그만큼 한국과 독일을 향한 미국의 압박이 클 수밖에 없다는 뜻이기도 하다.

중국은 한국이나 독일같이 '사이에 낀' 나라들을 향해 당근과 채찍을 제시하는 것과 함께, 수천억 달러를 투자해 외국 기술 공급 업체에 대한 의존도를 없애려 분투 중이다. 중국이 주도하는 공급망을 구축하려 하는 것이다. 2015년 발표된 '메이드 인 차이나 2025' 정책은 중국 반도체 산업에서 '수입품을 중국산 제품으로 대체'하는 것을 목표로 삼았다. 트럼프 행정부와의 무역 전쟁, 중국 기술 기업 ZTE와 화웨이에 대한 수출 통제가 중국의 의지를 더욱 굳힌 것으로 알려졌다.

개혁개방 이후 중국은 대체로 7년마다 경제가 두 배로 성장하면서 미국과의 경제력 격차를 계속 좁혔다. 중국의 국내총생산GDP은 2000년 미국의 약 10%였지만 2021년에는 78%로 증가했다. 구매력 평가로 측정하면 중국 경제는 미국보다 15% 더 크다는 분석도 있다.[8]

투키디데스의 함정Thucydides Trap이라는 말이 있다. 힘이 떨어져가는 미국과 나날이 부상하는 중국을 설명할 때 많이 등장하는 표현이다. 고대 그리스의 역사가 투키디데스는 기원전 5세기 아테네와 스파르타의 전쟁을 담은 책《펠로폰네소스 전쟁사》에서 신흥 강국이 부상하고 기존 강대국이 이를 견제하는 과정에서 전쟁이 벌어지기 쉽다고 봤다.

미국과 중국이 물리적으로 전쟁을 치를 가능성은 낮다. 하지만 두 나라가 함께 번영을 추구하며 제로섬 게임이 아닌 '모두가 이기는 세계경제'를 만들기 위해 협력할 것이라는 기대는 점점 사라지고 있다. 특히 중국이 세계경제에 통합되면 결국 서구처럼 '자유화'되고 '민주화'될 것이라는 기대가 미국에서 거의 소멸하고 있는 듯하다. 먹고살 만해지면 시민들이 민주주의를 요구하게 되고, 고학력 중산층이 늘어나면 사회 분위기도 자유로워질 것이라는 20세기의 기대감에서 중국은 점점 더 예외처럼 보이고 있다. 그런 근대화 이론이 퍼지는 데에 많은 영향을 준 것이 한국과 대만 같은 '아시아 호랑이들'의 사례였으나, 중국은 한국이나 대만의 길을 걷는 게 아니라 시진핑 국가주석 3연임 등 오히려 권위주의 통제를 강화하면서 세계의 기대와는 반대의 길로 나아가는 것처럼 보인다.

그러나 미국이 중국을 아무리 비난한들, 중국이 어떤 문제를 안고 있다 한들, 미국과 중국의 전략적 경쟁이 중국에만 피해를 입히는 게 아니라 숱한 '부수적 피해'를 낳는다는 점 또한 부인할 수 없다. 어느 한 나라에만 의존하면서 어느 한 나라하고만 친하게 지내면서 번영할 수 있는 나라는 없다. 미-중 싸움, 미국의 동맹국 줄 세우기와 중국의 보복 압박은 세계를 불안하게 만드는 가장 큰 요인이 되고 있다. 그 불똥을 가장 많이 받는 나라, 그래서 외교적으로 더 신중하고 더 정교한 행보가 요구되는 나라는 한국이다.

8장

'칩4 동맹'은 과연 굳건할까

"산업의 발전은 전 세계 분업의 결과입니다. 대만뿐 아니라 중국과 다른 나라들도 이 산업(반도체 산업)과 대만의 역할을 소중히 여겨야 합니다."[9]

2024년 1월 13일 치러진 제16대 대만 총통 선거에서 승리한 민주진보당(민진당) 라이칭더賴淸德 후보는 당선 연설에서 이렇게 말했다. 친미·반중 기조를 내세운 그는 이 선거를 '민주 대 독재'의 구도로 규정하고, 중국에 맞서 다른 민주 진영 국가들과 행보를 같이해 대만의 안보와 민주주의를 지키겠다고 했다. 그는 왜 하필 세계 여러 나라를 이야기하면서 반도체를 언급했을까.

'실리콘 방패'를
든 나라

중국과 대만의 관계를 양안兩岸 관계라 부른다. 대만해협 양측에 있는 둘의 관계라는 뜻이다. 중국은 대만을 독립국으로 인정하지 않으며 '하나의 중국'이라는 원칙을 주장한다. 대만이 중국을 대하는 태도는 집권 정당에 따라 달라지곤 하는데, 현 집권 민진당은 중국과의 분리를 강조하는 쪽에 가깝다. 그러나 라이칭더 후보가 당시 선거에서 40% 정도의 득표율에 그쳤고 의회도 여소야대 상황인 것을 보면 대만인 대다수가 '중국으로부터의 독립'을 바란다고 단언하긴 힘들다. 그럼에도 민진당 정권이 계속되는 이상 양안 관계가 급격한

화해 무드를 탈 가능성은 높지 않아 보인다. 홍콩의 민주화 시위를 강경 진압한 중국에 대한 거부감, 그리고 중국의 도발이라는 군사적 위협이 대만 내의 반중국 정서를 결집시키고 있는 상황에서 대만은 중국에 맞서는 커다란 무기를 하나 쥐고 있다. 바로 반도체다.

반도체는 평소에는 전기가 통하지 않다가 특정한 조건에서 전기가 통하는 성질로 바뀌는 물질을 가리킨다. 전기신호를 받고 특정한 기능을 수행하게 만든 이 장치는 처음에는 트랜지스터 라디오 덕분에, 이후에는 컴퓨터 때문에 세계를 움직이는 존재가 됐다. 스마트폰이나 자동차를 비롯해 청소기나 냉장고 같은 가전제품, 인공지능 시대에 더욱 늘어날 전자제품 등에 꼭 필요한 것이 반도체다.

다른 기업이 설계한 반도체를 위탁받아 생산하는 것을 파운드리foundry라고 부른다. 대만은 전 세계 반도체 파운드리 시장의 60% 이상을 차지한다. 대만의 반도체 공장들이 돌아가지 않으면 미국과 중국의 경제가 올스톱하게 된다는 이야기다. 이같은 상황을 일컬어 대만이 '실리콘 방패'를 갖고 있다고들 말한다. 반도체의 핵심 소재가 규소, 즉 실리콘silicon인데 대만이 막강한 반도체 산업을 방패 삼아 중국의 위협으로부터 스스로를 지킬 수 있다는 논리다. 반도체는 실제 무기와도 밀접하게 연관돼 있다. 드론, 탄도미사일, 스텔스 전투기, 각종 방어 체계 등 현대의 안보 체계를 반도체 없이 유지, 가동하기는 사실상 불가능하다.

파운드리 분야에서 앞서가는 대만 이외에 한국도 반도체 강국이다. 한국은 데이터를 기억하는 메모리 반도체 분야의 강자다. 메모리 반도체에 해당하는 D램은 약 70%, 메모리를 지우고 다시 프로그래밍할 수 있는 저장 매체인 낸드 플래시Nand Flash는 약 50%를 한국 기업이 점유하고 있다. 설계, 생산, 조립, 검사, 유통까지 모두 갖춘 종합 반도체 기업 가운데는 삼성전자와 SK하이닉스가 세계의 선두 주자다. 일본의 경우엔 반도체 생산에 필수적인 소재와 부품, 장비를 만드는 기업이 강점을 지니고 있다. 아시아의 3개국이 앞서 나간 가운데 중국이 '반도체 굴기'를 표방하며 뒤를 쫓고 있다. 반도체 제조 장비를 적극적으로 수입했고, 첨단 반도체가 아닌 범용 반도체의 생산량을 늘려나가고 있다. 범용 반도체는 보통 회로 선폭이 $20nm$ (나노미터, 10억 분의 1m) 이상으로서 가전제품이나 스마트폰, 자동차 등에 두루 쓰이는 반도체를 말한다.

설계와 원천 기술에서 세계적 기술을 보유한 미국은 2022년 3월 중국을 견제하고 국내 시장에 반도체를 안정적으로 공급하기 위해 한국, 대만, 일본과 팹4FAB 4 동맹을 띄웠다. 팹은 반도체 제조 설비를 의미하는 패브리케이션fabrication을 의미한다. 한국에서는 반도체 칩에서 따온 '칩4 동맹'이라는 말이 더 많이 쓰이고 있다. 이미 미국을 중심으로 외교·안보적으로 연결돼 있는 국가들이 반도체를 매개로 다시 한번 결속을 강화하고 있는 것이다.

미국의 이같은 행보는 이른바 '작은 마당, 높은 울타리small yard, high fence 정책'으로 알려져 있다. 제이크 설리번Jake Sullivan 백악관 국가안보 보좌관이 썼던 이 표현[10]은 일부 첨단 기술 영역과 일부 국가에는 높은 울타리를 치고, 미국과 뜻을 같이하는 국가들을 좁은 마당으로 불러들여 협력하는 전략을 뜻한다. 반도체 산업의 경우 다른 산업에 필수적인 산업 기술인 데다, 4개국이 전 세계 생산의 84%가량을 차지하고 있기에 이 동맹이 제대로 작동한다면 그 영향력이 광범위할 수밖에 없다.

반도체 4총사 만들려는 미국

이에 더해 미국은 내부적으로는 반도체법을 발표하고, 미국이 주는 반도체 관련 보조금을 받을 수 있는 기업들에 대해선 투자 제한 장치(가드레일) 세부 규정을 뒀다. 사실상 최대 반도체 시장인 중국에 기업들이 투자하지 못하도록 운신의 폭을 좁혀가고 있는 것이다. 미국의 보조금을 받은 기업은 10년 동안 중국에서 첨단 반도체 생산량을 5% 이상 늘리지 못하게 제한하는 식이다. 미국은 이 구상을 통해 궁극적으로는 중국의 첨단 반도체 생산 능력을 제한하려고 하고 있다. 다른 분야는 몰라도 첨단 기술에서만큼은 중국의 영향력을 차단하려는 '디리스킹derisking', 즉 '위험 제거'를 전략으로 삼은 셈이다. 여기서 더 나아가 미국은 반도체 수급을 안정시키고 미국 안에 반도체를 공급할 수 있는 설비를 만드는 것을 목표로 삼고 있다. 반도체가 각종 군사 장비에도 핵심적이라는 점에서 보자면 중국을 반도체 공급망에서 배제하고, 더 나아가 안보적으로도 압박하고 있다고 할 수 있다.

일본과 대만은 '칩4' 구상과 발을 맞추는 모양새다. 공정과 연산을 담당하는 시스템 반도체와 파운드리에 강한 TSMC를 위시한 대만의 반도체 기업은 범용 반도체를 생산할 수 있는 공장을 미국에 짓고 첨단 반도체 제조 설비는 자국에 남기는 식으로 칩4 구상에 협력하고 있다. 라이칭더 총통은 "반도체 산업 발전을 위해 협조하겠다. 재료와 설비, 연구 개발, 집적회로IC 설계와 제조, 패키징 테스트 등에서 더욱 완벽한 산업망을 계속 구축해가겠다"라고 했다. 1980년대까지 NEC 등을 필두로 앞서가던 반도체 강국이었지만 원천 기술이나 완제품 생산 능력에서 뒤처지는 일본은 장비와 소재, 부품 측면에서는 강점을 갖고 있다. 일본은 미국이 주도하는 반도체 동맹의 기조 안에서 대만 파운드리 기업의 공장을 일본에 유치하는 등 생산 기지를 만들려 힘을 쏟고 있다.

한국은 메모리 반도체 부문에서는 앞서 있지만, 시스템 반도체가 80%를 장악한 전체 반도체 시장에서는 점유율이 3%라는 약세에 그치고 있어서 애매한 처지가 됐다. TSMC처럼 다품종의 시스템 반도체를 주문받아 생산할 능력을 갖춘 파운드리가 없어서 중국에 생산 공장을 두고 있는 한국 기업들의 입장에선 보조금을 앞세워 중국에 대한 신규 투자를 막는 미국의 반도체법이 발목을 잡고 있다. 칩4 동맹도 마찬가지다. 중국 관영 매체들은 "한국은 미국의 칩4 동맹을 거부할 수 있어야 한다"며 "중국과의 교역을 중단하는 것은 상업적 자살 행위"라고 한국을 압박하기도 했다. 반도체를 앞세워 선택지를

2023년 미국 애리조나주 피닉스에 건설되고 있는 대만의 반도체 기업 TSMC의 공장. ©TrickHunter

손에 쥔 대만에 비해 중국 의존도가 높은 한국의 경우, 미국과 중국 사이에서 줄타기를 하거나 최악의 경우 둘 중 하나를 택해야 하는 상황에 놓일 수도 있다.

미국의 통제에 대한 회의론도 존재한다. 중국이 미국을 비롯한 다른 나라의 반도체에 의존하지 않는 인공지능 연구에 박차를 가하고 고성능 반도체 경쟁력을 갖춰가면서 사실상 미국의 압박을 우회하고 있기 때문이다. 중국의 반도체 경쟁력을 막으려 하기보다는 중국 시장을 더 적극적으로 활용하는 것이 궁극적으로 도움이 된다는 주장도 많다. 게다가 2025년 1월 중국은 딥시크를 공개하며 미국 기

업이 사용하는 반도체보다 저사양반도체로 첨단 AI 구현이 가능하
다는 걸 보여줬다.

TSMC는 누구의
'무기'가 될까

반도체 지정학이 복잡하게 전개되는 가운데, 시장을 둘러싼 치열한
경쟁은 지금 이 순간에도 계속되고 있다. 특히 첨단 중의 최첨단이
라고 할 수 있는 AI 반도체 시장이 커지고 있다. 챗GPT 등장 이후
AI 애플리케이션을 구동할 수 있는 컴퓨터 그래픽 처리 장치GPU의
수요도 같이 늘었는데 여기에서도 반도체 칩이 필수품이기 때문이
다. 미국 GPU 회사 엔비디아의 주가가 한때 하늘 높은 줄 모르고 치
솟았던 이유도 이것이다. 중국의 딥시크가 시장에 충격을 안기기 전
까지만 해도, 거대한 규모의 인공지능에는 1만 개 이상의 GPU가 필
요하며 이 모델을 구축할 능력을 갖춘 기업은 엔비디아뿐이라는 것
이 정설이었다. 그런데 엔비디아는 기술과 설계 능력은 있지만 생산
공정 설비는 갖추지 못한 대표적인 팹리스fabless 기업이다. 그래서
대부분의 생산을 대만 파운드리 기업 TSMC에 맡기고 있다. 챗GPT
용 GPU라고도 불리는 엔비디아의 A100, H100 등은 모두 TSMC
가 만든다. 대만 출신인 엔비디아의 젠슨 황Jensen Huang 최고경영자는
2023년 국립대만대학교 졸업식 축사에서 인공지능이 앞으로 보여

줄 유례 없는 기회를 잡아야 한다면서 "(여러분은) 먹이를 찾기 위해 혹은 잡아먹히지 않기 위해 달리고 있다. 가끔은 어떤 상황인지 알지도 못한 채로. 그러나 어떠한 상황이든 뛰어야 한다는 것을 잊지 말라. 걷지 말고 힘껏 뛰어라"라고 말했다. "(인공지능은) 모든 면에서 컴퓨터 사업이 재탄생하는 것이자, 대만 기업들에는 절호의 기회"라고도 했다.**11** 실제 TSMC는 엔비디아 말고도 마이크로소프트와 메타 등의 주문을 수주한 미국의 또 다른 반도체 회사 AMD의 인공지능 반도체도 위탁 생산하고 있다.

특정 국가, 특정 기업에 의존하는 현재의 반도체 지형도에 대한 우려의 목소리가 있다. 능력을 갖춘 기업에 수요가 몰리는 것은 시장경제의 당연한 논리이지만 특정 국가, 소수의 기업에 생산이 집중되면 돌발 사태가 발생했을 때 대응하기가 쉽지 않다. 생산 기반을 구축하는 데 상당한 자본과 시간이 걸리는 반도체의 특성상, 중국과 맞물린 대만이라는 위치 자체가 반도체 수급을 넘어 안보 환경의 불안정성을 높이는 요인이다. 외교 안보에서 급변 사태가 발생하면 반도체가 무기화될 수 있기 때문이다. '오마하의 현인'으로 알려진 미국의 투자가 워런 버핏Warren Buffett 버크셔해서웨이 회장은 갖고 있던 TSMC 지분을 매각하면서, TSMC를 둘러싸고 대만과 중국의 긴장이 고조되는 지정학적 위기 상황을 고려했다고 언급한 바 있다.**12** 칩4 동맹을 구상한 미국은 대만을 끌어안으면서도 궁극적으로는 미국 내 제조 역량을 높이려는 의도를 갖고 있는데, 이 역시 반도체 산업이 지정학에 많은 영향을 받기 때문이다.

글로벌 경제의 여러 분야에 없어서는 안 될 필수품으로서 '산업의 쌀'이라 불리는 반도체의 미래는 국제사회의 복잡한 정치·외교·안보 상황과 맞물려 훈풍을 탈 수도 있고 격랑을 맞을 수도 있다. 얼마나 최첨단의 반도체 기술을 개발하느냐 뿐만 아니라 복잡한 국제정치적 이해관계를 어떻게 다루느냐가 앞으로 반도체의 미래를 좌우하게 될 수밖에 없다. 이런 글로벌 정치·경제구조에서 국가와 기업은 어떤 선택을 하게 될까.

중국의 맞불,
희토류 싸움

2022년 10월 7일, 미국 정부는 중국이 인공지능을 활용한 '권위주의 초강대국'이 되는 것을 막겠다고 공언했다. 이듬해 3월 미국의 '반도체 동맹' 국가가 된 일본과 네덜란드는 첨단 반도체 제조 장비에 대한 새로운 수출 통제를 채택한다고 발표했다. 중국 봉쇄에 반도체 동맹 국가들이 협력하는 양상이 본격화한 것이다. 미국, 일본, 네덜란드는 전 세계 컴퓨터 칩 공장에서 사용되는 모든 장비의 약 90%를 공급한다.

희토류 위협, 중국엔 양날의 칼

중국도 반격에 나섰다. 중국의 반독점 당국은 중국 시장에서 사업하는 미국 반도체 회사와 관련해서 모든 기업 합병을 차단했다. 동시에 미국의 메모리 칩 생산 업체인 마이크론에 대한 '보안 검토'를 시작했으며 중국의 핵심 인프라 부문에서 마이크론의 칩 구매를 금지했다. 중국은 또 전자제품 제조에 중요한 원료인 갈륨과 게르마늄의 수출에 까다로운 허가 요건을 붙여 사실상 통제에 나섰다. 갈륨과 게르마늄은 알루미늄이나 아연 같은 광물을 채굴할 때 나오는 천연 부산물이기 때문에 이 조치가 실제로 각국에 큰 타격을 주는 것은 아니다. 다만 희토류를 쥐고 있는 중국이 언제라도 자원을 무기화할 수 있음을 세계에 알린 '경고'로 해석됐다.

중국이 필수 자원인 희토류 공급을 제한할 수 있는 능력을 가진 것은 사실이다. 다만 실제로 그 능력을 행사하는 것은 다른 문제다. 그렇게 될 경우 경제 파트너로서 중국의 신뢰가 타격을 입을 것이기에, 세간의 예상처럼 쉽게 택할 수 있는 카드는 아니다. 하지만 가능성만으로도 불안은 커진다. 삼성은 2019년에 마지막까지 남아 있던 중국 내 휴대전화 공장을 폐쇄하고 베트남과 인도 등으로 생산을 이전했다. 미국 컴퓨터 제조 업체 델Dell도 2024년 안에 중국산 칩 구매를 중단할 계획이라고 발표했다.

경제를 키우느라 갈 길이 바쁠 적에 중국은 미국의 경제적 압박이 거세지면 한 걸음 물러서서 '노력하는 모습'을 보여주곤 했다. 그러나 자신감이 생긴 최근의 중국은 미국의 조치에 맞불을 놓는 일이 늘고 있다. 미국 컨설팅 회사들의 사업 관행을 단속하고, 컴퓨터 칩 제조에 사용되는 핵심 광물에 대한 수출을 통제하는 식이다. 특히 정보기술 산업에 필수적인 희토류 등 핵심 광물 자원은 중국의 강력한 무기다.

17종의 원소로 이뤄진 희토류 금속은 여러 첨단 산업에서 촉매제, 자석, 전자제품 부품 등으로 사용된다. 알려진 희토류 광석의 매장량은 1억 2,000만 톤이며, 중국이 이 중 약 3분의 1을 보유한 것으로 추정된다. '희토류 수출'에는 원광만 해당되는 것이 아니다. 채굴된 희토류 광석을 수출할 수도 있지만 정제된 광석, 정제된 고순도 금속, 또는 정제된 금속이 들어간 자동차용 리튬이온 배터리 같은 제품의 형태로 수출하기도 한다.

희토류는 여러 복잡한 과정을 거쳐 생산된다. 첫 번째 단계인 채굴 과정에서 희토류 광석이 생산된다. 60% 이상이 중국과 아프리카에서 채굴된다. 두 번째 단계는 광석을 일부 순수 금속과 경희토류 또는 중희토류 금속의 농축물로 분리하는 정제 공정이다. 중국은 이 단계의 85%를 장악하고 있는 것으로 평가된다. 예를 들어 중국은 전 세계 니켈의 약 70%, 구리의 40%, 리튬의 60%, 코발트의 70%를 정제한다고 알려져 있다. 부품 및 제품 생산 단계로 올라가도 중국의 시장 지배는 두드러진다. 리튬이온 배터리와 네오디뮴은 중국이 전 세계 수출의 대부분을 차지한다. 중국은 전 세계 전기차 배터리 셀 제조 능력의 80% 가까이를 보유한 것으로 평가된다. 또한 세계 리튬이온 배터리 메가팩토리의 약 75%를 보유하고 있다.

중국은 희토류 자원 수출을 국가 차원에서 통제한다. 2009년 9월에는 '희소한 자원을 보존하고 환경을 보호하기 위해' 2010~2015년 수출 쿼터를 연간 3만 5,000톤으로 줄이겠다는 계획을 발표했으며, 그에 맞춰 소규모 독립 광산들을 국영기업으로 합병하거나 폐쇄했다. 수출량을 줄인 데에 이어 2011년 중국 전체 희토류 생산량의 거의 40%를 차지하는 여덟 개의 주요 광산 중 세 개의 생산을 중단한다고 발표했다. 이듬해인 2012년 중국이 생산량을 20% 더 줄이자 미국, 일본, 유럽연합은 세계무역기구에 중국을 상대로 소송을 냈다. 세계무역기구는 2014년 중국의 조치가 회원국 '비차별' 원칙에 위배된다며 중국에 불리한 판결을 내렸다. 중국 기업들과 외국 기업들 가운데 외국 기업들에 불리한 조치라는 것이었다.

중국의 '대안'은 어디?

하지만 세계무역기구가 어떻게 판결하든 자원 싸움에서 중국
이 우위임은 분명하다. 잠시 시선을 덴마크령 그린란드로 돌려보
자. 2021년 그린란드 총선에서 광산 하나가 이슈가 됐다. 그린란
드 남서부에 있는 쿠아네르수잇Kuannersuit, 덴마크어로는 콰이네필
드Kvanefjeld라 불리는 광산이었다. 그린란드 자치정부는 광산을 개발
하려 했지만 우라늄과 희토류가 묻힌 이 광산을 파헤치면 이산화탄
소가 뿜어져 나오고 방사성 폐기물이 땅을 더럽힐 것이라는 반발이

미국 캘리포니아주에 있는 마운틴패스 희토류 광산 및 가공 시설. 광산 시설을 소유한 MP 머티리얼즈의
지분 중 약 7%를 중국 성허자원이 갖고 있다. ⓒTmy350

일었다. 결국 광산 개발을 추진한 당시 집권당은 정권을 잃었다.

공교롭게도 콰이네필드의 개발권은 중국에 있었다. '그린란드 미네랄스'라는 광산 업체가 채굴권을 갖고 있었는데 이 회사는 호주 기업이지만 대주주는 중국 청두에 본사가 있는 셩허자원盛和資源이다. 셩허자원은 세계 곳곳에서 희토류를 챙기는 중국의 광물 기업 중 하나다. 미국과 중국의 무역 갈등이 깊어지자 2019년 중국은 미국에 희토류를 수출하지 않겠다면서 이 자원을 무기로 활용했다. 그러자 미국은 중국 의존도를 낮추겠다며 '희토류 독립'을 선언하고 자국 희토류 생산 기업들을 밀어줬다. 그런데 미국 정부의 지원을 받은 MP 머티리얼스라는 회사가 알고 보니 중국 회사의 투자를 받은 걸로 드러났다. 문제의 '중국 회사'가 바로 셩허자원이었다. 콰이네필드는 중국 밖에서 중국계 기업이 채굴을 하고 있는 가장 큰 희토류 생산지다.

중국 외에 주요 희토류 보유국으로는 호주와 미얀마를 들 수 있다. 미얀마는 군사 쿠데타로 국제사회에서 고립된 뒤 중국의 영향력을 강하게 받는 나라다. 중국은 2010년대 후반부터 환경 파괴를 줄이기 위해 자국 내 광산들을 폐쇄하면서 희토류 채굴을 미얀마의 카친 지역으로 '아웃소싱'했다. 그 밖에 중국을 제외한 지역에서 개발 중인 중요한 희토류 매장지로는 남아프리카공화국의 스틴캄프스크랄Steenkampskraal 광산과 미국 최대 희토류 광산인 캘리포니아주 마운틴패스Mountain Pass 등을 들 수 있다. 〈포린 폴리시〉[13] 등에 따르면 미국은 희토류 산업을 키우기 위해 애쓰고 있으나 전문 기술 인력 부족, 환경 관련 규제 등으로 난관이 많다. 영국 정부는 앙골라 롱곤조Longonjo 광산 개발에 나선 자국 기업을 기금으로 지원하고 있고, 일본은 베트남 희토류를 수입하려 협상 중이다. 스페인도 중부 시우다드레알Ciudad Real 주에서 희토류 채굴 프로젝트를 한때 추진했으나 사회적·환경적 문제로 무산됐다.

2023년 유럽연합은 '중요 원자재법Critical Raw Materials Act of 2023'을 만들었다. 유럽이 전기자동차 등에 필요한 리튬이온 배터리의 3분의 2를 자체적으로 생산할 수 있게 만드는 것이 목표지만 아직은 갈 길이 멀어 보인다. 결론적으로 희토류와 리튬 등의 희소 자원 문제에서 중국은 경쟁 상대가 별로 없는 강국이다. 2010년 센카쿠열도 영유권 분쟁 뒤 중국이 일본에 희토류 수출을 잠시 중단한 적이 있다. 중국은 부인했으나, 중국의 보복 조치라는 해석이 나왔다. 중국 의존도가 높은 까닭에 각국은 불안해할 수밖에 없다.

9장

세계는 왜 중국과 싸울까

2024년 4월 17일 조 바이든 당시 미국 대통령은 중국의 불공정 무역 관행에 맞서 '역사적인 조치'를 취하기로 했다고 발표했다. 미국 무역대표부USTR에 중국산 철강과 알루미늄 관세율을 세 배로 인상하는 방안을 검토하라고 했다는 내용이었다. "미국의 철강 산업을 지키겠다"라는 바이든 대통령의 선언은 노동자들 앞에서 한 말이었다. 그는 철강 노조 앞에서 연설하면서 중국을 맹공격했다. 백악관 웹사이트에 공개된 연설문의 문구들은 거창했다. 철강은 미국 경제의 중추이자 국가 안보의 기반이다, 미국 기업들이 지속가능한 철강의 미래를 이끌어야 한다, 이 '녹색 강철'은 청정에너지, 미래의 전기자동차에 전력을 공급하고 있다, 그런데 중국의 과잉 생산과 시장을 무시한 투자 때문에 미국 노동자들이 고통을 겪고 있다는 것이다. 또 미국 조선업을 명시했다. 철강은 미국의 산업용 선박은 물론이고 해군 선박에 투입되는 중요한 원자재인데 중국이 문제를 일으키고 있다는 내용이었다.14

슈퍼 301조가 뭐길래

바이든 정부는 그래서 무역법 301조를 동원해서 관세를 올리기로 했다고 밝혔다. 연설을 할 당시 중국산 철강 관세는 평균 7.5%였는데 세 배로 올리면 25% 정도까지 올라간다. 백악관은 멕시코에서 미국으로 수입되는 철강과 알루미늄도 거론했다. 중국이 멕시코를 통해서 미국으로 우회 수출하고 있기 때문에 멕시코로 고위 인사들을 보내서 멕시코와도 이 문제를 놓고 협력하고 있다고 했다. 멕시코는 이미 2023년 8월 자유무역협정FTA을 체결하지 않은 국가로부터 수입되는 상품 수백 종에 5~25%의 관세를 부과했다. 가장 큰 영향을 받은 국가 중 하나는 중국이었다. 멕시코가 수입산 철강의 원산지를 충분히 명확히 하지 않는다는 미국의 압박 탓이었다.

바이든 대통령은 연설에서 이른바 슈퍼 301조를 발동하겠다고 했다. 과거 한국도 벌벌 떨게 만들었던 무역법 301조는 교역 상대국이 '불공정하거나 차별적인 무역 행위로 미국 산업에 차질을 주면' 대통령 권한으로 무역 보복을 할 수 있게 한 조항이다. 미국 의회가 1988년에 가결한 이 조항은 사실 거의 무법자적인 것이라, 미국 내에서도 국제 협력을 중시하는 측에서는 반론이 많았다. 그래서 처음 입법할 당시 2년만 한시적으로 발동하기로 했는데 그 후에도 미국이 편할 대로 부활시키곤 한다. 빌 클린턴도, 도널드 트럼프도 이 조항을 활용했다. 의회의 별도 승인이 없이 대통령 행정명령이면 부활시킬 수 있기 때문이다.

슈퍼 301조까지 동원하기로 한 것은 미국철강노조United Steelworkers, USW를 비롯해 다섯 개 노조 단체들이 청원을 제출한 데 따른 것이라고 백악관은 설명했다. 바이든 대통령은 슈퍼 301조를 발동할 것이라면서, 더불어 미국 철강 공장들에 대한 5억 달러 지원 계획 등도 공개했다. 아직은 바이든 대통령이 대선 후보에서 사퇴하기 전일 때였고, 대선을 앞둔 시점에서 철강 노동자들의 마음을 얻기 위해 미-중 갈등을 불사하겠다는 것으로 비쳤다. 그 명분으로 미국은 중국의 불공정 관행뿐 아니라 미국산 '깨끗한 철강'을 내세웠다.

그동안 중국은 미국의 징벌적인 관세를 피하기 위해 멕시코를 통해 우회 수출하거나 유럽에 전기차 생산 시설을 만드는 식으로 현지 투자를 늘리는 방법을 썼다. 2025년 1월 트럼프 행정부가 멕시코에 중국보다도 더 높은 25% 관세를 매기겠다고 한 데에는 이런 배경이 있었던 것이다. 그러나 현재 중국과의 무역 갈등은 미국만의 일이 아니다. 전기차를 놓고 중국과 싸우고 있는 유럽을 보자. 컨설팅 회사 로듐 그룹은 중국산 전기차 수입을 억제할 수 있으려면 유럽연합이 관세를 최대 55% 부과해야 할 형편이라는 보고서를 내놨다.[15] 2024년 4월 말 발표된 이 조사 결과는 중국산 전기차 수입에 대한 유럽연합의 조사가 진행 중인 가운데 나왔다. 당시 유럽연합은 중국산 전기차에 15~30% 범위의 관세를 부과할 것으로 예상됐다. 하지만 이 보고서는 "그 정도 관세로는 중국산 수입 차량들을 견제하기에 충분하지 않을 것"이라고 지적했다. "30%의 관세를 매기더라도 일부 중국 기반 생산 업체는 상당한 비용 이점을 누리고 있기 때문에 유럽으로 수출하는 자동차에서 여전히 이윤을 낼 수 있을 것"이라고 보고서는 예측했다. 그래서 유럽연합은 어떤 조치를 취했을까? 로듐 보고서에서 제안한 만큼은 아니지만 꽤 올렸다. 그해 7월부터 중국산 전기차에 10%의 관세를 부과해오던 것을, 중국 브랜드별로 조정해서 크게 인상했다. 이를테면 중국 정부의 보조금을 많이 받아온 상하이 자동차SAIC에는 38%, 비야디에는 17%의 추가 관세가 매겨졌다. 볼보 자동차와 BMW, 테슬라 등 서구 업체들의 경우도 중국에서 생산한 물량에는 높아진 관세가 적용됐다.

테슬라보다
더 커진 비야디

2023년 테슬라를 제치고 세계 최대 전기차 제조 업체가 된 비야디.
자동차 덤핑 문제로 중국과 유럽이 싸우고 있다는 얘기가 나왔으니,
비야디에 대해서도 잠깐 들여다보자.

비야디 오토BYD Auto는 중국의 다국적 제조 회사 비야디BYD Company
의 자동차 부문 자회사다. 중국에서 신에너지 자동차NEV로 통칭되
는 배터리 전기승용차BEV와 하이브리드 전기자동차PHEV를 제조한
다. 전기버스와 전기트럭도 생산한다. 배터리 회사로 출발한 비야디
는 창업자 왕촨푸王傳福가 2003년 1월 시안의 친촨 자동차를 인수한
후 설립했다. 비야디가 설계한 첫 번째 차량인 F3는 2005년에 생산
에 들어갔다. 2008년에 첫 하이브리드 전기차 F3DM을 생산하기
시작했고, 2009년에는 첫 번째 배터리 전기차 e6를 시장에 내놨다.
비야디 오토는 중국 내 신에너지 자동차 시장에서 2020년부터 급성
장했다. 2021년부터는 유럽, 동남아시아, 오세아니아 및 남미를 중
심으로 해외 승용차 판매를 확대했다. 2022년 3월 비야디는 내연
기관 자동차 생산을 아예 중단했다. BYD라는 메인 브랜드뿐 아니
라 덴자·양왕·팡청바오 브랜드로 고급 차량도 만들어 판다. 비야디

는 2023년 4분기에 테슬라를 제치고 세계에서 가장 많이 팔린 전기차 제조 업체가 됐다. 또한 그해 중국 자동차 산업 자유화 이후 줄곧 1위 자리를 지켜온 폭스바겐을 제치고 중국에서 가장 많이 팔린 자동차 브랜드로 등극했다.

비야디 오토는 배터리와 전기모터, 전자 제어장치 등 부품 생산 라인들을 모두 보유한 비야디 그룹의 강점을 활용해 광범위한 수직 통합을 실현하고 있다. 타이어와 창문을 뺀 대부분의 부품을 그룹 내에서 자체 생산하는 것으로 알려져 있다. 비야디 그룹은 리튬 광산, 리튬 가공, 배터리 생산 및 자체 컴퓨터 칩 유닛을 운영하면서 생산 비용과 물량을 관리한다. 덧붙이자면 2023년 기준 세계 최대 전기차용 배터리 제조 회사는 상하이 자동차 계열의 닝더신 에너지 과학기술Contemporary Amperex Technology Co. Ltd, CATL이었고 2위가 비야디, 3위가 한국의 LG에너지솔루션이었다.[16]

중국은 세계 최대 전기차 생산국이다. 어느 정도 비중이냐면, 2023년 세계 전기차 생산의 60% 가까이를 중국이 차지했다. 중국에서 전기차를 만드는 회사는 몇이나 될까. 〈블룸버그 통신〉이 2019년 "500개가 넘는다"라고 했는데, 이후에 많이 정리된 모양이다. 2023년에는 그 가운데 100개만 살아남았단다.[17] 4년 만에 80%가 사라졌다니 가혹한 생존경쟁이 아닐 수 없다. 〈와이어드〉의 보도에 따르면 그럼에도 2023년 기준으로 300개 이상의 기업이 전기차를 만들어 판다고 한다.[18] 그러니 생산량이 많을 수밖에 없다. 그해 생산된 배터리 전용 전기차, 플러그인 하이브리드 전기차를 합치

2023년 업데이트하여 출시된 BYD의 전기차 모델 e2 페이스리프트. ©Navigator84

면 900만 대가 넘는다. 그중 150만 대 이상이 수출됐다.[19] 내부 경쟁이 치열하다는 이유 때문에, 그리고 외국 시장에서 파는 것이 더 수익률이 높기 때문에 중국 전기차 회사들은 수출을 늘리는 것 말고는 살아남을 방법이 없다. 로듐 보고서를 인용하자면 비야디의 실U Seal u 모델은 중국에서 2만 500유로, 유럽에서 4만 2,000유로에 판매된다. 중국 시장에서 한 대를 팔아 얻는 수익은 1,300유로인데 유럽에서는 1만 4,300유로를 번다. 그 차액을 겨냥해서 유럽이 관세를 올린 것이다.

"정치적으로
지속불가능"

가격 경쟁력 있는 제품이 못 들어오게 막는 것이 바로 보호무역주의다. 미국과 유럽은 보호주의를 하면 안 된다며 자유무역을 외쳐왔을 뿐 아니라 세계에 강요해왔다. 그런데 중국 전기차에 고율 관세를 매기는 것은 앞뒤가 안 맞는다. 중국 입장에선, 먼저 발전한 나라들이 후발 주자들을 밀어내는 '사다리 걷어차기'라고 얘기한다. 반면 유럽연합은 중국 전기차의 가격 경쟁력이 시장 논리로 형성된 게 아니라고 주장했다. 임금을 묶어서 생산 비용을 낮춰주고, 국영 은행들이 금융 지원을 해주고, 연구 개발에는 정부가 보조금을 주는 식으로 중국 당국이 '기울어진 운동장'을 만들고 있다는 것이다. 유럽연합 집행위원회는 2023년에 중국산 전기차의 보조금을 조사했다. 유럽 자동차 업계에서는 2010년대 초부터 중국 당국이 인센티브를 준 덕분에 중국에서 전기차 스타트업이 급증하고 배터리 셀 용량이 증가해, 세계적으로 경쟁력 있고 저렴한 전기차를 위한 길을 열었다고 본다.

이것이 과연 중국차를 규제할 정당한 명분이 되는지는 논란거리다. 중국 정부는 유럽연합의 보조금 조사를 "노골적인 보호주의"라고 비난했다. 그러나 논리 여부를 떠나 유럽연합 각국 정부에 중요한 것은 결국 유럽 차들이 경쟁력에서 밀린다는 사실, 그리고 중국 전기차 제조 업체들은 이미 미국 시장에서는 높은 관세와 정치적 저항에 직면해 있기 때문에 유럽 시장을 더욱 중시할 수밖에 없다는 현실이다. 국제에너지기구IEA 분석대로라면 관세를 올리지 않을 경우 중국 전기차는 2024년 유럽연합 시장의 11%, 2027년에는 20%를 차지할 것으로 예상됐다.[20]

물론 유럽의 보조금 조사와 관세 인상이 중국 전기차만 겨냥한 것은 아니다. 중국에서 자동차를 선적하는 BMW나 테슬라 같은 업체들도 타격을 받는다. 유럽의 요구는 명확하다. 그러기 싫으면 생산 시설을 유럽으로 옮기라는 것이다. 그래서 실제로 전기차 제조 업체들은 유럽으로 생산 거점을 옮기는 작업을 진행하고 있다. 비야디는 헝가리에 공장을 건설할 계획이다. 하지만 중국과 유럽의 무역 충돌은 앞으로 더 첨예해질 것이 분명하다.

고전경제학자들은 경제 논리만을 가지고 세상을 설명한다. 그러나 현실은 그렇게 돈 계산만으로 이뤄져 있지 않다는 것을 모두가 안다. 미국이나 유럽에서 만들어 파는 전기차보다 중국산의 '가성비'가 더 높다면 소비자들은 중국 차를 살 것이다. 고전경제학에서 이야기하는 것은 딱 여기까지다. 사람들은 소비자로서만 존재하는 게 아니다. 누군가는 독일이나 미국이나 이탈리아의 자동차 공장이나 부품 회사에서 일하고 있을 것이고, 누군가는 그런 직접적인 관계가 없더라도 자기네 나라 자동차 산업이 망해서 나라 경제 혹은 지역 경제가 흔들리는 것을 바라지 않을 것이고, 누군가는 '외국산'에 대한 심정적인 거부감 때문에라도 되도록이면 자기네 나라 자동차를 사고 싶어 할 것이다.

    2008년 미국발 금융 위기 여파로 일어난 2010~2012년 재정 위기로 유럽 경제는 한 차례 무너졌다. 2016년 영국이 브렉시트를 선언한 데에는, 유럽연합으로 묶여서 다른 나라들을 도와야 하는 의무에서 벗어나고 싶어 하는 영국인들의 심리가 적잖게 작용했다. 남유럽을 강타한 재정 위기 시절의 경기 침체에서 완전히 회복되지 못한 유럽은 2020년부터 다시 코로나19 팬데믹에 따른 위기를 맞았다. 유럽 경제의 기관차라는 독일뿐 아니라 이탈리아 같은 나라도 자동차 산업이나 독일 자동차 업계와 연계된 부품 생산으로 묶여 있다. 이 나라들에 자동차 산업은 그저 단순히 여러 산업 가운데 하나인 것이 아니다. 어느 나라에서든 자동차 산업은 국가의 핵심 제조업으로 산업 구조에서 중요한 비중을 차지한다. 그 산업이 흔들린다면, 중국 전기차의 영향력이 어느 정도이든 간에 중국은 외부에서 침탈해 온 적으로 지목당하지 않을 수 없으며 그것이 그 나라 정치에도 영향을 미치게 된다. 유럽인들이 '중국 차 때문에 우리가 망한다'라는 인식을 굳히게 되면 유럽연합의 결속력마저 흔들릴 가능성도 배제할 수 없다. 폰데어라이엔 유럽연합 집행위원회 위원장은 2024년 초에 "중국의 수출 드라이브는 유럽에서 정치적으로 지속가능하지 않다"라고 말했다. 경제적으로 서로 의존하고 있다 해도, 유럽연합 회원국 안에서 중국산에 대한 반감이 커지면 정치적 의제가 되고 결국 무역 갈등이 불가피하다는 것이다.

시한폭탄이 되어가는
'세계의 굴뚝'

경제가 크는 동안에 중국에서는 거의 전 산업 분야에 걸쳐 생산 시설이 기하급수적으로 늘었다. 그 용량과 중국 내부의 경쟁 때문에 필연적으로 과잉 생산을 하게 되고, 넘쳐나는 물량을 외국으로 밀어내는 '덤핑 수출'을 하게 되는 구조다. 그래서 철강과 자동차 등등 온갖 분야에서 사실상 중국과 세계 전체의 무역 전쟁이 벌어지고 있다.

외부와의 갈등만이 문제인 것은 아니다. '나라는 부자가 되어가는데 국민은 여전히 가난한' 구조를 국민들이 무한정 참고 견뎌낼 수는 없다. 과거보다 중국인들의 생활 수준은 엄청나게 높아졌지만 여전히 지역 격차가 크고, 빈부 갈등도 갈수록 커진다. 제조업 중심으로 산업을 키우던 정책을 바꿔 내수 시장을 키워야 하고, 그러려면 중국인들의 소득이 늘어야 하고, 시민들이 지갑을 열 수 있도록 정부가 도와줘야 한다. 그러나 여전히 중국은 수출 의존도를 낮출 생각이 없어 보인다. 내연기관 자동차에 국가 보조금을 지급하는 정책은 이제 중단했지만, 각 지방의 경쟁으로 생산 능력이 연간 4,000만~5,000만 대에 이른다. 2023년 세계에서 판매된 전기차가 모두 합쳐 1,400만 대가 조금 못 됐는데[21] 중국은 저 정도 생산 능력을 갖고 있다. 그래서 시설 과잉이라는 얘기가 나오는 것이다.

중국산 태양광 패널은 유럽에서 대폭 할인된 가격에 판매된다. 미국이 그토록 화웨이를 견제하면서 중국 정보기술을 옥죄려고 했지만 중국은 세계 휴대전화의 3분의 2를 생산한다.

중국 내부로 시선을 돌려보면, 실업률이 높아지고 있고 빚내서 집을 산 사람들이 대출금을 상환하지 못해 허덕인다. 중국 경제에 대한 신뢰가 줄어드니 돈을 안 쓰고 묶어둔다. 그러면 소비를 진작시켜 돈이 돌아가게 하고, 경제가 안에서 활성화되게 해야 한다. 그런 조치를 중국 정부가 눈에 보이게 취해야만 중국 내부는 물론이고 세계에서 중국을 신뢰할 수 있게 된다.

전국인민대표대회(전인대)와 중국인민정치협상회의(정협)의 연례 전체 회의를 '양회'라 부른다. 2024년 양회에서 중국이 내수를 키우고 수출 의존을 낮추기 위한 적극적인 대책을 내놓아야 한다는 얘기가 많았다. 그러나 중국은 그런 의지를 보여주지 못했다. 미국 외교 전문지 〈포린 어페어스〉는 "양회에서 중국은 과잉 생산을 그대로 두고 수출 정책을 계속 추구한다는 메시지를 고수했다"라고 평가했다.[22] 시진핑 주석 3기에 들어선 뒤 중국은 정치적 민주화에 대한 요구를 내리누르는 데에 급급해 점점 더 억압적으로 변하고 있다. 국민들을 설득할 가장 좋은 명분은 경제 발전이고, 그러려면 성장률이 급격히 떨어져서는 안 되고, 그러니 수출을 계속해야 하는 악순환이다. 하지만 중국의 과잉 생산과 '밀어내기'가 이제는 글로벌 무역 시스템이 감당할 수 없는 수준이 되어가고 있다. 결국 세계 각국과 중국의 무역 갈등은 더 많아질 것이다.

시진핑 주석은 2024년 5월 프랑스 파리에서 에마뉘엘 마크

롱ᴇmanuel Macron 프랑스 대통령, 폰데어라이엔 유럽연합 집행위원장과 3자 회담을 했다. 시 주석은 주로 전기차 문제, 즉 유럽연합의 반덤핑 조사에 항의하면서 "중국산 제품이 유럽의 인플레이션을 줄여주고 있다"라고 주장했다.

시 주석 주장에도 일리는 있다. 그리고 중국도 경제구조를 바꾸려고 노력하지 않는 것은 아니다. 중국도 이제는 정부가 도로 깔고 철도 놓고 공장 짓는 것만으로 경제를 발전시키는 데에 한계가 있다는 것을 안다. 그래서 '비물질적 인프라'를 포함한 혁신에 중점을 두겠다는 입장을 밝혀왔다. 오랫동안 중국 경제정책의 중심이었던 인프라 투자 대신에 교육이나 녹색 경제, 디지털 인프라 투자로 바꾸고 있다. 다른 나라들이 지속가능성이라는 기준을 요구하면 중국은 '위장된 보호주의'라고 비난하지만, 그러면서도 세계의 흐름에 맞춰 변신하려고 애는 쓰고 있다. 그럼에도 중국이 세계로 상품을 밀어내는 것을 멈추지 않으니 문제가 여기저기서 터져 나온다. 이제는 세계의 공장이 세계의 골칫거리가 되어가고 있는 것이다.

중국은 부자 나라들의 '사다리 걷어차기'를 욕하지만 너무나 기본적인 역사적 사실을 모른 척한다. 미국 경제가 세계를 압도하던 시절에 미국은 남의 나라 물건을 사들였다. 중국은 그러지 않는다. 물건을 팔기만 한다. 세계는 중국이 망하기를 바라는 게 아니다. 모두가 중국 경제와 얽혀 있고, 중국이 연착륙을 하기를 바란다. 중국이 경제구조를 바꿀 수 있을까. 세계와 공존할 수 있을까.

브릭스,
친구 맞아?

브릭스BRICS는 2001년 골드만삭스의 애널리스트가 신흥 경제 대국들을 분석하면서 만든 용어다. 2009년 브라질, 러시아, 인도, 중국 4개국이 모임을 가졌고 2010년 공식 브릭스 정상회의가 열렸다. 이때만 해도 마지막 약자는 소문자 s였는데 남아프리카공화국이 추가되면서 대문자 S가 됐다. 2023년 8월 15차 브릭스 정상회의에서 시릴 라마포사 남아프리카공화국 대통령은 아르헨티나, 이집트, 에티오피아, 이란, 사우디아라비아, 아랍에미리트UAE가 2024년 1월 1일부터 합류한다고 발표했다(다만 아르헨티나는 2023년 12월 집권한 하비에르 밀레이 대통령이 전임 행정부 시절의 결정을 뒤집으면서 가입을 철회했다). 2025년 초에는 인도네시아와 나이지리아도 가세했다. 튀르키예, 아제르바이잔, 말레이시아도 가입을 신청한 상태다. 브라질, 러시아, 인도, 중국은 인구와 면적도 넓지만 실질 GDP(구매력 기준)로 봤을 때 경제 규모도 세계 10대 국가에 들어가며, 남아프리카공화국을 포함한 다섯 개 초기 회원국은 모두 G20 회원국이다.

몸집 불린 브릭스

원래는 투자 유치가 이 나라들의 주된 관심사였는데 2000년대 중후반 미국의 이라크 침공으로 유가가 올라가면서 원자재 수출국인 이 나라들의 몸값이 대폭 올라갔다. 특히 중국이 신흥 경제 대국으로 부상하면서 브릭스에도 더욱 힘이 실렸다. 에이즈 치료제의 특허권과 관련해서 인도와 브라질, 남아프리카공화국 등은 이미 거대 제약 업체들에 맞서 제네릭(카피 약) 생산권을 얻어내는 등 협력한 경험이 있었다. 중국의 발언권이 세진 것도 있지만 루이스 이나시우 룰라 다 시우바 대통령 집권 1기(2003~2010년) 시절의 브라질 역시 미국의 일방주의에 맞서 목소리를 내며 개발도상국의 대변인 역할을 자처한 바 있다. 그 덕에 브릭스는 마치 냉전 시절이던 20세기 중반기의 '비동맹 운동Non-Aligned Movement' 그룹처럼 국제사회에서 존재감을 키울 수 있었다.

그러다가 한동안 주춤했는데 상황이 다시 바뀌었다. 미국이 중국과 갈등을 빚고, 러시아는 우크라이나 침공으로 고립됐다. 그러던 차에 브라질의 룰라가 2023년 다시 대통령이 되어 돌아왔다. 걸프 국가들도 예전의 친미 일변도 정책에서 탈피하는 분위기였고, 이런 국제 정세와 맞물리면서 미국의 '줄 세우기'에 반대하는 덩치 큰 나라들의 모임으로 브릭스가 다시 떴다.

하지만 브릭스 멤버들은 신흥 경제국들 가운데 덩치가 큰 만큼 제각기 국제 무대에서 '말발'을 세우려는 나라들이고, 이해관계도 복잡하게 얽혀 있다. 야심 차게 회원국을 늘린 것까지는 좋았지만, 미국과 유럽이 중국과 무역 전쟁을 벌이고 있는 상황에서 브릭스 국가들 또한 모두 중국과 트러블을 빚고 있다.

일례로 브릭스가 확대된 지 얼마 지나지 않은 2024년 3월, 브라질 산업부가 중국산 철강을 비롯한 공산품 수입에 대해 반덤핑 조사를 벌이고 있다는 보도들이 나왔다.[23] 브라질 산업부는 강철에서 화학제품과 타이어에 이르기까지 다양한 제품에 대해 2023년 하반기부터 조사를 하고 있다. 중국이 부동산 경기 침체와 내수 부진을 겪으면서 과잉 생산 문제가 불거지고 세계가 중국의 수출 홍수에 대비하고 있는 시점에 브라질도 미국과 유럽에 이어 중국과의 무역 전쟁에 나선 것이다. 중국 세관 데이터에 따르면 중국의 대브라질 수출과 수입은 2024년 1~2월 전년 동기 대비 3분의 1 이상씩 늘었다. 브라질 화학산업협회는 "이러한 약탈적 영업에 맞서고 국내 시장을 보존하는 데에, 일시적인 수입 관세 인상이 필수적인 규제 도구가 될 것으로 본다"라는 논평을 냈다. 단기간에 중국산이 쏟아져 들어오는 것을 중국의 덤핑에 따른 '약탈적 행위'로 본 것이다.

겉으론 동맹, 실제론 경쟁자

2023년에 브라질은 중국에 1,040억 달러 이상의 상품을 수출했고 530억 달러를 수입했다. 그해 브라질에서 선적된 1억 1,100만 톤의 대두 중 70%, 약 390억 달러어치가 중국으로 들어갔다. 대두는 육류 소비가 늘어나는 중국이 꼭 수입해야만 하는 사료용 농작물이다. 이처럼 무역액만 놓고 보면 브라질이 흑자다. 하지만 브라질은 자체적으로 자동차 산업을 키우고 있고, 원자재 수출국이 아닌 제조업 대국이 되고 싶어 한다. 룰라 대통령은 2023년 대통령직에 복귀해 세 번째 임기를 시작한 이후 산업 정책을 경제 전략의 핵심으로 삼고 있다. 브라질 입장에서 중국은 최대 무역 파트너이자 대두와 철광석 같은 원자재를 사가는 큰 손이니 웬만하면 중국과의 대립을 피하고 싶겠지만, 중국산 수입품과의 전쟁을 해야 하는 딜레마에 빠진 것이다.

그 과정에서 나온 것이 덤핑 조사였다. 대표적인 품목이 철강이었다. 브라질의 중국산 철강 수입액은 2014년 16억 달러에서 10년 만에 27억 달러로 증가했다. 브라질 국영 철강 회사_{Companhia Siderurgica} _{Nacional, CSN}의 요청에 따라 덤핑 조사가 시작됐다. CSN 측은 2022년 7월부터 2023년 6월까지 1년 사이에만 특정 유형의 중국산 탄소 강판 수입이 거의 85% 증가했다고 주장했으며 브라질 산업부는 "중국의 수출에서 덤핑 관행을 보여주는 요소들이 많다. 이러한 관행으로 국내 산업이 피해를 입고 있는 것으로 보인다"라고 했다.

브라질 철강 업체들은 정부에 수입 철강 제품 관세를 9.6%에서 25%로 올릴 것을 요구했다. 브라질은 철광석을 많이 수출하는 나라다. 하지만 가공된 철강은 국내 생산분이 모자라 수입한다. 경제의 구조적인 문제이고, 브라질 정부는 당연히 철강 산업을 키우는 데에 주력할 수밖에 없다. 브라질 산업부는 철강뿐 아니라 중국산 화학물질과 타이어도 조사에 들어갔다.

인도는 중국산 수입을 제한하기 위해 세계 어느 나라보다 많은 반덤핑 명령을 도입했다. 2024년 1월 인도는 자국 제조 업체를 보호하기 위해 작업용 기계인 휠로더, 석고 타일, 산업용 레이저 등 중국 제품 3종에 5년 동안 반덤핑 관세를 매긴다고 발표했다. 상무부 조사 부서인 무역국제국이 이 제품들이 인도 시장에 정상 가치보다 낮은 가격으로 수출되어 덤핑을 초래했다고 결론을 내린 데 따른 것이다. 석 달 뒤에는 중국산과 일본산 불용성 유황 반덤핑 조사를 시작했다. 불용성 유황은 고무 산업에 사용되는 화학물질이다.[24] 중국과 인도 관계에서 근본적인 문제는 무역 불균형이다. 2022~2023년 동안 인도의 중국 수출액은 153억 달러였던 반면에 수입액은 985억 달러로 832억 달러의 무역 적자를 기록했다.[25]

남아프리카공화국 무역위원회도 중국산 수입품을 대대적으로 조사하고 반덤핑 조치들을 내놨다. 2023년 8월에는 중국산 타이어[26]에, 2024년에는 중국산 철강 제품[27]과 차량용 유리[28]에 관세를 매겼다.

브릭스 국가들은 친구라면 친구이지만 제조업을 키우는 중국의 경쟁자들이다. 그러나 중국산 공산품이 물밀듯 들어오는 것을 걱정하는 신흥 국가들은 이들 외에도 많다. 태국 정부도 중국 기업들이 반덤핑 관세를 회피하고 있다고 비난했고, 주된 품목으로 철강을 거론했다. 베트남 정부는 중국산 풍력발전기와 몇몇 철강 제품에 대한 덤핑 조사를 벌였다. 베트남, 태국, 말레이시아, 인도네시아에 대한 중국의 철강 수출은 특히 2023년 말부터 2024년 상반기 몇 달 사이에 급증했는데, 이는 과잉 생산된 물량을 집중적으로 밀어냈기 때문이라고 수입국들은 의심하고 있다.

10장

인도의
힘겨운
'반도체 드림'

2023년 7월, 폭스콘Foxconn 때문에 인도가 시끌벅적했다. 발단은 대만 전자 기기, 반도체 제조 회사 폭스콘이 인도의 베단타Vedanta Limited와 조인트벤처 사업을 하기로 했다가 '안 하겠다'며 뒤집어 엎은 것이었다. '아이폰 만드는 회사'로 유명한 대만의 폭스콘은 그 전해에 인도에 반도체 칩을 생산하는 합작 공장을 만든다는 계획을 세웠다. 사업 규모가 195억 달러에 이르는 프로젝트였다.

협업이 물 건너간 이유는 베단타 측과 협상이 원활치 못해서였다고 한다. 합작회사의 기술 파트너로 유럽의 칩 제조 업체 ST마이크로일렉트로닉스를 확정하려고 했는데 그 과정에서 이견이 있었던 것으로 전해졌다. 폭스콘이 베단타의 재정 상태를 못 미더워했다는 얘기도 나왔다. 베단타는 원래 전자제품이나 정보기술과는 관련 없는 광업 회사다. 인도의 고아, 카르나타카, 라자스탄, 오디샤 등에서 철광석, 금, 알루미늄을 채굴하고 제련하는 광산업을 하고 있다. 그런데 빚이 많다는 소문이 돌더니 2023년 들어와서 신용 평가 회사 무디스가 베단타 모기업의 신용 등급을 강등했다. 1년 새 순 부채가 두 배 이상 띈 사실도 재무 보고서를 통해 확인됐다.

닭 쫓던 개가 된
인도

빚이 늘어가는 베단타와 관계를 끊은 폭스콘은 "최적의 파트너를 찾고 있다"면서 "인도가 강력한 반도체 제조 생태계를 만들어낼 것으로 믿는다"라고 했다. 인도 시장에 투자한다는 계획엔 변함이 없으며 다만 다른 파트너를 물색 중이라는 얘기였다. 새 협력 상대를 찾아내 인도 정부가 지원하는 생산 연계 인센티브PLI를 다시 신청할 것이라고 했다.

폭스콘은 "인도 투자를 부정적으로 보는 것이 아니다"라고 강조했지만 이 사달이 나면서 인도의 성장 가능성이 다시 도마에 올랐다. 인도의 벵갈루루와 하이데라바드는 정보기술 산업으로 유명하고, IT 인재들을 키우는 유수의 대학들이 해마다 인력을 배출한다. 그 덕에 미국 실리콘밸리에는 인도 출신 고급 인력이 넘쳐난다. 하지만 그런 저력에도 불구하고 인도는 여전히 미국 기업들의 하청 업체 혹은 '글로벌 콜센터' 취급을 받는다. 저임금 노동력을 발판으로 글로벌기업들의 아웃소싱을 담당해왔을 뿐 반도체 칩 생산 같은 제조업 기반을 만들지는 못했다.[29]

나렌드라 모디 총리가 이끄는 인도 정부는 잠재력을 현실로 끌어올리겠다면서 2022년 반도체와 디스플레이 팹(생산 시설) 생태계 구축 계획을 발표했다. 100억 달러의 인센티브를 쏟아부어 "2026년까지 인도의 반도체 시장을 630억 달러로 키우겠다"라고 공언했다. 그런데 가장 덩치 큰 프로젝트를 내놨던 폭스콘이 베단타와 갈라서 버렸다. 모디 총리에게는 엄청난 타격이 아닐 수 없었다. 더구나 이들이 손잡고 만들 공장은 모디 총리의 정치적 기반인 구자라트주에 세워질 예정이었다.

인도의 야심 찬 '반도체 드림'에 외부에서는 고개를 갸웃한 것이 사실이다. 2022년 3개 기업이 인도 정부에 공장 설립안을 내놨는데 하나는 베단타-폭스콘 합작회사였고, 또 하나는 아랍에미리트의 넥스트 오빗 벤처스Next Orbit Ventures가 중심이 된 국제 컨소시엄이었다. 이 팀은 이스라엘 반도체 회사인 타워 세미컨덕터Tower Semiconductor Ltd.를 기술 파트너로 삼아 30억 달러 규모 칩 공장을 짓겠다 했는데 미국 인텔이 타워를 인수하면서 계획이 붕 떴다. 인텔은 독일에 칩 제조 공장을 짓고 폴란드에 조립·테스트 시설을 세운다는 계획을 발표했으니 인도는 심하게 말하면 '닭 쫓던 개' 처지가 됐다. 또 하나는 싱가포르에 본사를 둔 IGSS 벤처스였는데 역시 30억 달러 규모의 공장 설립안을 낸다더니 어쩐 일인지 중단했다.[30]

인도 정부가 하나 기대한 것은 미국 메모리 반도체 회사 마이크론과 반도체 조립 공장을 세우는 양해각서를 체결한 일이었다. 모디 총리는 이를 2023년 6월 미국 방문의 최대 성과로 홍보했다. 그런데 마이크론이 최대 8억 2,500만 달러를 투자할 것으로 알려졌지만 비용 대부분은 인도 측이 낸다는 사실이 공개됐다. 이 또한 구자라트에 짓기로 했는데, 인도 정부와 구자라트주 정부가 총 27억 5,000만 달러를 투자한다고 했다. 게다가 마이크론과 합의한 것은 생산 공장이 아니라 조립·포장·테스트 시설이었다.

〈인디언 익스프레스〉 등은 폭스콘 공장이 무산된 뒤 "한국의 SK하이닉스가 인도에 반도체 조립·테스트 시설을 만드는 계획을 검토하고 있다"라고 보도했다. 메모리 반도체 분야는 삼성과 SK하이닉스, 미국 마이크론 등이 주도하고 있다. 인도의 글로벌 프로젝트에 세계 반도체 시장의 강자인 삼성, TSMC, 인텔 같은 기업이 관심

2022년 G20 정상회의에서 나렌드라 모디 인도 총리와 조 바이든 미국 대통령이 만나는 모습. 모디 총리는 미국과 적극 협력하여 인도가 디지털 강국이 되고 반도체 패권 전쟁에서 '허브' 역할을 맡을 수 있기를 기대하고 있다. ©Adam Schultz

을 보이지 않는다며 부정적으로 평가하는 이들이 적지 않았다. 인도 측은 마이크론을 내세워서 폭스콘이 던진 정치적 충격을 무마하려는 모양새였고 여기에 SK하이닉스도 등장한 것인데, SK하이닉스는 '사실무근'이라며 보도를 부인했다. 또 인도 대기업 타타 그룹이 반도체 제조를 검토하고 있다, 일본 정부 주도로 NEC와 히타치 등 19개 기업이 출자한 반도체 회사 르네사스RENESAS가 관심을 보였다는 보도도 나왔으나 역시 구체적인 내용은 없었다.

IT 강국인데
반도체는 못 만드는 이유

〈힌두스탄 타임스〉에 따르면 세계 반도체 설계 엔지니어의 20%가 인도 출신이다.[31] 하지만 지적재산권은 대부분 외국 기업이 갖고 있다. 미국의 매출 상위 10대 반도체 회사들은 인도에 디자인 센터를 두고 있으나 생산은 하지 않는다. 그래서 인도는 단순한 반도체 생산 기지를 넘어서 '지적재산의 토착화'를 원한다.[32] 그런데 구상이 휘청거리는 것은 이 원대한 기획 자체가 경제적 타당성에 근거하기보다는 지정학적 틈새를 겨냥해서 나왔기 때문일 수 있다.

인도는 미국과 중국이 반도체 전쟁을 벌이고 중국과 대만 관계도 전에 없이 험악해진 상황을 틈타 인도를 세계의 반도체 허브로 만들겠다고 했다. 미국은 2022년 8월 자국 내 칩 제조에 약 2,800억 달러의 보조금을 제공하는 법안을 통과시켰고, 중국 반도체 업계에는 계속 제재를 추가했다. 모디 총리는 그해 5월 조 바이든 미국 대통령과 만나 핵심·유망 기술 이니셔티브iCET를 발표했고, 이듬해 방미에서도 기술 협력을 중점적으로 논의했다.[33] 하지만 넘어야 할 산이 있다. 인도의 핵 문제다.

냉전 시기 핵 개발에 나선 인도는 그 때문에 미국과 사이가 좋지 않았다. 1990년대 말부터 관계가 풀리긴 했지만 미국은 국방과 우주 기술의 수출을 규제하는 몇몇 조항을 지금까지도 인도에 계속 적용하고 있다. 상업용 반도체의 핵심 분야에서 협력을 해야 하는데,

인도는 핵확산방지조약NPT 가입을 거부해온 까닭에 국제사회의 기술 협력 체제에서 아직까지 따돌림당하는 처지다. 'IT 강국인데 반도체는 못 만드는 나라'가 된 데에도 첨단 기술에서 소외된 것이 영향을 미쳤다. 인도가 늘 자랑하듯 '전략적 자율성'을 가진 비동맹 국가로서 생명공학과 우주 기술 등 여러 분야에서 어느 정도는 스스로 성공을 거뒀으나 글로벌 생산 체인에서 언제까지나 하류에 머물 수는 없다. 인도는 미-중 반도체 전쟁을 틈타 미국과 기술 교류를 늘리면서 규제를 풀어가고 싶어 하지만, 중국과 사이가 나쁘기로서니 미국이 이 문제에서 인도에 호락호락할 것 같지는 않다.

지정학적 계산으로만 공장을 돌릴 수는 없다. 칩을 만들려면 공장이 있어야 하고, 전력이 안정적으로 공급돼야 하며, 숙련된 인력이 많아야 한다. 생산한 칩을 소비할 자국 내 시장도 필요한데 인도는 아직 역부족이다. '인도의 실리콘밸리'라는 벵갈루루가 성장하던 1980년대에 이미 펀자브주에서 반도체 공장을 설립하려는 움직임이 있었다. 그러나 1989년 의문의 화재로 시설이 불타버렸다. 미국의 '칩4 동맹'에 들어가 있는 한국, 일본, 대만과 비교하면 인도의 기술 수준은 20년 정도 뒤처져 있다는 평가를 받는다.

중국은 2015년 '메이드 인 차이나 2025' 계획을 세우고 반도체 자급률을 끌어올렸다. 인도는 이를 베낀 듯 '메이드 인 인디아' 프로젝트를 내놨다. 이제 와 지정학적 기회를 노리지만 역설적으로 여기서 다시 지정학이 인도의 발목을 잡는다. 미국은 '반도체 동맹국'들을 압박해 중국과의 거래를 줄이도록 유도하고 있다. 그러나 인도가 반도체 산업을 키우려면 필요한 원자재와 부품의 상당수를 중국으로부터 사들여야 한다.

모디의 꿈,
실현될 수 있을까

반도체 전쟁에 뛰어들려니 대만이 필요해진 인도는 타이베이와 관계를 강화하려 애쓰고 있다. 인도와 대만의 교역액은 2001년 10억 달러를 약간 넘었던 것에서 2021년 70억 달러 이상으로 늘었다. 대만 대표 사무소가 뭄바이에 새롭게 문을 열기도 했다. 그러나 그동안 중국을 의식해 대만에 어정쩡한 태도를 보인 것은 인도였다. 대만은 최대 반도체 회사인 TSMC가 인도에 거점을 만들 수 있도록 하려고 애썼고 자유무역협정과 양자 투자 협정을 제안했다. 그러나 인도가 여러 정치적·산업적인 이유로 난색을 표했다.

　딜레마에 빠진 인도를 중국은 어떻게 보고 있을까. 중국 관영 언론인 〈글로벌 타임스〉는 "중국의 노동력이 칩과 전자제품을 생산할 수 있는 수준으로 올라간 것은 하루아침에 이뤄진 일이 아니다"라면서 "인도가 야심 찬 계획을 세운 것은 미국의 부추김 때문이었겠지만, 지정학 중심의 발전 경로는 막다른 골목일 뿐"이라고 적었다. "미국을 맹목적으로 따르는 대신 제조업 기반을 닦아라, 그러기 위해 중국을 포함한 파트너들과의 협력부터 시작하라"라고 충고하면서 코끼리가 나룻배에 침을 싣고 힘겹게 노 저어 가는 삽화를 붙였다.[34] 인도 입장에서 보면 얄미울 것이다. 하지만 앞서 얘기한 것처럼 자기 출신 지역인 구자라트에 산업 투자를 몰아주려 했던 모디 정부의 계획을 보면 알 수 있듯이, 모디 정부의 행보에는 늘 정치적 요인들이 끼어 있었다.

모디 총리는 2024년 4월부터 6월 초 사이에 걸쳐 치러진 선거에서 승리했다. '세계 최대의 민주 선거'에 세계의 시선이 쏠리긴 했지만 모디 진영의 압승이 예상됐던 것과 비교하면 선거 결과는 뜻밖이었다. 10년간 집권하면서 경제 실적을 자랑했지만 무슬림 주민들을 노골적으로 차별하고, 북부의 자치 지역인 잠무-카슈미르를 고강도로 탄압하면서 자치권을 아예 빼앗아버린 모디 정부에 상당수 유권자들이 등을 돌렸다. 하원 의석 과반을 차지하긴 했지만 뜻밖에 야권이 선전을 했다. 힌두 민족주의를 내세운 정치적 선동에 대한 거부반응이었다는 해석이 줄을 이었다.

모디 총리는 선거 다음 달 소셜미디어 X에 올린 글에서 '디지털 인도Digital India'로 이름 붙였던 정보화 이니셔티브가 인도인들의 생활을 편리하게 해주고 투명성을 확대했다고 자찬했다. 모디 정부가 집권 이듬해부터 9년 동안 추진해왔던 정책이 성과를 보고 있다는 것이었다. 인도의 정보화는 실제로 가속화돼 있고, 많은 외국 기업들에게 인도는 거대 시장을 가진 몇 안 남은 기회의 땅이다. 인도가 여러 기술 분야에서 약진하고 있는 것도 사실이다. 그러나 갈 길은 여전히 멀어 보인다. 미국과 중국이 아시아를 넘어 세계에서 맞붙고 있는 지정학적 현실 속에서 인도의 계획이 성과를 거둘 수 있을까. 인도는 군사 분야에서든 경제적으로든 비동맹 노선의 틀을 견지하되 늘 '케이스 바이 케이스'로 접근하려 해왔다. 하지만 아시아에서 중국에 맞선 지역 패권 국가가 되기를 꿈꾸는 한, 중국과의 잠재적 대결을 늘 염두에 두지 않을 수 없다. 오랜 역사와 거대한 땅만큼이나 복잡하고 야심 찬 나라, 인도가 가는 길은 지금까지 그랬듯 앞으로도 꽤나 구불구불할 것 같다.

'다음번 중국'은
어디?

'넥스트 차이나'를 꿈꾸는 나라들은 인도 외에도 더 있다. 대표적인 예가 멕시코다. 이미 멕시코는 2010년대 중반 이후 컴퓨터 등 IT 기기의 주요 생산국으로 발돋움했다. 멕시코는 미국과 중국의 경쟁 국면에서는 등거리 외교로 실리주의를 강화하면서, 동시에 미국과 붙어 있다는 지리적 특성을 활용해 미국 중심의 공급망 재편에서 부수익을 노리려 하고 있다. 2022년 테슬라는 50억 달러를 들여 멕시코에 전기차 생산 공장을 짓겠다고 발표했다. 멕시코에 공장을 짓는 미국 기업들의 움직임을 가리켜 가까운 나라를 선호하는 니어쇼어링nearshoring이라는 표현을 쓰기도 한다.

하지만 멕시코의 전략에 대해서는 제조업 비중이 높음에도 결국은 미국이라는 시장을 겨냥한 생산 기지를 벗어나지 못하고 있다고 저평가하는 이들도 적지 않다. 실상 멕시코에서 제조업이 성장하게 된 가장 큰 계기는 1994년 발효된 미국, 캐나다와의 북미자유무역 협정North American Free Trade Agreement, NAFTA이었다. 이미 1960년대부터 생겨났던 마킬라도라Maquiladora라고 부르는 수출형 면세 공장들이 NAFTA 발효 뒤 급증했다. 고용이 늘고 수출이 호황을 누렸다. 그러 나 미국의 개발경제학자 클레이튼 크리스텐슨Clayton Christense 등은 멕시코의 사례를 '효율성 혁신'이라 부르며 그 한계를 지적한 바 있 다. '효율성 혁신'이라고 하면 그럴싸하게 들리지만, 크리스텐슨의 설명에 따르면 이런 혁신과 투자는 많은 사람이 기대하는 유형의 번 영, 모두가 더 잘살게 되는 발전을 가져다주지 않는다. 왜냐하면 효 율성 혁신을 기반으로 하는 전략은 기존의 자산이나 새로 획득한 자 산을 가지고서 최대한 많은 것을 뽑아내는 것을 목표로 하기 때문이 다.[35] 공장을 다른 나라에 지어 생산 비용을 낮추는 것은 가장 손쉬 운 효율성 혁신 수단이다. 이런 공장들에서 생산되는 제품은 생산지 가 아니라 멀리 떨어진 시장, 멕시코의 경우로 보면 미국에서 팔린 다. 그래서 이런 종류의 생산 시설들이 늘어나면 고용이 다소 늘어 나는 효과는 있을지 몰라도, 공장이 세워진 지역의 서비스업을 키우 거나 교육 등 인프라를 발전시키거나 든든한 내수 시장을 만들어주 는 데에는 한계가 있다. 그뿐 아니라 그저 비용 절감 차원에서 공장 을 옮긴 기업들은 임금 등의 조건이 바뀌면 언제든 그 공장을 다른 곳으로 빼낼 수 있다.

2023년 멕시코와 미국의 교역액은 약 8,000억 달러에 이르렀고 멕시코는 미국의 최대 교역 파트너 자리를 차지했다.[36] 한국과 미국의 연간 교역량이 2,000억 달러에 조금 못 미치는 것을 생각하면 멕시코와 미국의 교역 규모를 가늠해볼 수 있다. 그러니 멕시코는 미국이라는 거대 시장을 활용해야 하지만, 동시에 미국 기업들의 저비용 생산 기지에서 벗어날 산업 전략을 추진해야 한다. 더군다나 2025년 출범한 미국 트럼프 정부는 중국 기업들이 관세를 피하기 위해 멕시코에 공장을 짓고 원산지 규정을 '우회'하고 있다며 멕시코를 압박하고 있다.

베트남은 아시아의 '다음번 번영 주자'로 각광받는 나라다. 일본을 '제일 앞에서 나는 기러기'로 삼고 일본 모델을 따라가며 산업국가로 발전한 아시아 국가들은 언제나 국제사회의 모범 사례들이었다. 한국을 비롯한 '아시아 호랑이들'이 그랬고, 중국이 그 뒤를 따랐다. 그다음 주자로는 대체로 베트남을 꼽는다. 베트남의 대표적인 기업인 빈그룹Vingroup을 보면 한국의 과거 발전 과정에서 재벌들이 했던 역할을 떠올리지 않을 수 없다. 특이하게도 1993년 우크라이나에서 설립돼 베트남으로 돌아와 거대 기업으로 성장한 빈그룹은 처음엔 인스턴트 라면을 만들었다. 회사가 커지자 놀이공원을 세우고, 통신사를 사들이고, 슈퍼마켓 체인을 인수했다. 2017년에는 자동차 공장을 지었고 2018년부터는 스마트폰을 생산했다. 스마트폰은 결국 손 뗐고, 자동차 제작 역시 아직은 다른 나라 기술을 빌려 조립하는 수준으로 알려졌지만 아시아의 호랑이들 모두가 거쳐온 경로를 베트남이 그대로 걷고 있음을 볼 수 있다.

그래서 베트남이 아시아 호랑이들의 뒤를 이을까? 중국에 이어 세계의 산업 기지가 될까? 일단 멕시코보다는 가능성이 높아 보인다. 현재 가치로 환산한 베트남의 GDP는 1990년 82억 달러에서 2000년 396억 달러, 2010년 1,430억 달러, 2020년에는 3,460억 달러로 커졌다. 2030년에는 7,000억 달러에 이를 것으로 예상됐다.**37** 정부 주도형 발전이 본격 궤도에 올라탄 것으로도 보인다. 빈 그룹 계열 자동차 회사 빈패스트VinFast는 2018년 연간 생산 능력이 25만 대라고 발표했지만 실제 차량 판매량은 한 해에 몇천 대 수준에 그쳤다. 그러나 2022년 전기차 제조사로 변신한다고 선언하더니 미국 공장 설립, 싱가포르 본사 이전 등등의 계획을 줄줄이 발표했다. 2024년에는 전기차 판매량이 5만 대에 이르러 손익분기점을 넘어설 것이라는 보도가 나왔다.**38**

우주로 나갈
다음 주자는?

반도체 칩은 못 만들지만, 우주선은 만든다. 그게 인도다. 인구 다섯 명 가운데 한 명은 여전히 글을 못 읽는데 첨단 기술과 과학 분야에서는 유독 높은 수준을 보여주는 나라. 2023년 8월 인도는 달 탐사선을 성공적으로 달의 극지대에 안착시켰다. 로켓을 발사하는 나라는 많지만 승무원 없이 탐사선을 연착륙시킨 것은 미국과 러시아(소련), 중국에 이어 인도가 네 번째였다. 인도의 달 착륙선 찬드라얀 3호Chandrayaan-3는 얼마 못 가 잠들었지만, 역사에 남을 성과를 거둔 인도는 그다음 계획으로 태양 탐사에 도전한다고 선언했다. 중국의 '우주굴기'에 인도도 도전장을 내밀고 우주 경쟁에 적극 나서는 양상이다.

1960년대부터 시작된 인도의 우주탐사 꿈

미국 NASA나 러시아 로스코스모스Roscosmos, 소행성 탐사에서 앞서 나가고 있는 일본 우주항공연구개발기구JAXA 등은 널리 알려져 있다. 달 탐사선 발사로 존재감을 과시한 인도에는 인도우주연구기구Indian Space Research Organisation, ISRO가 있다. ISRO는 우주부 산하 기구이지만 총리가 직접 관할하며, 우주부의 수장이 ISRO 의장을 맡는다. ISRO는 완전한 발사능력을 보유하고 극저온 엔진을 배치할 수 있으며 외계 임무를 수행하고 대규모 인공위성을 운영할 수 있는 세계에 몇 안 되는 우주 기관 중 하나다.

인도의 우주개발 꿈은 오래됐다. 1962년 자와할랄 네루 집권 시절에 정부 산하에 국립우주연구위원회INCOSPAR를 만들었고 이것이 모태가 되어 7년 뒤 우주연구기구로 재탄생했다. 중국을 견제하기 위해 핵 개발에 몰두하던 시절이었다. 1975년 첫 인공위성 아리야바타Aryabhata를 발사했지만 이때만 해도 론칭 시설이 없어 소련의 도움을 받았다. 1980년대와 1990년대 약진의 기간을 거쳐 지금은 세계 최대 규모의 원격 감지 위성군을 보유하고 가간GAGAN 등의 자체 위성 항법 시스템을 운영하는 단계에 이르렀다. 찬드라얀 3호의 성공을 비롯해 이미 달에 세 차례, 화성에 한 차례 탐사선을 보냈다. ISRO는 아흐메다바드의 물리연구소, 가단키에 있는 대기연구소, 고등교육기관인 우주과학기술연구소IIST 같은 연구 기관뿐만 아니라 우주항공 기술을 민간에 판매하고 수출하는 안트릭스, 뉴스페이스 인디아 같은 상업 부문도 보유하고 있다. 핵심 시설은 찬드라얀 3호가 날아오른 비크람 사라비아 우주센터Vikram Sarabhai Space Centre, VSSC다.

국가적 차원의 우주 연구를 시작한 뒤 맨 처음에 한 일이 남부 케랄라 주의 툼바에 적도로켓발사소TERLS를 만든 것이었다. 적도 부근에 위치한 이곳은 기상 연구와 상층 대기 연구를 위한 로켓 발사 장소로 선택됐다. 1963년 여기서 처음 발사된 로켓은 미국산이었다. 하지만 4년 만에 인도가 설계하고 제작한 최초의 로켓인 RH-75가 날아올랐다. 이 발사소는 인도 항공우주개발의 아버지인 물리학자 비크람 사라바이가 1971년 사망한 뒤 그의 이름을 따 비크람 사라바이 우주센터로 다시 명명됐다. ISRO에서 유인 우주탐사 연구를 이끌던 S. 우니크리슈난 나이르가 2022년부터 비크람의 발사 프로그램들을 총괄하고 있다.

유엔우주사무소UNOOSA에 따르면 유럽우주국ESA 같은 지역 기구나 스페이스X 등의 민간 회사를 빼고 정부 산하 우주개발 기관을 두고 있는 나라는 41개국에 이른다.[39] 북한 국가항공우주기술총국처럼 유엔에 등록되지 않은 기구들과 민간 기업까지 합치면 세계에 70개가 넘는 우주 기구가 있다. 우주탐사 전담 기구를 둔 역사로 치면 옛소련의 코스미체스카야(1956년 설립)에서부터 출발한 러시아가 가장 오래됐다. 그 뒤로 미국에 이어 아르헨티나, 파키스탄, 프랑스가 인도보다도 1년 빠른 1961년 관련 기구를 출범시켰다. 유럽 이외 지역에서는 인도네시아, 페루, 사우디아라비아도 출발이 빨랐다.

그러나 인공위성 제작 능력까지 갖춘 나라는 30여 개국뿐이며, 어느 나라 우주선을 이용했든 '우주인'을 배출한 나라는 32개국에 그치고 있다. 인공위성을 자체 제작할 수 있고 재사용 우주 발사체를 회수할 능력까지 가진 나라는 미국, 러시아, 중국, 일본, 인도 6개국으로 알려져 있으며 유럽우주국이 이 리스트에 추가된다.

아랍에미리트의 '희망', 케냐의 '자유'

냉전 시기 '스푸트니크 쇼크'가 열어젖힌 미-소 간 우주 경쟁은 신흥국들과 민간의 참여로 몇 차례 도약의 시기를 맞았다. 냉전이 끝나고 중국이 부상한 뒤 우주 경쟁의 2막, 3막이 연이어 펼쳐지는 중이다. 우주로 나아갈 계획을 본격적으로 진행시키고 있는 후속 주자들은 누구일까. 항공우주 전문 사이트 로켓 크루 닷컴은 국가 차원 우주 프로그램을 가진 나라들 중에 이탈리아, 프랑스, 호주, 브라질, 이란, 이스라엘, 케냐, 우크라이나 그리고 남북한을 꼽았다. 한국은 2022년 누리호 발사를 통해 1톤 이상의 탑재물을 쏘아 올릴 수 있는 '우주 클럽'의 일곱 번째 국가로 이름을 올렸다. 통계 사이트 스태티스타에 따르면 2021~2022년 우주 예산을 많이 쓴 나라는 미국, 중국, 일본, 러시아, 프랑스, 독일에 이어 인도, 이탈리아, 영국, 한국순이었다.[40]

몇 년 새 돋보인 또 다른 나라는 아랍에미리트다. 2020년 아랍권 최초의 화성 탐사선 '아말Amal', 이름 그대로 희망을 쏘아 올렸다. 발사는 일본의 다네가시마우주센터에서 했고 한국 연구진도 개발을 도왔다. 교육고등기술부의 여성 장관 사라 알 아미리가 우주청 청장을 겸하며 아랍 세계의 변화를 세계에 상징적으로 알렸다. 우주탐사에 본격 뛰어든 것이 2015년이니 햇수로는 얼마 되지 않았지만 화성에 이어 달 탐사와 소행성 탐사, 우주 관광 등의 프로그램을 추진하고 있다.

이탈리아, 프랑스, 독일 등 유럽국들의 우주 계획은 대개 유럽우주국의 미션들 속에서 이뤄져왔다. 브라질의 경우 2004년 자체 로켓을 쏘아 올린 뒤 미국 NASA의 2025년 달 유인 탐사 계획인 '아르테미스' 등에 협력하는 방식으로 발전을 노리고 있다. 이스라엘은 이미 1980년대에 첫 위성을 쏘아 올렸다. 미국과 유럽뿐 아니라 인도·러시아 우주 당국과도 전방위로 협력해왔다. 정부 산하 우주 기구와 별개로 2025년까지 달에 소형 착륙선 두 대를 안착시키는 '베레시트 2'라는 민간 탐사 계획이 진행 중이다.

아프리카에서는 케냐가 우주탐사를 꿈꾼다. 동아프리카의 케냐는 적도권에 있고 동쪽으로는 인도양과 접해 있어, 궤도에 위성을 효율적으로 발사할 수 있는 이상적인 우주 기지의 지리 조건을 갖추고 있다. 동부 해안의 말린디 인근에 루이지브로글리오우주센터Luigi Broglio Space Center가 있는데, 1960년대 초반 이탈리아와 케냐 양측의 협정을 통해 설치됐다. 1970년 이곳에서 '우후루Uhuru'라는 이름의 연구용 위성이 발사됐다. 우후루는 '자유'를 뜻하는 스와힐리어이기도 하고, 케냐의 초대 대통령 우후루 케냐타Uhuru Kenyatta의 이름이기도 하다. 이탈리아로부터 우주센터를 넘겨받아 케냐 정부가 상업적 우주 프로그램을 만들려 애썼지만 양국 간 갈등 때문에 무산됐다. 하지만 그 뒤로도 이탈리아, 나중에는 우크라이나 등과 로켓 발사 장비와 위성 조립 시설 개발을 진행했으며 2018년 국제우주정거장에서 큐브샛CubeSat 위성을 발사했다.

11장

아프리카가
꿈꾸는
퀀텀점프

아프리카 대륙 동쪽의 작은 국가 르완다. 20세기 후반 인류사의 비극 중 하나인 집단 학살이 일어난 곳으로 알려져 있지만, 최근 또 다른 이유로 세계의 주목을 받았다. 동아프리카 최초로 수도인 키갈리 전역에서 누구나 무료로 와이파이에 접속할 수 있는 환경을 구축하면서다. 10여 년 전인 2013년 르완다 정부는 키갈리 어디에서나 와이파이로 인터넷에 접속할 수 있도록 하겠다는 '스마트 키갈리' 프로젝트를 발표했다. 마침내 2023년 키갈리의 모든 학교, 공공건물, 버스 정류장, 시장 등에서 무료로 와이파이에 접속하는 게 가능해졌다.

르완다 정부는 이 프로젝트를 국가 전체로 확대하고 있다. 전국에 4G 수준의 광대역 인터넷망을 깔겠다는 것이다. 장 필리베르 은젱기마나Jean Philbert Nsengimana 청년정보통신기술부 장관은 "연결성은 디지털 경제 시대에 비즈니스를 하는 데 가장 중요하다"며 "물이나 전기처럼 광대역 인터넷 역시 필수 요소"라고 말했다. 르완다는 풍부한 인프라가 청년들이 비즈니스를 키워가는 데 도움이 되고, 그 동력으로 투자를 더 많이 유치해 첨단 산업의 허브가 되는 것이 목표다. 농업이 국가경제의 주요 산업이었지만, 앞으로는 정보통신기술을 바탕으로 다양한 사업 기회를 모색하고 이를 국가의 새로운 성장 동력으로 삼겠다는 취지다.

첨단 산업으로 도약하는 아프리카

르완다뿐만 아니라 케냐, 나이지리아 등 아프리카의 여러 나라가 IT에 사활을 걸고 있다. 인구가 감소세로 돌아선 선진국들과는 달리

아프리카 인구는 향후 25년간 두 배 증가해 25억 명에 이를 것으로 예상된다. 15세에서 24세 사이의 청년 중 3분의 1 이상은 아프리카인이 될 것이라고 유엔은 보고 있다. 아프리카의 생산력은 물론 소비 시장으로서의 잠재력이 엄청나다고 판단되는 이유다.[41] 하지만 아프리카 대부분의 국가에서 제조업 등 수익을 낼 수 있는 기반은 부족하고 청년들의 일자리는 턱없이 모자라는 상태다. 사하라 이남 아프리카에서 가장 공업화된 남아프리카공화국의 실업률이 33.5%에 달하는 등 청년들이 제대로 된 일을 할 수 있는 산업 생태계가 아직은 갖춰져 있지 않다.[42] 사정이 이렇다 보니 아프리카 여러 국가는 제조업이나 공업, 건설업 등과 같이 인프라 구축에 초기 투자 비용이 들고 시간이 오래 걸리는 산업 대신 IT 산업으로 눈을 돌리고 있다. 인터넷 등과 같은 전자 통신 인프라를 잘 갖춘다면 다양한 비즈니스 아이디어로 승부를 볼 기회를 잡을 수 있기 때문이다.

지금의 아프리카에서는 스마트폰이 없는 삶을 상상할 수 없다. 사하라 이남 아프리카에서 2000년 인구 100명당 두 대 꼴이던 휴대전화 보급률은 20년이 지나자 100명당 89대로 늘었다. 사실상 거의 전부가 휴대전화를 사용한다고 보면 된다.[43] 인터넷 사용자도 2016년부터 2021년 사이 115% 급증했다.[44] 기존의 통신 인프라가 취약한 아프리카에서는 데스크톱 PC, 모뎀이나 유선 인터넷 등의 단계를 거치지 않고 모바일 기기와 무선 인터넷이 곧바로 필수품으로 자리 잡았다. 모바일 디바이스와 무선 인터넷을 통해 퀀텀점프quantum jump, 비약적인 성장을 한 것이다. 스타트업들도 이런 배경에서 탄생하고 있다. 미국, 유럽, 아시아 등의 스타트업들과는 달리 아프리카라는 열악한 상황에서 현장의 문제를 가장 잘 해결할 수 있는 방법이 무엇인지를 고민하는 과정에서 꽃피기 시작했다. 인프라가 부족한 것이 오히려 장점으로 작용해 중요한 터닝포인트가 된 셈이다.

케냐의 사례가 대표적이다. 사파리컴Safaricom이라는 통신 회사는 2007년 엠페사M-PESA라는 모바일 결제 서비스를 제공하기 시작했다. 모바일의 'M'에 스와힐리어로 '돈'을 의미하는 '페사'를 붙여 만든 이름이다.[45] 금융 인프라가 취약한 케냐에는 은행 지점도 드물고 은행 계좌나 신용카드 소유자도 많지 않다. 현금을 들고 이동하는 과정에서 범죄가 발생하기 쉽고, 외국이나 타지에서 송금을 하기도 번거롭다. 반면 휴대전화 보급률은 높은 편이다. 사파리컴은 바로 이 점에 주목해 기존의 인터넷 뱅킹이 아닌 스마트폰 뱅킹으로 직행했다. 휴대전화로 송금과 결제를 모두 해결하는 서비스는 혁명적이었다. 엠페사는 금융과 기술을 결합한 핀테크FinTech의 대명사가 됐다. 경제지 〈포춘〉은 2015년 '세상을 바꾸는 기업' 1위로 사파리컴을 꼽았다.

이런 퀀텀점프는 금융거래를 편하게 해줬을 뿐만 아니라 케냐 사람들의 삶을 개선하는 효과도 가져왔다. 한 연구에 따르면 2008년 케냐인들이 모바일 금융 서비스를 널리 이용할 수 있게 된 이후 1인당 하루 평균 소비액이 2%가량 늘어난 것으로 나타났다. 특히 여성의 지출이 두드러지게 늘었다. 이런 변화를 가져온 이유에 대해 연구진은 모바일 서비스를 통해 더 편리하게 돈을 관리할 수 있고 저축하기도 쉬워졌기 때문으로 분석했다.[46]

'실리콘 사바나'

아프리카를 강타한 스타트업 붐은 아프리카의 가능성을 반증한다. 인구가 늘고 있고 젊은 노동력이 풍부한 데다 중산층은 두터워지고 있다. 거기에 인터넷 등 IT 인프라가 속속 갖춰지면서 아프리카는 세계 투자자들의 관심을 끌고 있다. 아프리카 스타트업 전문 매체 〈디스럽트 아프리카Disrupt Africa〉에 따르면 2023년 1~3분기에 186개 테크 스타트업이 약 14억 달러의 투자를 받았다. 엠페사가 시작된 케냐는 미국의 실리콘밸리에 빗대 '실리콘 사바나'로 불리며 아프리카의 스타트업 중심지로 떠올랐다. 2억 인구의 나이지리아나 남아프리카공화국도 많은 투자를 유치한 국가로 꼽힌다. 모로코, 세네갈, 르완다, 코트디부아르도 투자받은 액수가 크게 늘었다.[47]

스타트업 중에서도 핀테크 기업에 대한 투자가 두드러진다. 사파리컴의 성공에서 보듯 핀테크는 어마어마한 규모의 아프리카 시장을 겨냥할 수 있는 효과적인 비즈니스가 될 공산이 크다. 핀테크는 또 의료, 교육, 물류 등 다양한 분야와 결합해 확장될 수 있다. 2021년 기업 가치가 10억 달러 이상인 유니콘 기업으로 이름을 올린 나이지리아의 플러터웨이브Flutterwave를 보자. 웹과 앱을 통해 아프리카 30개국에서 각종 상거래 결제를 할 수 있는 상품을 내놓은 이 기업은 기존 은행 시스템에서 환전이나 송금을 하기 어려운 아프리카 사람들을 이용자로 끌어들이는 데 성공했다. 코로나19로 비대면 결제가 늘어나면서 더욱 폭발적으로 성장했다.

"100% 아프리카, 100% 인터넷"이라는 모토를 내세운 주미아Jumia도 있다. 나이지리아에서 설립된 주미아는 이집트, 케냐, 세네갈, 우간다 등 10여 개국을 대상으로 한 전자상거래 플랫폼이다. 주미아는 기업 미션에서 "우리는 기술이 아프리카의 일상생활을 더 나은 방향으로 변화시킬 수 있는 잠재력을 갖고 있다고 믿는다"라며 '아프리카의 문제를 해결하는 아프리카 기업'임을 강조하고 있다.**48** 휴대전화로 주문하고 집에서 물건을 받는 전자상거래 모델은 선진국에서는 익숙하지만, 도로나 운송 수단 등 인프라가 탄탄하지 않은 아프리카에서는 도전적인 분야였다. 물류 창고를 갖추고 오토바이 등을 동원해 주문에서 배송까지 모든 것을 책임지는 시스템을 구축하면서 주미아는 거대한 시장을 선도하는 '아프리카의 아마존'으로 통했고, 2019년 뉴욕증권거래소에 아프리카 기업 최초로 상장됐다.

쓰레기에서
희망을 보다

첨단 기술과 휴대전화 같은 전자 기기로 희망을 쏘아 올리기 전까지 아프리카는 사실 '전자제품의 무덤'으로 통했다. 서아프리카의 가나에서는 약 20만 명이 전자 폐기물을 처리해 돈을 벌고, 그 액수가 적게는 연간 1억 500만 달러에서 2억 6,800만 달러에 이른다는 통계도 있다.**49** 가나뿐이 아니다. 전 세계 사람들이 쓰고 버린 전자 폐기물은 주로 파키스탄, 방글라데시, 베트남, 필리핀 등 개발도상국에서 최후를 맞는다. 세계보건기구who에 따르면 2019년 전자 폐기물을 100만 톤 이상 만들어낸 국가는 미국, 중국, 러시아, 프랑스 등이었다. 전자제품 소비 패턴이 변하면서 전자 폐기물의 양도 매년 증가하고 있다. 2019년 약 5,360만 톤이었던 것이 2030년에는 7,470만 톤으로 증가할 것으로 예상된다. 잘사는 나라 사람들은 2년도 채 못되어 휴대전화를 바꾸곤 한다. 이렇게 보면 70~80세까지 사는 동안 한 사람이 쓰고 버리는 휴대전화는 30대 정도다. 휴대전화 이외에도 컴퓨터, 모니터, 태블릿, TV, 각종 케이블, 배터리, 세탁기, 냉장고, 의료 기기 등 전기·전자 기기를 일컫는 전자 폐기물의 종류는 모두 열거하기 어려울 정도다.[50]

버려진 쓰레기 무덤 주변에는 사람들이 있다. 전자 폐기물 매립지 근처의 도시 빈민들은 버려진 전자 폐기물을 뒤져서 돈을 번다. 버려진 전자제품을 분해하여 금, 은, 구리, 알루미늄 등의 금속은 물론 코발트같이 희소가치가 높은 물질을 채취해 중간 딜러들에게 팔면 현금을 얻을 수 있다. 정확한 수를 알 수 없지만, WHO는 보고서에서 비공식적으로 폐기물 관리 작업을 하는 인구가 1,250만~5,600만 명에 이른다는 추정치를 밝혔다. 이 가운데 약 23%가 여성이고, 폐기물 처리에 동원되는 어린이도 많다. 쓰레기로 돈을 벌 수 있으니 다행이라 생각할 수도 있다. 하지만 전자 쓰레기를 그들이 '재활용'하는 방식은 너무나 단순하다. 대개는 제품의 플라스틱을 태워버리고 남는 금속을 건져낸다. 이 과정에서 수은이나 납, 카

아프리카 가나의 아그보그블로시에 쌓여 있는 전자 폐기물(위)과 같은 장소에서 구리를 회수하기 위해 전선을 불태우고 있는 젊은 노동자의 모습(아래). ©Muntaka Chasant

드뮴 같은 중금속과 다이옥신 같은 오염 물질이 땅과 공기와 물로 퍼진다. 맨손으로, 마스크도 제대로 쓰지 않고서 사람들이 일을 한다. 특히 오염 물질에 노출된 가임기 여성들과 어린이가 감수해야 하는 위험은 너무 크다.

무덤 속에서도 꽃은 핀다. 전자 폐기물 자체를 사업 기회로 만들어버린 이들이 나타났다. 가나의 청년 세 명이 만든 스타트업 앱사이클러스Appcyclers는 전자 폐기물의 재활용을 넘어 부가가치를 더 높이는 '업사이클링'을 비즈니스 모델로 삼고 있다. 처음엔 버려진 냉장고로 계란 부화기를 제작했고, 뒤이어 폐기물에서 재활용 가능한 부품을 채취해 사고팔 수 있는 온라인 플랫폼을 만들었다. 공동 창업자이자 경영자인 아구도르 아가바스는 "환경 파괴를 줄이고 비즈니스도 할 수 있기 때문에 업사이클링을 택했다"며 "우리의 장기적인 목표는 가나 전체에 더 친환경적이고 안전한 재활용 환경을 조성하는 것"이라고 말했다.[51] 여기서 한 걸음 나아가 전자 폐기물에서 재활용할 만한 물질이 있는지를 식별하기 위한 AI 모델도 개발 중이라고 한다. 탄자니아에서는 사람들이 모여 디지털 관련 기술이나 장비를 활용해 여러 제품을 만들어보는 창업 공간인 버니 허브Buni Hub가 전자 폐기물로 3D 프린터를 만드는 데 성공했다. 이 프로젝트의 책임자는 "고장 난 프린터의 쇠막대, 전자제품의 모터, 컴퓨터 케이블 따위로 새로운 3D를 만드는 데 성공했다"며 "3D 프린터로 의료용 보철 등을 만들어보려고 한다"라고 했다.[52]

삶을 바꾸는
스타트업들

이렇게 보면 아프리카의 스타트업 바람은 단순한 경제적 기회에 그치지 않는다. 전기가 잘 들어오지 않는 낙후된 지역에 태양광 패널과 전구, 휴대전화 충전기 등 필수품을 담은 패키지를 판매하는 사업으로 시작한 케냐 기업 엠코파M-KOPA는 주민들의 생활을 실질적으로 개선하는 데에 큰 영향을 줬다. 가전제품을 사려면 한 번에 큰 돈을 써야 하니, 가난한 가정들에 그런 비용은 엄청난 부담이다. 엠코파는 매달 휴대전화로 소액을 결제해서 일종의 할부 구매를 할 수 있도록 한 서비스를 시작했다. 가입자가 꾸준히 늘었고 태양광 패널로 충전하는 소형 냉장고나 TV 등 다양한 제품으로 상품군도 확장됐다. 세계은행은 "아프리카에서 디지털 기술과 보급은 국가나 지역 전체의 경제성장, 혁신, 일자리 창출, 그리고 소외된 이들에 대한 포용과 밀접한 연관이 있다"라고 밝혔다. 부자 나라의 스타트업들은 얼마나 투자를 받았는지를 기준으로 성과를 측정하지만 아프리카의 기업 문화는 실질적인 고객을 확보하는 것을 더 중요하게 여기며, 사람들이 일상에서 겪는 고충을 해결해주는 것에 집중한다는 평가를 받는다.

물론 아직도 불안한 정치 상황과 도로, 교량 등 부족한 인프라는 여전히 넘어야 할 산이다. 그러나 알리바바 창업자 마윈 회장이 말했듯이 "아프리카가 번영하려면 기업가가 필요하다". 마윈 회장은

2019년 아프리카를 방문했을 때 "아프리카의 사업가를 지지하고, 다음 세대에게 영감을 줘야 한다. 포용적인 성장을 이끌고 사회문제를 해결할 스타트업들이 필요하다"라고 강조했다.[53] 새로운 기술을 바탕으로 비즈니스를 꽃피우고 경제적 풍요로움이 취업, 교육 등 더 다양한 기회로 확장될 수 있기 때문이다. 상대적으로 열악한 국제적 환경과 상황 속에서 기회를 얻지 못하다가 이제 막 싹트고 꽃을 피우기 시작한 아프리카의 혁신과 잠재력에 세계가 주목하고 있다.

아프리카가
화웨이를 편든 이유는?

2018년 프랑스 〈르 몽드〉는 중국이 에티오피아 수도 아디스아바바에 있는 아프리카연합Africa Union, AU 본부를 정탐했다고 보도했다. 중국의 기부를 받아 2012년 아프리카연합이 새 건물을 지었고 화웨이가 통신 설비를 맡았는데, 이때부터 중국이 감청 등 정보 수집을 해왔고, 뒤늦게 이 사실을 알게 된 아프리카연합이 2017년 서버를 바꿨다는 것이었다. 하지만 무사 파키 마하마트Moussa Faki Mahamat 아프리카연합 의장은 "순전한 거짓 선동"이라고 일축하며 화웨이 편을 들었다. 아프리카연합은 오히려 브로드밴드, 사물인터넷, 클라우드 컴퓨팅, 5G, 인공지능 다섯 개 분야의 협력 기간을 3년 더 늘리는 양해각서를 화웨이와 체결했다.

아프리카 중부의 우간다로 가보자. 〈아프리카 뉴스〉에 따르면 우간다는 2008년부터 '전국 데이터 기간 인프라 구축'이라는 이름으로 총연장 2,400km에 이르는 광섬유 케이블 설치 작업을 해왔다. 중국수출입은행이 이 사업에 1억 700만 달러를 댔고 화웨이가 사업을 맡았다. 미국이 우간다에 '화웨이와 관계를 끊으라'고 한들, 끊고 싶어도 끊을 수가 없다는 얘기다. 우간다 수도 캄팔라에서 중국산 스마트폰은 단돈 30달러에 팔린다. 아프리카에서 쓰이는 스마트폰 세 대 중 한 대는 중국 선전深圳에 있는 회사 트랜션Transsion의 '테크노Tecno'다.

2015년부터 트랜션의 스마트폰에는 중국 기업이 만든 붐플레이라는 음악 스트리밍 앱이 깔린다. 이집트, 나이지리아, 케냐에서부터 시작된 붐플레이 서비스는 4년 새 대륙 전역으로 확산됐다. 지금은 사용자가 4,600만 명에 이르며, 아프리카 시장 점유율은 50%가 넘는다. 아프리카 젊은이들은 중국산 휴대전화에 중국산 앱으로 음악을 듣는 것이다.

내륙 국가 우간다는 동아프리카의 '작지만 강한 나라'다. 우간다와 케냐, 르완다, 에티오피아 등은 인공지능과 로보틱스 같은 정보기술 분야를 도약대로 삼으려 국가적 투자를 하고 있다. 이들의 핵심 파트너가 화웨이다. 단순한 계약 관계가 아니라 국가의 미래가 걸린 문제다. 중국과의 정보기술 협력은 아프리카의 젊은이들에겐 새로운 기회의 문이기도 하다. 알리바바 창업자 마윈은 2017년 케냐를 방문했을 때 "아프리카의 젊은 기업가 1,000명을 지원해 전자상거래, 물류, 빅데이터와 관광 부문 플랫폼 산업을 육성하겠다"라고 약속했다.

현실적으로 화웨이 장비는 가성비가 높다. 화웨이는 남아프리카공화국, 케냐, 보츠와나, 나이지리아의 몇몇 도시들과 스마트시티 개발 협정도 맺었다. 정보기술을 이용해 치안을 강화하고 '물과 에너지를 아껴 쓸 수 있는 환경'을 만들어준다니, 인구가 급증하고 있는 아프리카 대도시들의 '니즈'를 정말 잘 파고들어 가고 있는 셈이다.

중국은 단순히 아프리카에 건물을 지어주고 석유를 퍼 가는 게

▲에티오피아 노동자들이 트랜션 휴대전화 공장에서 일하는 모습. ⓒTranssion
▼나이지리아 마이두구리에 있는 테크노 모바일 상점을 지나가는 시민들. ⓒBloomberg

아니다. 한 대륙의 인프라를 까는 일을 하고 있고, 그 첨병이 화웨이로 대표되는 중국 기업들이다. 반면 미국은 '아프리카는 미국과 중국 사이에서 선택하라'고 윽박지르는 수준이다.

에티오피아 수도 아디스아바바와 지부티를 잇는 표준궤철도SGR가 2018년 1월 완공됐다. 유럽 식민국들이 에티오피아에 철도를 깐이래 '100년 만의 최대 역사'였다. 건설 비용 45억 달러 중 25억 달러를 중국수출입은행이 빌려줬다. 중국 건설 회사들이 철길을 깔고 중국 차량을 들여왔다. 중국철로공정총공사CRECG와 그 자회사인 중국철도유한책임회사CREC가 운영을 맡았다. 아디스아바바에서 지부티로 가는 시간은 이틀에서 12시간으로 줄었다. 아프리카 최초의 '완전히 전력화된 철도 시스템'이라는 아디스아바바 경전철LRT도 중국이 2015년 완공했다. 미국 존스홉킨스대학교 국제관계학대학원SAIS 연구에 따르면 2000년부터 2015년까지 에티오피아는 중국에 131억 달러를 빚졌다. 거기에 철도 빚이 추가됐다. 그런데 중국은 빚 독촉을 하는 대신에 상환 기간을 15년에서 30년으로 늘려줬다.

대조되는 사례가 에티오피아의 두 도시를 잇는 아다시-웰디야 철도 건설 사업이었다. 유럽 기업들과 컨소시엄을 구성한 튀르키예의 야프메르케즈가 계약을 따냈고 튀르키예 수출입은행과 크레디스위스가 돈을 댔다. 상환 일정을 못 지키면 가혹한 벌칙을 적용하기 때문에 에티오피아는 이쪽 돈은 어김없이 갚았다. 겉보기엔 중국이 밑지는 듯하지만, 중국이 에티오피아에서 철도만 까는 게 아니다. '전략적 계산'으로 보는 게 맞다. 에티오피아는 아프리카에서 앙골라 다음으로 중국에 빚을 많이 진 나라이자, 일대일로 프로젝트의 주요 파트너다.

시진핑 주석은 집권 뒤 아프리카를 여섯 번 찾았다. 1990년부터 중국 외교부 부장의 새해 첫 방문국은 언제나 아프리카 나라였다.

영국 옥스퍼드대학교 개발경제학자 폴 콜리어 교수는《약탈당하는 지구Plundered Planet》라는 책에서 "서방은 중국을 비난할 게 아니라 아프리카를 위해 중국을 따라 해야 한다"라고 말한다.[54] 중국이 저개발국들을 돕고 있음을 인정하고, 다만 중국과 그들의 관계가 투명해지도록 해야 한다는 것이다. '화웨이 스파이론'을 들먹이는 미국은 그 정반대로 갔고, 아프리카의 마음을 잡지 못했다.

12장

킬러 로봇들이
전쟁을
한다면

2024년 4월 말의 화창한 화요일, 우크라이나 키이우(키예프) 근처의 군사 시험장 밖에 전쟁의 미래를 엿보려는 이들의 차들이 줄지어 서 있었다. 진입을 기다리는 동안 머리 위로 날벌레들이 몰려들었다. 벌레들 위에서는 로봇 경쟁자들이 윙윙거리고 있었다. 군용 드론들이 하늘을 가로지르고 있었던 것이다.

러시아의 침공으로 폐허가 된 들판에는 최신 기술을 선보이려는 엔지니어들과 군인들이 가득했다. 그중 스워머Swarmer라는 우크라이나 스타트업도 있었다. 미국 델라웨어주에 등록돼 있고 루마니아와 폴란드에 지사를 둔 이 회사는 인공지능을 이용해 그룹으로 작동하는 드론을 시연할 예정이었다. 다섯 명의 엔지니어로 구성된 스워머 팀이 현장 어딘가에 숨겨진 두 개의 표적을 찾아 파괴하는 미션을 수행하기 위해 드론을 준비하는 데에는 약 20분이 걸렸다. 실험에 참가한 전직 우크라이나 육군 장교는 정찰 드론 세 대와 대형 폭격기 두 대를 운용하는 데에 "버튼 세 개만 누르면 된다"라고 설명했다. 그는 지도에 목표물을 표시하고, 의자에 등을 기대고 드론을 움직여 임무를 완수했다. 스워머 팀은 무알코올 맥주로 이날의 시범 운영의 성공을 축하했다.

가자지구는
'이스라엘 로봇 시험장'

앞의 이야기는 정치 전문 매체 〈폴리티코〉 유럽판이 2024년 5월 보도한 내용이다.[55] 러시아와의 전쟁이 장기화됨에 따라 우크라이나는 군용 드론을 비롯한 최첨단 전쟁의 시험장으로 부상했다. 스워머 창립자이자 경영자 세르히 쿠프리엔코Serhii Kuprienko는 "숙련된 드론 조종사 한 명이 동시에 수십 대의 드론을 효과적으로 움직일 수 있다"면서 "우리의 목표는 우리 군대를 도울 터미네이터의 적절한 버전을 만드는 것"이라고 말했다.

2022년 2월 러시아 탱크가 국경을 넘어온 순간부터 우크라이나는 기술을 활용한 반격에 집중했다. 인구 규모로나, 병력 규모로나, 무기 보유량에서나 우크라이나는 아무리 서방의 지원을 받는들 러시아에 대적하기 힘들다. 그러니 기술에 의존하는 전략을 택한 것은 자연스러운 일이라고도 볼 수 있다. 소셜미디어 텔레그램에는 폭발물을 장착한 우크라이나 드론이 러시아군 탱크를 공격하는 동영상들이 넘쳐난다. 러시아도 가만히 있지는 않는다. 러시아는 자체적으로 생산하는 드론뿐 아니라 중국산·이란산 드론을 동원해 맞서고 있다.

이스라엘군은 2023년 10월부터 시작된 팔레스타인 가자지구 무장 조직 하마스와의 전쟁에서 원격조종 로봇 개를 사용하는 실험을 해왔다. 대표적인 예가 미국 필라델피아에 본사를 둔 고스트 로보틱스Ghost Robotics가 만든 개 모양의 보행 로봇인 비전 60Vision 60이다.[56] 루스터Rooster(수탉)라는 또 다른 로봇은 이스라엘의 스타트업 로보티칸Robotican과 국방연구개발국이 공동 개발한 지상 로봇이다. 이스라엘군은 또 가자지구를 초토화하는 데에 무인 원격제어 D9 불도저도 동원했다.

이스라엘군이 팔레스타인을 파괴하기 위해 로봇과 무인 지상 차량을 동원한 것이 새로운 일은 아니다. 하마스의 '군사용 땅굴'을 부수는 이스라엘군 야할롬 부대가 진작부터 해온 일이다. 그러나 이번 전쟁이 본격화된 이후 가자지구는 그야말로 이스라엘 로봇 무기의 시험장이 돼버렸다. 이스라엘군은 팔레스타인 영토를 침공하면서 '군인과 군견을 보호하기 위해' 앞서 언급한 로봇 개와 같이 인공지능으로 구동되는 '무인 전투 시스템'을 사용하고 있다. 고스트 로보틱스의 비전 60은 땅굴에서 적의 위치를 파악하는 데 쓴다. 센서, 기록 장비, 시스템을 갖춘 이 로봇 개, 이름하여 '로보독robodog'은 초속 3m로 최대 10km를 걸을 수 있으며 사람의 명령 없이도 보행 속도를 조절하고 정지할 수 있다. 로보티칸의 루스터는 바퀴가 달린 독특한 이동식 장비로, 다양한 지형을 횡단할 수 있다. 필요한 경우 점프해서 비행도 할 수 있다.

이스라엘은 이미 2012년에 '로봇 군대'를 공개적으로 광고할 정도였다. 가자지구뿐 아니라 팔레스타인의 주된 영토인 요르단강 서안지구를 감시하기 위해 감시탑을 세우고 로봇 무기를 배치했다. 최루탄과 플라스틱 총알로 팔레스타인 주민들을 공격할 수 있는 무기들이다. 당연히 비판이 쏟아져 나왔다. 인권 단체 휴먼라이츠워치Human Rights Watch는 팔레스타인에 대한 이스라엘의 무력 사용이 '자동화'될 수 있다고 우려했다. 미국 정치학자 안와르 마흐네는 "이스라엘의 인공지능 기술 개발은 팔레스타인 점령 문제와 떼어놓을 수 없다"라고 주장한다. 전쟁에 들어가는 인적 비용을 줄임으로써 폭력을 조장하고, 팔레스타인 땅을 더 많이 점령하려 하는 쪽으로 갈 것이라는 얘기다.[57]

2016년 7월, 미국 캘리포니아에서 진행된 해병대 전투 실험실의 모의 훈련에 등장한 모듈식 첨단 로봇 무기 시스템Modular Advanced Armed Robotic System, MAARS. ©Pfc. Rhita Daniel

이스라엘이 가자지구를 초토화하던 2023년 12월, 유엔 총회에서 152개국이 '자율 살상 무기 시스템의 위험성에 관한 결의안'에 찬성표를 던졌다. 결의안은 "인공지능과 무기 시스템의 자율성과 관련된 기술 응용"으로 인한 "심각한 도전과 우려"를 담았다. 하지만 유엔 결의 따위는 몽땅 무시해온 이스라엘이 이런 비판에 귀를 기울일 리 없다.

'자율 살상 무기Lethal autonomous weapons, LAWs'는 어느새 다가와버린 현실이 됐다. 미국 국방부는 2012년 자율 무기 시스템을 "일단 활성화하면 인간 운영자가 개입하지 않아도 목표물을 선택하고 교전할 수 있는 무기 시스템"으로 정의한 바 있다. 이후 10여 년이 지났지만 아직 국제사회에는 자율 무기의 '자율성'에 대한 명확한 기준은 없다. 그런 상황에서 거의 '쇼크'라도 해도 될 만한 인공지능 충격이 세계를 강타했고, 충격을 곱씹어 소화할 틈도 없이 인간 생활의 모든 부분으로 스며들고 있다. 미 국방부는 자율 무기에 관한 2012년의 문서를 업데이트해 정부 각 부처별 역할과 책임성 강화 방안 등을 포괄하는 작업을 하고 있지만[58] 여전히 개념을 놓고도 혼란이 거듭되고 있다.

지뢰에서 유령 함대까지, 늘어나는 킬러 로봇들

사람이 일일이 손대지 않아도 스스로 작동하는 무기를 '자율 무기'라고 한다면, 그 역사는 생각보다 훨씬 오래전으로 거슬러 올라간다. 예를 들면 지뢰는 이미 17세기부터 쓰이기 시작했다. 현대적인 자율 무기로는 1970년대부터 사용된 선박 방어용 레이더 시스템 같은 것을 들 수 있다. 미국의 팰렁스Phalanx CIWS 같은 자동화 시스템은 인간 운영자가 기준을 설정해놓으면 선박에 접근해 오는 미사일이나 로켓, 항공기와 함정을 스스로 식별해 반격한다. 러시아, 이스라엘, 독일 등은 탱크에도 유사한 시스템을 장착한다. 이스라엘이 2024년 4월 이란과 드론 공방전을 치렀을 때 미디어의 주목을 받았던 아이언 돔Irom Dome 같은 미사일 방어 시스템MD도 스스로 표적을 찾아 요격한다는 점에서 자율 무기의 일종으로 분류할 수 있다.

방어용 무기가 아닌 공격용 자율 무기는 어떨까. 이스라엘은 2017년 파리만 한 크기의 작은 로봇을 포함한 군용 로봇을 개발하고 있다고 밝힌 바 있다. 영국 육군은 2019년에 신형 무인 차량과 군용 로봇을 배치했다.

아직은 실용화되지 않았지만 미군의 '유령 함대Ghost Fleet Overload' 도 눈길을 끈다. 미 국방부 전략능력사무소Strategic Capabilities Office와 미 해군이 함께 개발 중인 이 함대는 네 척의 함정으로 구성돼 있다. 여섯 명의 승무원이 탑승하지만 선박의 기능 대부분은 자동화돼 있으며 승무원들은 필요할 때만 수동으로 함대를 운항하게 돼 있다. 유령 함대의 선박에는 차세대 지휘 통제 시스템과 이지스 전투 시스템이 갖춰져 있는 것으로 알려졌다.

스스로 생각하고 결정하는 터미네이터 로봇이 인간을 공격해 오는 것은 공상과학 장르의 고전적인 테마다. 미국 작가 아이작 아시모프Isaac Asimov는 이미 1942년 소설에서 터미네이터의 등장을 막기 위해 인간과 로봇이 지켜야 할, 정확히 말하면 인간이 로봇을 이용하면서 설정해둬야 할 원칙을 제시했다. '아시모프의 로봇 3원칙'이라는 이름으로 널리 알려진 이 원칙의 내용은 이렇다. 첫째, 로봇은 인간을 다치게 해서는 안 되며 인간이 해를 입는 것을 방관해서도 안 된다. 둘째, 법칙 1에 위배되지 않는 한 로봇은 인간의 명령에 복종한다. 셋째로 법칙 1과 2에 위배되지 않는 선에서 로봇은 스스로를 보호한다.

첨단 무기 경쟁은 대개 시민들의 시선 밖에서 벌어지고, 국가기구의 관리 감독이나 법의 규제가 따라가기 힘든 속도로 이뤄질 때도 많다. 무인 탱크이든 유령 함대든 드론이든, 현재까지 국제사회가 이뤄낸 자율 무기와 관련된 명확한 합의는 별로 없다. 다만 감시 단체들이나 전문가들 사이에서 '암묵적으로' 동의가 이뤄져가고 있다고 할 만한 것이 있다면, 자율 무기가 스스로 결정해서 공격을 해서는 안 된다는 것 정도다. 최소한 공격을 가하도록 결정하는 것만은 인간의 역할로 남아 있어야 한다는 얘기다. 하지만 인공지능이 인간을 흉내내 스스로 결정을 내리는 '특이점'이 온 뒤에도 인공지능이 장착된 자율 무기들이 그 원칙을 지킬까? 인간들이 똘똘 뭉쳐 로봇이 그런 짓을 못 하도록 막을 수 있을까? 누군가는 자기 이익을 위해 동료 인간들을 배신하고 그런 무기를 만들어 쓰지 않을까?

그와 비슷한 사례가 이미 있었다. 북아프리카에 위치한 리비아는 2011년 아랍의 봄 민주화 시위로 독재 정권을 무너뜨렸지만 그 후 완전한 통합 정부를 구성하지 못한 채 국가가 둘로 갈라지다시피 했다. 2021년 통합 정부가 구성됐으나 그전까지 수도 트리폴리를 중심으로 해서 국제사회의 인정을 받아온 정부와, 동부의 반대 세력 간에 무력 충돌이 이어졌다.

사건이 벌어진 것은 2020년 3월이었다. 정부군이 해안을 따라 반군을 공격하는 '평화의 폭풍'이라는 이름의 작전을 벌였다. 이 작전에는 튀르키예가 만든 바이락타르 TB-2Bayraktar TB-2와 TAI 앙카-S 등의 무인 전투용 드론이 동원됐다. 이듬해 유엔 안전보장이 사회 산하 리비아 전문가위원회는 드론이 이 작전 중에 인간 목표물을 스스로 추적하고 공격한 사례가 있었다고 보고했다. 문제의 드론은 인간 운영자와 '연결되지 않아도 표적을 공격하도록 프로그래밍되어' 있었다는 것이다.[59] 이 사건은 자율 무기가 스스로 추적해 인간을 공격한 첫 사례로 기록됐다. 2021년 5월 이스라엘도 가자지구에서 인공지능이 움직이는 전투용 드론 공격을 실시했다.

CIA와 드론, '군사 - 정보 복합체'

2011년 5월 1일, 미 중앙정보국CIA 국장 리언 패네타Leon Panetta는 2001년 9·11 테러에 대한 보복으로 아프가니스탄 전쟁을 시작한 이래 '가장 은밀한 작전'을 명령했다. 미 해군 특수부대인 네이비실Navy SEALs을 시켜 파키스탄 아보타바드의 한 가옥을 급습하게 한 것이었다. 바로 그곳에 테러 조직 알카에다의 우두머리 오사마 빈라덴이 숨어 있었다. 빈라덴은 이 작전으로 사살됐고, 네이비실에는 미국과 세계 언론들의 관심이 쏟아졌다. 하지만 이 비밀 작전을 주도한 것은 CIA였다.

아프가니스탄 전쟁과 2003년 이라크 전쟁을 일으킨 것은 미국의 조지 W. 부시 행정부였다. 부시가 물러난 뒤 집권한 민주당의 버락 오바마 정부는 국민들이 지지하지도 않고 돈만 쏟아부어야 하는 전임 행정부의 '테러와의 전쟁'을 끝내려 애썼다. 하지만 미국이 만들어 놓은 진창에서 발을 빼기는 쉽지 않았다. 빈라덴 사살은 전쟁을 끝낼 명분을 만들어주는 중대한 성과였다. 문제는 작전 지역이 파키스탄이었다는 것이다. 아프가니스탄은 미 의회의 승인을 받은 전쟁 상대국이었지만 파키스탄은 미국의 동맹국이다. 파키스탄에서 전쟁 행위를 할 수 없으니 선택한 것이, 미군 대신 CIA를 동원하고 전투기나 지상군 없이 드론을 이용해 '테러 기지'로 찍은 곳들을 공격하는 것이었다. 네이비실은 이런 과정이 다 진행된 뒤 마지막에 투입됐을 뿐이었다. CIA가 이끄는 이런 작전은 뒤에 예멘, 소말리아로도 확대됐다.

미국은 표적을 명확히 선택해 '외과 수술처럼 정밀한 공격'을 추구한다고 주장한다. 그러나 하늘에서 폭격을 하면서, 그것도 멀리 떨어진 곳에 있는 미군이 모니터만 보면서 오폭이나 민간인들의 희생을 막기는 힘들다. 터미네이터 같은 인간형 킬러 로봇 대신에 현재 살상용 자율 무기의 대명사가 되고 있는 것은 바로 드론이다. 드론이 무서운 이유는 무인기이기 때문이다. 동어반복 같지만 그것이 핵심이다. 사람들, 사람 사는 마을, 사람이 다니는 길 대신에 '건조물 3347HG', '교량 4490BB' 따위의 좌표를 머나먼 곳에서 게임하듯 조종해 폭격하는 것이다.

드와이트 아이젠하워는 1961년 미국 대통령직에서 물러나면서 "지금 미국은 방대한 군사 체계와 군수산업의 결합이라는 새로운 현상을 목도하고 있다"라며 '군산복합체military industrial complex의 탄생'을 경고했다. 그런데 21세기에 들어 '테러와의 전쟁'이 계속되는 동안 미국에는 '군사-정보기구 복합체'라는 새롭고도 위험한 존재가 형성됐다. 특히 아프가니스탄 탈레반이나 이라크 알카에다와의 싸움은 정보전의 성격이 짙었다. 이 과정에서 군과 정보 기구의 역할이 섞이기 시작했다. 역설적이게도 CIA가 군사 기구처럼 되어 더 많은 살상에 나서게 된 것은 전쟁을 정리하고 싶어 했던 오바마 정부가 들어선 이후였다. 두 차례 전쟁으로 미국 재정이 축나고 군인들이 죽어나간 게 군정 복합체를 부추기는 요인이 됐다. 오바마 정부는 "막대한 돈을 들여가며 야단스럽게 몇 년씩 점령 통치를 하는" 부시 시절의 전쟁보다 아프가니스탄-파키스탄 변경 지대의 무인 공격기(드론) 공습 같은 '은밀하고 조용한 CIA 작전'을 선호했던 것이다.[60]

재래식 군대가 하는 일은 미 의회와 정부가 감시할 수 있지만 민간 정보 회사와 CIA가 함께 벌이는 은밀한 전쟁은 감시조차 받지 않는다. 당연히 오폭이 많고, 민간인 피해가 급증할 수밖에 없다.

'윤리적'인 킬러 로봇은 가능한가?

군과 정보기관 등 '안보 커뮤니티' 안에는 자율 무기를 옹호하는 이들이 많다. 효율성과 가성비 때문이다. 그것을 넘어 자율 무기가 더 '윤리적'이라고 주장하는 이들도 있다. 임무에 투입되는 전투원 숫자가 줄어들면 사상자가 줄어든다는 것이다. 미 국방부의 〈무인 시스템 로드맵 2007~2032Unmanned System Roadmap 2007-2032〉는 자율 무기 체계를 추진해야 하는 또 다른 이유로 '지루하거나 더럽거나 위험한' 임무를 로봇에 맡길 수 있다는 점을 들고 있다.[61] 이를테면 장기 출격, 방사성물질에 노출될 수 있는 임무, 폭발물 처리 같은 것들이다. 어떤 이들은 공포나 히스테리 같은 감정에 휘둘리지 않는 로봇이 훨씬 합리적으로 행동하면서 전투로 인한 불필요한 피해를 줄일 것이라고 주장한다. 인간과 로봇 병사가 협업을 하면, 인간의 불법적이거나 부당한 행위를 로봇들이 프로그래밍된 대로 투명하게 보고할 것이기에 전쟁범죄를 막을 수 있다고 말하는 이들도 있다.

반대로 도덕적 논거를 내세워 자율 무기 시스템을 비판하는 이들도 많다. 누구에게 총을 쏠지, 언제 쏠지를 인간이 아닌 무기 시스템 자체가 결정한다면 전쟁의 양상은 근본적으로 바뀌게 된다. 2015년 4월, 90개국 이상의 외교관과 군사 전문가들이 스위스 제네바에 모여 자율 무기 시스템에 관해 논의했으며 석 달 뒤인 7월 28일 1,000명 넘는 AI 전문가, 로봇공학자 등이 "인간의 통제를 벗어난 공격용 자율 무기의 금지"를 촉구하는 공개 서한을 발표했다.[62] 서한은 AI 무기 개발이 불러올 새로운 군비경쟁을 우려했고, 자율 무기가 억압적인 정권이나 불법적인 무장 단체 손에 들어갈 수 있다는 점을 지적했다.

'우리 군인들이 죽을 수 있다'는 사실은 국가가 무모하게 전쟁을 벌이는 걸 막아주는 가장 기본적인 억제 장치다. 그것이 사라진다면 과연 한 국가의 안보는 더 나아질까, 아니면 더 불안정해질까? 민주

국가에서는 시민들이 '우리 국민의 생명'을 중시하지 않는 정부에 책임을 묻는다. 그런 과정이 사라진 뒤에도 전쟁이나 무력행사에 대한 국가의 결정이 유권자들의 통제하에 있다고 말할 수 있을까? 킬러 로봇은 감정에 휘둘리지 않기 때문에 무차별 살상을 하지 않는다고 주장하는 이들도 있지만, 로봇들에는 동정심 또한 존재하지 않는다. 그들은 문화와 역사 또한 배려하지 않는다. 그런 '시스템'들에 인간의 삶과 죽음에 관한 결정을 어느 정도까지 맡길 것인가. 기술적으로도 자율 무기 시스템은 누가 민간인이고 누가 전투원인지조차 판단하기 어렵다. 또한 킬러 로봇은 사람을 '실수로' 죽인다 해도 법적·도의적 책임을 지지 않는다.

그렇다면 어떤 규제가 가능할까. 인공지능 학자들과 몇몇 국가가 제안하는 것은 '업스트림 규제upstream regulation'다. 자율 무기와 관련된 기술 개발에 제한을 두자는 것, 즉 미래의 기술 개발이 넘어서선 안 될 '레드라인'을 그어두자는 것이다. 반면 문제가 생기면 그에 맞춰 규제를 다듬어가는 '다운스트림 규제'가 현실적이라고 주장하는 이들도 있다. 아직은 어떤 기술이 개발될 것이며 어디에서 어떤 문제가 생길지 모르기 때문에 선제적 규제는 효과가 떨어질 것이라고 이들은 말한다. 또한 인간 공동체가 자율 무기의 진화와 함께 '공진화'할 것이며 그에 맞춰 윤리 기준도 정비되고 진화해나갈 것이기 때문에 기술과 규제는 같은 보폭으로 가야 한다고 주장하기도 한다. 바꿔말하면 이런 주장에는 인간의 양심이나 도덕적인 판단도 '기술과 함께' 바뀌어갈 것이며, 로봇이 스스로 결정해 인간을 죽이는 상황에 대한 현재의 거부감도 시간이 지나면 사라질 수 있다는 생각이 담겨 있다. 무엇이 윤리적으로 옳은지 그른지를 '지금의 기준'으로 말하기는 힘든 것이 사실이다. 하지만 기술과 윤리 기준 혹은 법 제도가 함께 진화해나가려면 군사 분야의 비밀주의라는 장벽을 넘어서야 한다.

'오펜하이머 모먼트'

제2차 세계대전 당시 미국의 핵무기 개발 프로젝트를 지휘한 과학자 로버트 오펜하이머J. Robert Oppenheimer는 일본에 투하된 핵무기가 불러온 참상을 목격한 뒤 반핵 운동가가 됐다. 영국 출신으로 미국에서 활동한 물리학자이자 오펜하이머의 친구이기도 했던 프리먼 다이슨Freeman Dyson은 핵실험이 곧 대량 살상은 아니며 둘을 분리할 수 있다는 태도를 갖고 있다가, 어느 순간 둘이 분리될 수 없다는 사실을 깨닫고 반핵론자로 돌아서게 된 경험을 전한다. 다이슨은《프리먼 다이슨, 20세기를 말하다Disturbing the Universe》에서 물리학자들이 핵무기를 개발했다는 '원죄'를 안고 있던 것과 달리 생물학자들은 "역사 속에 처음부터 깨끗한 손으로 등장"했다면서, 그랬기 때문에 그들이 생물학무기 통제나 DNA 재조합 기술을 규제하는 데 앞장섰던 사실을 거론한다.[63]

생물학자들은 DNA 기술이 인간 유전자를 멋대로 변형하고 조작하는 쪽으로 치닫는 것을 경계하기 위해, 1975년 미국 캘리포니아주 애실로마에서 회의를 열고 유전자 조작 기술의 위험성과 생물 재해에 관해서 토론을 벌였다. 이를 애실로마 회의Asilomar Conference라고 부른다. 그 후 40여 년이 지난 2017년, 다시 애실로마 회의가 열렸다. 이번에는 유전학자들이 아니라 인공지능을 연구하는 학자들이 모였다. 두 번째 애실로마 회의에서 '애실로마 23원칙'으로 알려진 인공지능의 원칙들이 만들어졌고, 물리학자 스티븐 호킹, 테슬라경영자 일론 머스크, '알파고' 프로그램을 개발했고 2024년 노벨물리학상 수상자가 된 딥마인드의 데미스 허사비스Demis Hassabis, 미래학자 레이 커즈와일Ray Kuzweil 등 수백 명이 서명했다. 원칙 중 18번째 항목은 "치명적인 인공지능 무기의 군비경쟁을 피해야 한다"라는 것이다.[64]

2024년 4월 오스트리아는 자율 무기 시스템에 인공지능을 쓰는 것을 규제하기 위한 국제회의를 개최했다.[65] 이미 2013년부터 특정재래식무기금지협약Convention on Certain Conventional Weapons, CCW 체제나 자율 살상 무기 정부 전문가 그룹Group of Governmental Experts을 중심으로 논의가 이뤄져왔고, 특히 2023년에는 인공지능을 군사 용도로 쓰는 것에 관한 논의가 본격화됐다. 미국과 영국, 북대서양조약기구NATO 등은 그해 인공지능의 군사적 활용을 규제하는 문제에 대한 일련의 지침을 발표했다. 유엔이 나서서 임시 협의체를 창설해야 한다는 주장도 나왔다. 이런 맥락에서 같은 해 제1차 인공지능의 책임 있는 군사적 이용에 관한 고위급 회의Summit on Responsible Artificial

Intelligence in the Military Domain, REAIM가 네덜란드 헤이그에서 열렸다. 2차 REAIM 회의는 2024년 9월 서울에서 개최됐다.

하지만 인공지능 규제 논의와 마찬가지로 자율 무기와 관련한 규제를 놓고서도 국가 간 복잡한 대립 구도가 전개될 전망이다. 사이버·우주 분야와는 달리 인공지능과 연결된 자율 무기 분야는 미국, 중국, 러시아 등 군사 강국들과 여타 개발도상국들, 이른바 비동맹 진영의 대립이 기본 구도였다. 그러나 최근 인공지능 분야도 서방과 중-러 간 대립 구도로 변화할 조짐이 일고 있다. 예를 들면 미국, 중국, 러시아는 구속력 있는 자율 무기 관련 조약을 만드는 것에 반대하는 입장이었는데 미국, 영국, 호주, NATO 등이 적극적으로 '정치적 선언'을 제안하는 쪽으로 바뀐 것이다. 미국이 주도하는 다자 선언이 나온다면 진영 대립이 다시 나타날 수 있다.[66]

자율 무기의 위험성을 생각한다면, 인류는 좀 더 현명하게 이 이슈를 다뤄야 한다. 이 문제에서도 과거의 무기 통제 경험으로부터 배울 것들이 있다. 예를 들면 1997년의 대인지뢰금지협약Mine Ban Treaty 같은 것들 말이다. 흔히 오타와조약Ottawa Treaty이라 불리는 이 협약은 대인 지뢰의 사용, 비축, 생산, 이전 금지, 폐기를 총괄적으로 규정하고 있다. 오랫동안 열정적으로 캠페인을 벌여온 민간 단체들과 글로벌 시민운동, 영국의 고 다이애나비 같은 이들의 노력이 각국 정부를 움직였고 조약이 성사됐다. 미흡하고 한계가 명확하지만 핵 확산을 막는 억제력으로 작동하고 있는 핵확산방지조약 체제, 생물무기와 화학무기 등에 관한 각종 금지 협약들의 사례도 연구해볼 만하다. '어기는 자'가 있을 수 있다고 해서 그런 노력들이 무의미한 것은 아니다. 인공지능을 장착한 킬러 로봇의 행동에 한계를 정해주고, 그 한계를 무너뜨리려는 집단을 질타하고 국제적으로 고립시켜 압박하는 것은 현재로선 가장 시급한 규제 수단이 될 수 있다. 그것이 인간이 동료 인간들을 위해서 해야 할 일이다.

우크라이나와
DJI

세계 최대 드론 회사인 중국의 DJI는 2022년 4월 26일 러시아와 우크라이나에 드론을 판매하지 않기로 했다고 발표했다. DJI는 "여러 수출 지역에서 준수해야 할 요건들을 내부적으로 평가하고 있다"라며 수출을 잠정 중단한다고 밝혔다.[67]

우크라이나 측은 그 직전 "러시아가 DJI 드론을 이용해 어린이를 살해하고 있다"라며 DJI 창립자 겸 최고경영자 왕타오汪滔에게 공개 서한을 보냈다. 우크라이나는 러시아군의 침공에 쓰인 드론들이 러시아, 시리아, 레바논 등에서 들어왔다고 보고, DJI에 이 지역들에 대한 드론 판매를 중단해달라고 요청했다. DJI는 이런 의혹이 '거짓말'이라며 전면 부인했다. "우리는 소비자를 위한 제품을 생산하고 있으며, 드론에 탄약을 탑재하려는 시도는 분명히 반대한다"라면서도 수출 중단 요청을 거절했다. 러시아군이 자기네 드론을 쓰고 있음을 보여주는 영상이 공개됐는데도 "사실 여부를 확인할 수 없다", "드론 사용까지 우리가 통제할 수는 없다"라고 주장했다. DJI는 또 드론을 판매할 때 위치를 파악할 수 있도록 에어로스코프 시스템을 장착해두고 있으며 이 시스템을 끌 수는 없다고 했다. 그러나 우크라이나 측의 설명에 따르면 러시아군에 동원된 이 회사 드론들은 우크라이나 측의 레이더를 피해 갈 수 있도록 시스템이 조작된 상태였

▲2022년 러시아군이 우크라이나 침공 당시 사용한 오를란-10. ⓒMil.ru
▼우크라이나군이 러시아의 공격에 대응하기 위해 사용한 렐레카-100. ⓒVoidWanderer

다. DJI는 드론이 우크라이나 상공을 비행할 수 없도록 지오펜싱(지리적 울타리)을 설치하겠다고 제안했다. 하지만 미온적인 태도에 비난이 계속됐고, 결국 DJI는 수출을 중단하기로 결정했다. DJI 대변인은 중국 언론에 "특정 국가를 겨냥한 성명서가 아니라 우리의 원칙에 대한 것"이라고 말했지만 분쟁 지역에 드론을 팔아 인명 살상을 키운다는 비판에 결국 밀린 셈이다.[68]

크림반도 병합 뒤 본격화된 드론 군비경쟁

2014년 러시아가 크림반도를 병합한 뒤 우크라이나 동부에서 내전이 시작됐고, 러시아군은 사실상 이때부터 개입해왔다. 우크라이나는 이 무렵에 러시아군이 드론을 전술 임무에 통합하고 전쟁에 동원하기 시작했다고 주장한다. 세계 최대 기술 전문 협회인 미국 전기전자기술자협회IEEE의 분석에 따르면 러시아는 이 시기 이후 약 90억 달러를 들여서 500대의 무인기를 자국에서 생산했다.[69]

'날아다니는 폭탄'으로 볼 수 있는 소형 드론에서 대형 드론까지, 군용 드론은 크기와 기능이 매우 다양하다. 대형 무인 폭격기는 날개폭이 25m에 달하고 30~40시간 동안 고공에 머물 수 있다. 전쟁터에서 수천 km 떨어진 곳에서 조종할 수 있으며, 공대지미사일을 정밀하게 발사할 수 있다. 중간 크기의 드론은 주로 감시와 정찰을 위해 사용된다. 러시아의 드론 비행대에는 다양한 모델이 모두 포함돼 있다. 소형 폭탄을 떨어뜨릴 수 있는 잘라 키브Zala Kyb, 시리아와 우크라이나에서 사용한 엘레론-3SVEleron-3SV와 오를란-10Orlan-10

등이 대표적인 러시아군 드론이다. 우크라이나 침공에서 러시아군은 정찰용 드론 오를란-10을 이용해 키이우 외곽의 우크라이나 기지를 찾아내 파괴했다. 대형 미사일을 발사할 수 있는 드론으로는 미국의 MQ-1 프레데터MQ-1 Predator와 유사한 크론슈타트 오리온Kronshtadt Orion을 갖고 있다.

다만 러시아의 드론들은 기술적으로는 서방에 뒤처진다. 크림반도 병합 이후 제재를 받아왔기 때문에 광학 장비, 동체 제작에 필요한 경량 소재, 전자 제어장치 등 핵심 기술과 부품들을 수입할 수 없었던 탓이다. 그래서 정작 러시아산 드론들의 공격은 성공적이지는 못했고 오히려 우크라이나가 보유한 드론에 밀리는 양상을 보였다.

우크라이나는 크림반도를 빼앗기고 나서 체계적으로 드론 개발에 나선 것으로 알려졌다. 핵심 무기는 우크라이나에서 설계하고 제조한 A1-SM 퓨리A1-SM Fury와 정찰용 드론 렐레카-100Leleka-100으로 2020년과 2021년 각각 투입됐다. 우크라이나 드론 가운데 가장 큰 것은 날개 길이 12m에 레이저 유도폭탄 네 개를 장착할 수 있는 튀르키예산 드론 바이락타르 TB-2다. 미군 전투용 드론을 대표하는 MQ-9 리퍼MQ-9 Reaper와 기능이 비슷하면서 제작비는 훨씬 저렴하다. 전쟁이 시작된 뒤 미국은 폭발물을 장착할 수 있는 소형 드론 스위치블레이드Switchblade 등을 우크라이나에 지원했다. 우크라이나는 NATO 드론 시스템의 도움도 받고 있다.

기술이 떨어지는 러시아가 중국산 드론들로 보완해왔을 수는 있지만 정확한 규모는 알 수 없다. DJI는 민간 기업이고 재무 정보를 공개하지 않는다. 드론 애널리스트라는 리서치 회사의 자료를 인용해 〈로이터 통신〉이 보도한 내용을 보면 이 회사가 2020년 판매한 하드웨어 매출액이 29억 달러라고 하는데, 러시아가 자국산 외에 중국산 드론을 얼마나 갖고 있는지는 알 수 없다.

세계 최대 드론 회사, DJI

DJI의 공식 명칭은 선전 DJI 과학기술 유한공사深圳大疆創新科技有限公司다. 본사는 중국 광둥성 선전에 있다. 상업용 드론과 카메라, 비행 플랫폼과 추진 시스템, 비행 제어 시스템을 설계하고 제조한다. 저장성 항저우 출신인 왕타오가 세운 회사다. 1980년생인 왕타오는 홍콩과기대학교 재학 시절부터 드론에 몰두한 것으로 알려져 있다. 2006년 대학생일 때 DJI를 세웠다. 이 회사는 2013년 대중을 겨냥한 팬텀Phantom 첫 모델을 출시해 세계적으로 성공을 거뒀다. 2015년에는 라이브 스트리밍 카메라를 내장한 팬텀3을 출시, 역시 상업적으로 대성공하며 세계 최대 민간 드론 회사로 부상했다.

〈포춘 비즈니스 인사이트〉에 따르면 세계 상업용 드론 시장 규모는 2022년 약 88억 달러, 2023년에는 약 110억 달러에 이른 것으로 추산된다. 2030년에는 약 550억 달러로 커질 전망이다.[70] 그 가운데 60~70%를 DJI가 차지하고 있다. 이 회사의 드론들은 주로 음악, TV, 영화 산업에서 널리 사용된다. 하지만 우크라이나 전쟁에서 보이듯 군대와 경찰, 테러 단체들에 의해 악용된다는 비판이 늘 따른다. 2021년 12월 미국 재무부는 DJI의 드론이 중국의 위구르 탄압에 사용된다고 비판하며, 미국 개인과 기업들이 이 회사에 투자하는 것을 금지했다.

　하지만 미국이야말로 전쟁에 드론을 많이 써온 나라다. 아프가니스탄 전쟁 때부터 프레데터, 리퍼 같은 무인 폭격기들을 대거 동원했다. 특히 앞서 언급했듯이 파키스탄, 예멘, 소말리아 등 공식 교전 상대국이 아닌 곳들에서 미군이 아닌 CIA가 대테러전을 빌미로 드론 작전들을 벌이면서 문제가 커졌다.[71] 오바마 대통령은 비판이 일자 2016년 행정명령으로 CIA에 민간인 사망 피해를 보고하도록 의무화했다. 하지만 후임자인 도널드 트럼프 대통령이 이 의무를 폐기해버렸고 소말리아, 예멘에서의 드론 공격은 2017년 이후 특히 크게 늘었다. 가장 악명 높았던 것은 2020년 1월 이라크 바그다드공항에서 미국이 드론으로 이란 군사령관 가셈 솔레이마니를 살해한 사건이었다.

　기술이 발전하고 가격이 낮아지면서 드론 공격은 세계 곳곳의 무장 집단들로 퍼지고 있다. 2010년대 시리아 내전, 예멘 내전에도 드론이 등장했다. 2019년에는 미국 드론과 이란 드론이 맞붙는 상황도 벌어졌다. 예멘 반군의 소행으로 의심되는 사우디아라비아와 아랍에미리트 정유 시설 드론 공격도 잇달아 일어났다. 2023년 가자 전쟁을 일으킨 이스라엘이 멀리 떨어진 이란도 공격 대상으로 삼으면서 두 나라 간에도 드론 보복 공격들이 오갔다.

　러시아는 중국산 드론 수입이 줄자 이란산 드론을 대거 들여오고 있는 것으로 보인다. 이란의 드론 기술은 상당한 수준에 이른 것으로 서방에서는 평가한다. 이란은 소형 전술 시스템부터 위성 항법 장치와 정밀 유도탄 등을 갖춘 중고도 장거리용 드론까지 다양한 무인기를 제작한다. 그중 일부는 포획한 미국과 이스라엘 무인기를 역설계한 것이다. 국제 제재를 받고 있는 이란은 드론 프로그램에 힘을 많이 기울였고, 지금은 이란 군대의 최대 자원이 되고 있다고 미국과 유럽의 군사 전문가들은 평가한다. 이란이 예멘의 친이란 반군이나 팔레스타인과 레바논 등의 무장 정치조직에 드론을 공급하거나 기술을 넘겨준다고 미국과 이스라엘은 계속 주장해왔다.

아이러니한 것이, 러시아는 과거에 미국과 친한 이스라엘로부터 드론을 구매했다는 사실이다. 러시아는 이미 2010년에 이스라엘 항공우주산업과 파트너십을 맺고 중형 정찰용 무인기를 생산했다. 그런데 이스라엘 정부는 2016년 미국의 압력으로 이 거래를 끊었고, 그 때문에 러시아는 드론 국내 생산 체제를 만들었다고 한다.

3부

기술은 과연 세상을
녹색으로 바꿀까

13장

첨단 기술이
식탁 위로
온다면

이탈리아 사람들이 많이 먹는 쌀 요리 리소토. 거기 들어가는 '아르보리오Arborio'라는 쌀의 유전자 변형GM 종자를 과학자들이 야외에서 시험 재배했다. 과학자들은 유전자를 편집하는 데 쓰이는 CRISPR-캐스9Cas9, '크리스퍼 가위'라 불리는 첨단 기술을 이용해서 벼의 도열병을 일으키는 병원성 곰팡이에 저항성을 가진 다양한 쌀 종자를 만들었다. 그래서 2024년 5월 중순 이탈리아 내에서 최초로 야외 재배를 시작했지만, 실험은 한 달을 못 갔다. 바로 다음 달에 과학자들이 다시 가보니 논은 엉망이 됐고 벼들은 깎여 나간 뒤였다. 지역 농민들과 환경단체들의 저항이 거셌던 것이다. 이 사건은 과학적 실험이 아니라 '유전자 변형 작물에 대한 유럽의 반감'을 보여주는 흔한 사례들 중 하나로 기록됐을 뿐이다.[1]

'프랑켄푸드'는 없다?

유전자 변형 작물GMO은 안전할까.

GM 성분이 들어간 식료품을 가리키는 '프랑켄푸드Frankenfood'라는 말이 있다. 쉽게 추측할 수 있겠지만, 메리 셸리의 공상과학소설 《프랑켄슈타인》에 나오는 괴물에 푸드(먹거리)를 붙인 합성어다. 미국 보수 싱크탱크 후버연구소의 연구원 헨리 밀러Henry I. Miller와 정치학자 그레고리 콘코Gregory Conko는 2004년 《프랑켄푸드 신화Frankenfood Myth》라는 책을 내서 GM 식품에 대한 소비자들의 공포를 '신화',

즉 허구로 규정하며 비판했다. 이 책에는 1970년대 개발도상국들의 식량 생산량을 크게 늘린 '녹색 혁명'의 주역이자 노벨 평화상 수상자인 미국 과학자 노먼 볼로그Norman Borlaug의 서문이 실렸다. 이들의 주장은 명확하다. 프랑켄푸드 따위는 없다, 근거 없는 공포가 인류의 더 나은 미래를 막고 있다는 것이다.

《몬산토The World According to Monsanto》,《에코사이드Le Roundup face à ses juges》등의 책에서 미국의 농업생화학 회사 몬산토Monsanto를 비판해온 프랑스 저널리스트 겸 작가 마리-모니크 로뱅Marie-Monique Robin은 몬산토 같은 기업들이 살충제와 제초제를 만들고 거기에 내성을 가진 유전자 변형 종자를 짝지어 팔면서 세계의 먹거리와 환경을 해치고 있다고 주장한다. 그는 아예 이런 비즈니스를 '에코사이드eco-cide', 즉 환경 살해라고 비난한다.

반면 영국의 과학 저술가 마크 라이너스Mark Lynas는《과학의 씨앗: 나는 어떻게 GMO에 대한 생각을 바꾸게 되었나Seeds of Science: Why We Got It So Wrong On GMOs》라는 책에서 환경운동가였던 자신이 GMO에 극렬히 반대하다가 찬성론자로 돌아선 이유를 설명한다. 그 자신은 국제 환경단체들의 유럽 내 반GMO 운동에 초창기부터 주도적으로 참여했지만, 오랫동안 데이터들을 분석하고 과학적으로 검토해보니 비판할 이유가 없더라는 것이다.

진실은 이런 주장들 사이 어딘가에 있다. GM 품종 가운데 대표적인 것이 몬산토에서 만든 '라운드업 레디Roundup Ready'다. 이 품종은 몬산토가 만든 제초제에 내성을 지녔다. 제초제를 뿌리면 곡물의 필수아미노산이 파괴돼 식량 가치가 줄어드는데, 이를 막기 위해 특정 제초제에 내성을 지니도록 곡물 유전자를 변형시켰다. 이런 씨앗과 제초제를 짝지어 파는 것이 농업생명공학 회사들의 전략이다.

GM 작물들이 농민들과 식품 소비자들의 건강에 해롭다고 주장한 로뱅의 책은 농약의 대명사 격인 글리포세이트 자체의 위험성을 GM의 위험성으로 혼동할 수 있게끔, 의도적으로 혼란스럽게 쓰였다. 글리포세이트는 당연히 인체에 해롭다. 제초제이기 때문이다. 하지만 글리포세이트 내성을 갖도록, 그래서 농약을 쳐도 죽지 않도록 유전자가 변형된 몬산토의 작물이 인체에 해롭다는 근거는 대체로 라틴아메리카 농민들의 "농약 치다가 건강에 이상이 생겼다"라는 식의 증언들을 통해 제시될 뿐이다.

하지만 몬산토 같은 회사들이 GM 종자와 제초제, 살충제를 팔면서 농민들을 압박하고, 실수로 밭에 끼어들어 온 종자를 심은 농민들을 특허법 위반으로 제소하며 괴롭혀온 사실마저 모두 부인할 수는 없다. GM 종자와 제초제-살충제 짝지워 팔기 관행은 결국 고비용 집약 농업을 부추기고, 그 비용을 감당하기 힘든 소농을 몰락시키고, 농민들이 기업에 종속되게 만든다. 또한 실제로 인체에 위협이 되든 아니든, 미국 소비자들의 거부에 부딪쳐 팔 길이 막힌 GM 농작물을 아프리카에 '구호 식량' 명목으로 떠넘기려 했던 것도 사실이다. 수많은 소비자가 유전자가 변형된 식품을 불안한 눈길로 보면서 '제품 안에 GM 성분이 있는지 정보라도 정확하게 알 수 있도록 표기해달라'고 요구해왔지만 여러 나라에서 농업생화학 회사들

▲ 바이러스에 강하게 개발된 유전자 변형 매실. ©Scott Bauer
▼ 2015년 5월 아일랜드 더블린에서 몬산토와 유전자 변형 작물에 항의하는 시위가 열렸다.
©William Murphy

의 로비에 막혀 '라벨링', 즉 GM 표기가 의무화되지 않거나 유명무실해진 것 역시 사실이다.

크리스퍼Clustered Regularly Interspaced Short Palindromic Repeats, CRISPR는 세균에게서 찾아낸 유전자 서열이다. 과학 저술가들의 표현을 빌리면 크리스퍼는 위치 추적 시스템GPS처럼 유전자의 특정 부위를 찾아간다. 그런가 하면 어떤 효소는 크리스퍼가 지목한 유전자를 공격해 무력화할 수 있다. 앞서 언급한 캐스9가 그런 효소 중 하나다. 크리스퍼에 이 효소를 붙인 '크리스퍼-캐스9'를 '유전자 가위'라고 부른다. 이 가위로 동식물이나 미생물의 DNA를 매우 정밀하게 변형할 수 있기 때문이다. 눈에 보이지 않는 이 가위를 만들어낸 프랑스의 에마뉘엘 샤르팡티에Emmanuelle Marie Charpentier와 미국의 제니퍼 다우드나Jennifer Anne Doudna는 2020년 노벨 화학상을 받았다.

크리스퍼 가위 기술이 나오면서 이제 생명공학은 도약대를 찾았지만 문제는 어디서 어떻게 규제하고 어떤 것을 얼마나 허용할 것인가다. 식탁 위의 첨단 과학, GM 역시 마찬가지다. 아르보리오쌀 야외 재배가 실패로 돌아간 것을 다룬 언론 기사는 "이제는 사람들이 변해야 한다"라면서 과학적 근거가 없는 GM 공포가 혁신을 막고 있다는 생명공학자들의 오랜 불만을 대변했다.[2]

'황금쌀'의
반복되는 실패

생명공학자들이 늘 사례로 거론하는 것은 '골든 라이스Golden rice'다. 세계에서 매년 수십만 명의 아이들이 비타민 결핍으로 목숨을 잃거나 실명한다. 골든 라이스는 비타민 A를 합성하는 데 필요한 베타카로틴을 생성할 수 있도록 유전자를 변형한 쌀이다. 연구의 역사는 오래됐다. 1982년 미국 록펠러재단의 돈으로 과학자들이 연구를 시작했고 이후 오랜 세월에 걸쳐 안전성은 어느 정도 입증됐다. 하지만 '변형된 쌀'에 대한 거부감은 강했다. 그린피스를 비롯한 국제 환경단체들은 생물다양성을 해치고 인체에 미치는 영향이 완전히 파악되지 않았으며 사회·경제적 파장이 예상된다는 이유로 이 쌀에 반대했다. 2016년 노벨상 수상자 107명이 그린피스와 그 지지자들에게 공개 서한까지 보내 "골든 라이스를 비롯한 GM 작물에 반대하는 캠페인을 중단해달라"라고 요청했지만 소용없었다.

2018년 미국과 캐나다 보건 당국은 '골든 라이스는 안전하다'며 식품으로 승인했다. 그러나 세계 보건의료의 표준처럼 여겨지는 미국 식품의약국FDA의 승인조차 GM 공포를 없애진 못했다. 필리핀 로스바뇨스에 있는 국제쌀연구소International Rice Research Institute, IRRI는 17개국에 지부를 둔 국제 농업 연구 기관이다. 1960년대 아시아의 기근을 막은 녹색 혁명의 주축이 된 쌀 품종 개발로 유명하다. 쌀의 주요 생산국이자 소비국이고 쌀 연구의 중심지이기도 한 필리핀은

2021년 7월 골든 라이스에 세계 최초로 생물 안전 허가를 공식 발급했다. 상업적 규모로 재배할 수 있게 한 것이다.[3] 그러나 2023년 3월 법원은 이 쌀이 소비자의 건강과 환경에 위험을 부른다는 농업 환경단체 마시팩MASIPAG의 주장을 받아들여 허가 취소를 명령했다. 판결은 2024년 항소법원에서 확정됐다.

과학자들의 주장처럼 골든 라이스가 '무지의 희생양'인지 단언할 수는 없지만, 논란 속에서도 생명공학은 발전하고 있고, 이미 우리 밥상으로 올라오고 있다. 미국에서는 2024년부터 보라색 토마토를 가정에서 재배할 수 있게 됐다. 노퍽 헬시 프로듀스라는 회사에서 개발한 이 GM 토마토는 블루베리, 블랙베리, 가지의 유전자를 토마토에 집어넣어 항산화 물질인 안토시아닌 함량이 높은 열매를 맺게 한 것이다.[4]

종류가 다른 생물체의 유전자 일부를 들여와 유전체를 변형하지 않더라도, 크리스퍼 가위로 유전자를 편집하면 유전체를 변화시킬 수 있다. 그동안 GM 반대론자들이 펼쳐온 논리 가운데 하나는 '한 생명체의 유전체에 다른 생명체의 유전자를 들여오는 것의 위험성'이었다. 크리스퍼 가위로 편집한 작물은 외부의 DNA를 끌어오지 않고 한 생명체의 유전체를 오리고 붙인 것이다. 그래서 미국은 유전자 '편집' 작물에 대해서는 규제를 완화하고 있다. 반면 유럽은 여전히 크리스퍼 작물에도 기존 GMO와 똑같이 엄격한 규제를 적용하고 있다. 이를 완화하려는 움직임이 있었지만 2024년 2월에 표결하기로 한 유전자 편집 작물에 대한 법안은 교착 상태에 빠졌다.

결국 GM을 둘러싼 논란은 기술 자체의 문제라기보다는 그 적용에 관한, 기술 발전에 대한 사회적 합의에 관한 문제다. 한쪽에서는 규제 장벽이 문제라 주장하지만, 많은 사람이 걱정하고 있다는 사실만으로도 그 우려는 실재하는 현실이 된다. GM에 대한 우려가 커진 뒤 한국에서는 지방자치단체들과 교육청들을 중심으로 '유기농 학교 급식' 운동이 벌어졌다. 유기농이 대안일까? 유기농과 GM 식품은 우리의 건강에 얼마나 실질적인 차이를 가져올까?

사람들을 '충분히' 안심시키기 위해서는 무엇이 필요할까? 규제할 것은 규제하고, 약자들, 즉 값싼 식품을 사 먹는 사람들과 소농들이 피해를 입지 않게 하고, 그러면서도 불필요한 걱정은 줄여주는 방법은 뭘까? 그러기 위해서는 어떤 과정을 거쳐 어떤 식으로 사회적 합의를 이끌어내야 할까. GM과 관련된 핵심 질문은 결국 투명성과 사회적 논의로 귀결된다.

미국의 대두, 중국의 쇠고기

2014년 우크라이나에서 친러 정권에 항의하는 대규모 시민 항쟁이 일어났고, 결국 대통령이 쫓겨나 러시아로 도망갔다. 혼란을 틈타, 러시아는 우크라이나 땅인 크림반도를 병합했다. 미국 등 서방 국가들은 러시아를 제재하기 시작했다. 그때 잠시 한국에서 희한한 음모론이 돌았다. 미국 농업생화학 기업들이 곡물 수출국으로 유명한 우크라이나에 GM 종자를 팔려고 했는데 러시아와 친한 대통령이 거부하자 CIA 등이 끼어들어 정권을 뒤집어엎었다는 것이다.

밑도 끝도 없는 유언비어였다. 우크라이나 시민들의 민주화 시위를 'CIA의 공작'으로 폄하하고 '시민 혁명 따위는 없었다'고 주장할 권리는 누구에게도 없다. 우크라이나 시민들에 대한 모욕이다. 그럼에도 이런 음모론이 일각에서 퍼질 수 있었던 것은 현재의 농업생명공학이 글로벌 지정학과 밀접히 엮여 있기 때문이다. 생명공학도 지정학적 경쟁에서 빼놓을 수 없는 것이다.

2022년 기준으로 약 940억 달러어치의 대두가 국가 간에 사고 팔렸다. 대두는 기름을 추출하는 원료로도 쓰이고, 동물 사료로도 쓰인다. 그해 대두를 가장 많이 수출한 나라는 브라질이었고 미국, 아르헨티나, 캐나다, 파라과이가 뒤를 이었다. 최대 수입국은 단연 중국이었다. 중국이 541억 달러어치를 들여 갔다. 2위인 파라과이의 수입량이 12억 달러였던 것과 비교가 되지 않는다. 이어 일본, 스페인, 독일 등이 대두를 많이 사들였다.[5]

중국은 세계에서 대두를 가장 많이 소비하는 나라다. 중국의 대두 소비량은 연간 9,000만~1억 2,000만 톤에 이른다. 대두는 거의 전량 가축 사료로 쓰인다. 중국인들이 고기를 먹는 양이 늘어나면 대두 소비량도 함께 늘어날 수밖에 없다.

세계에서 생산되는 대두 물량은 대부분이 유전자를 변형시킨 것들이다. GM 대두는 1994년 미국 정부의 승인을 받았으며 캐나

다, 일본, 아르헨티나, 우루과이, 멕시코, 브라질, 남아프리카공화
국 등이 줄줄이 재배와 판매를 허용했다. 제초제 내성 GM 대두는
1997년 미국 전체 생산량의 17%에서 2001년에 68%로 늘더니
2014년에는 94%로 늘어났다. 면화와 옥수수가 그 뒤를 잇는다. 제
초제 내성 면화와 옥수수, 해충에 강하게 유전자를 바꾼 면화와 옥
수수 품종이 전체 생산량의 75~90%를 차지한다.

중국은 현재 유전자를 변형시킨 사료작물 재배를 허용하고 있
지 않지만, 외국에서 생산된 것은 수입한다. 도널드 트럼프 정부 시
절 미국이 중국과 '무역 전쟁'을 벌일 때에도 중국은 미국산 GM 대
두를 대거 수입했다. 조 바이든 정부가 집권한 뒤에도 무역 전쟁은
이어졌지만 중국의 대두 수입 역시 계속됐다. 심지어 2023년 11월
7일에는 중국의 미국 콩 구매가 하루 기준 역대 최대치를 기록하기
도 했다.[6]

그러면서도 두 나라는 싸운다. 유전자 변형 작물에는 당장의 물량
거래뿐 아니라 특허권이라는 중요한 재산도 관련돼 있기 때문이다.

2014년 중국과 스위스가 자유무역협정을 체결했다. 10년이 지
나면서 협정은 갱신 시기를 맞았다. 하지만 과거엔 스위스의 재도약
기회로 여겨졌던 이 협정이 이제는 지정학적 불안 요인으로 떠올랐
다. 미국이 '중국과 친한 나라들'을 강도 높게 압박하고 있는 상황에
서 스위스도 자유로울 수 없기 때문이다. 〈블룸버그 통신〉에 따르면
중립국으로서 '전통적인 예외주의'를 자부해온 스위스는, 중국의 첨
단 기술 접근을 막으려는 미국의 압력 속에서 '낀 새우' 처지가 돼버

렸다. 예를 들면 취리히의 대기업 ABB는 2024년 초 미국의 항구용 크레인 공급과 관련해 중국 업체와 협력했다는 이유로 미 의회의 조사를 받을 처지다.[7]

신젠타와 켐차이나

크레인보다 훨씬 중요한 것이 스위스가 자랑해온 제약 산업과 생명공학 산업이다. 스위스의 화학-제약 산업은 연간 스위스 전체 수출의 절반에 가까운 1,570억 달러 규모에 이른다. 가장 큰 시장은 미국이다. 그런데 2023년 미 의회에 제출된 초당적 생물 보안법Biosecure Act은 미국 국가기관이 중국 생명공학 기업과 협력하는 것을 금지하는 내용을 담았다. 법안에 명시된 주요 중국 생명공학 기업 중 하나인 상하이의 우시Wuxi AppTec Co.는 스위스에 자회사를 두고 있다. 스위스 생명공학협회는 이 법안이 "미국의 보호무역주의 다음 단계"를 의미한다고 보고 있다.[8]

　미국이 스위스와 중국의 '바이오 협력'을 경계하는 데에는 그럴 만한 이유가 있다. 신젠타Syngenta는 스위스 바젤에 본사를 둔 거대 농업생명과학 회사다. 흔히 애그로비즈니스Agrobusiness라고 부르는 거대 농식품 회사들과 농업생화학 기업Agrochem들은 하나로 어우러져 있다. 신젠타는 2000년 제약-생명공학 회사 노바티스와 아스트라제네카의 농화학 사업 부문이 합병되면서 설립됐다. 이 회사는 살충제, 제초제와 함께 다양한 종자를 판매한다. 이 회사가 미국에서 특히 많이 파는 것은 GM 옥수수 종자들이다. 그 종자를 사서 키운 미국 농민들은 거둬들인 옥수수를 중국에 판다. 이 복잡한 거래가 대규모 소송으로 가기도 했다. 2010년 신젠타는 빕테라Viptera라는 GM 옥수수 종자를 미국 농민들에게 팔았다. 문제는 '중국이 사준다는 보장을 해주지도 않았는데' 이 씨앗을 팔았다는 것이었다. 중국은 이 종자로 키운 옥수수의 수입을 한동안 거부하다가 몇 년이 지난 2014년에야 수입을 허가했다. 하지만 이미 몇 년 동안 빕테라 종자 때문에 손해를 본 미국 옥수수 생산농들은 2016년 법원에 소송을 냈으며, 2년 뒤 신젠타 측과 15억 달러가 넘는 보상액에 합의했다.⁹

재미난 것은 그 소송이 진행되는 사이에 신젠타가 '중국 기업'이 됐다는 사실이다. 신젠타는 2004년 북미 지역의 옥수수·대두 종자 회사들을 잇달아 인수했다. 특허권을 많이 보유한 신젠타를 처음에 탐낸 것은 몬산토였다. 2014년 몬산토는 400억 달러에 신젠타를 인수하려고 했으나 거부당했다. 그러던 신젠타는 2017년 중국 국영 기업인 켐차이나中國化工集團, Chemchina에 인수됐다. 켐차이나가 제시한 인수 자금은 430억 달러였고, 몬산토와 달리 그 돈을 현금으로 제시했다. 중국 기업이 외국 기업을 사들인 사례 가운데 그때까지 최대 규모의 인수 건이었다.

켐차이나는 런젠신任建新이라는 사업가가 1984년 설립한 블루스타藍星公司라는 기업에서 출발했다. 은행에서 빌린 1만 위안으로 종업원 일곱 명과 함께 산업용 화학제품 공장으로 출발한 블루스타는 개혁개방의 물이 오르기 시작한 중국에서 사업을 계속 확장하더니 1996년에는 100여 개 부실 화학 공장들을 인수해 거대한 '케미컬 제국'으로 커졌다. 2004년 5월 중국 국무원의 승인하에 거대 국영 화학 회사로 변신했다. 2021년에는 시노켐中國中化集團公司, Sinochem Corporation과 합병해 세계 최대 화학 기업이 됐다.

신젠타를 사들임으로써 중국은 특허권을 대거 확보했고, 농업생명공학 분야에서 미국과 경쟁할 발판을 만들었다. 미국이 지켜보고만 있을 리 없다. 2020년 8월 미 국방부는 '인민해방군과 직간접적으로 연계된' 중국 기업 명단을 발표하면서 켐차이나도 집어넣었다. 석 달 뒤 트럼프 당시 대통령은 이 명단에 오른 회사의 주식을 미국 기업이나 개인이 소유할 수 없도록 하는 행정명령을 발표했다. 2022년 10월 미 국방부는 미국에서 활동하는 '중국 군사 기업' 목록에도 켐차이나를 추가했다.[10]

공학이 된 농업, 화학이 된 식품

오늘날 중동 땅에 살았던 고대 수메르인들은 이미 4,500년 전에 유황을 써서 살충제를 만들었다고 한다. 살충제와 비료의 역사는 오래됐다. 품종개량도 마찬가지다. 농경의 시작과 함께 인간은 곡물이나 과실의 종자에 손을 대 더 많고, 더 크고, 더 맛있는 먹거리들을 생산하려 애썼다. 이제 그 작업은 유전자 가위라는 낯선 도구를 통해 이뤄진다.

밥상 위의 첨단 기술은 유전자 변형 작물들만이 아니다. 인공지능을 활용한 '스마트 팜Smart Farm' 사업에 팔을 걷어붙인 신젠타는 드론과 디지털 데이터를 농업에 결합시키고 있다.[11] 디지털 정보에 기반한 '데이터 농업'을 표방한다.

농업은 유전자공학과 빅데이터와 인공지능과 로봇 시대로 가고 있다. 아스피린 만드는 회사로 유명한 독일 바이엘 역시 농업생명공학 쪽으로 사업을 확대했고, '존 디어John Deere'라는 브랜드로 유명한 농기계 회사 디어 앤드 컴퍼니는 농업 플랫폼 회사로 변해가고 있다. 먹거리와 테크의 결합, 그 시장에 뛰어든 것은 서방과 중국 기업들만이 아니다. 뭄바이에 본사를 둔 인도의 UPLUnited Phosphorus Limited은 농업용·산업용 화학제품을 만들어 파는 거대 기업이다. 1960년대 말 비료로 쓰이는 인산염을 제조하는 회사로 출발해 지금은 바이엘, 코르테바Corteva(옛 다우듀폰), 신젠타, 바스프BASF에 이어 세계에서 다섯 번째로 큰 농화학 회사로 성장했다.

어쩌면 종자는 죄가 없을지도 모른다. 이 회사들이 만드는 제품들은 우리 건강에는 사실 큰 위협이 되지 않을 수 있다. 하지만 지구환경에는 어떨까? 그들이 변형시킨 씨앗들은 지구환경과 조화를 이룰수 있을까? 신젠타는 미국 환경단체 국제자연보호협회The Nature Conservancy와 오랫동안 파트너십을 맺어왔다. 이런 노력이 겉치레에 끝나지 않고 지속가능한, 건강한 농업으로 이어질 수 있을까? 생산성만 추구하면서 땅의 안녕에 대해서는 생각하지 않는 산업 관행에 제동을 걸 수 있을까.

다농과 농푸,
물은 누구의 것인가

오스트리아 출신의 사상가 이반 일리치Ivan Dominic Illich는 모두의 것인 공유재를 '자원'으로 바꾸고, '얼마나 있느냐'를 가지고 모든 것의 값어치를 매기는 경제를 비판했다. 물은 자원이 되고 상품이 된 대표적인 공유재다. 기후변화가 심해지자 물의 '희소성'은 더 심해지고 이제는 상품을 넘어 '리스크' 취급까지 받는다.

시장이 된 자연, 상품이 된 물

세계 물 소비량의 4분의 3은 농업에 들어간다. 그러나 지금은 물 자체가 거대한 비즈니스 영역이 돼버렸다. 물 산업에서 큰 몫을 차지하는 것은 인간이 더럽힌 물을 깨끗하게 정화하는 폐수 처리 분야다. 통계 회사 스태티스타에 따르면 2022년 세계의 상수·폐수 처리 시장은 3,017억 달러 규모였다. 2030년에는 5,364억 달러 가까이 될 것으로 예상된다.[12] 그다음으로 큰 비중을 차지하는 것은 식수 공급이다. 먹는 물을 사고파는 시장 말이다. 깨끗한 물을 마시는 것은 인간의 기본권이지만 사하라 이남 아프리카나 남아시아 같은 지역에는 안전한 식수를 얻기조차 힘든 사람들이 적지 않다. 심지어 미국에서도 대도시 상수도에서 고농도의 유해 화학물질이 검출됐다는 뉴스가 나오곤 한다. 사람들을 유해 물질에 노출시킨 것은 돈 없는 정부, 혹은 돈이 있어도 기업들에 물 관리를 내다 판 정부다. 대부분의 나라에서 급수망은 공공 수도 사업자들이 운영하지만 민영화라는 이름으로 기업들에 그 일을 맡긴 나라들도 있다. 1999년 볼리비아 코차밤바에서 정부의 수돗물 민영화에 맞서 벌어진 '물 싸움'은 다국적기업과 주민들 간 대결을 보여주는 드라마틱한 사건이었다. 하지만 여전히 물 기업들은 세계 곳곳에서 말 그대로 사람들의 '생명줄'을 잡고 있다. 프랑스의 베올리아Veolia Environnement S.A.는 중동과 아시아, 호주, 뉴질랜드, 유럽, 아메리카 등 세계를 상대로 물 비즈니스를 한다. 2023년 이 회사의 매출은 453억 유로를 기록했다.[13] 이 회사로부터 식수를 받아 마시는 사람이 1억 명에 이른다. 베올리아와 함께 프랑스의 대표적인 물 기업인 수에즈Suez 역시 물 관리, 폐수 처리, 식수 서비스, 수력발전 등 물과 관련된 모든 분야에 팔을 뻗치고 있다. 미국 일리노이에 본사를 둔 날코 워터Nalco Water, 화학 기업 듀폰, 펌프 제조사에서 출발한 덴마크의 그런포스Grundfos, 핀란드의 케미라Kemira 역시 물 시장의 강자다. 2011년 설립된 미국의 자일렘Xylem은 이들에 비하면 신생 기업이지만 이미 150개국에서 물 사업을 하고 있다. 독일의 에보쿠아Evoqua는 10여 개국 160여 곳에서 폐수 처리에 관여한다. 이 기업들은 '스마트한 기술을 활용한 물 솔루션'을 내세운다. "물의 수명 주기 전반에 걸친 비용 절감과 지속가능성 촉진", "나노 여과와 역삼투, 최첨단 과학을 이용한 이온 교환 솔루션을 제공합니다", "물 산업 전반에 걸친 이해관계자들과의 강력한 관계로 지역 물 생태계에 접근" 등등.

보이지 않는 물 관리보다 더 쉽게 체감할 수 있는 비즈니스는 먹는 샘물, 즉 페트병 생수 산업이다. 이 분야에서 세계 최대 기업의 자리는 어느새 중국 회사로 넘어갔다. 중국 저장성 항저우에 본사를 둔 농푸農夫山泉, Nongfu Spring 는 2019년 240억 위안, 약 4조 7,000억 원의 매출을 기록했다. 1996년 이 회사를 세운 중산산鐘睒睒은 2021년 기준으로 630억 달러의 자산을 보유한 중국 부자 1위였다. 미디어들은 그를 가리켜 "생수 재벌bottled water tycoon"이라 부른다.**14** 이 회사는 생수뿐 아니라 주스와 과일 음료, 커피, 차 등등 온갖 마실거리를 판다. 그 뒤를 미국 펩시의 자회사 아쿠아피나Aquafina와 코카콜라 계열 다사니Dasani, 프랑스의 다농Danone 등이 잇고 있다. 최근 두각을 보인 것은 세본C'estbon이다. 중국 화루인바오華潤怡寶, China Resources Beverage가 갖고 있는 생수 회사로 중국 시장의 3분의 1을 차지하고 있다.

물 잡아먹는 산업

사람도 물을 먹지만 공장도 물을 먹는다. 직물에서 컴퓨터까지 산업은 어마어마한 양의 물을 괴물처럼 빨아들인다. 기후변화는 사람뿐 아니라 산업에도 영향을 미치고, 물 부족은 엄청난 리스크가 된다. 미국 에너지정보국EIA은 식품, 의류, 에너지, 화학, 광업 등 산업 부문이 세계 담수의 70%를 소비하는 것으로 추산한다. 미국 민간 연구 기관 세레스CERES는 2022년 4월 캐나다 서스캐처원대학교 연구팀과 함께 작성한 〈민간 부문이 세계의 물에 미치는 영향〉이라는 보고서를 발표했다.[15] 보고서는 물 사용, 오염, 물 흐름의 변화, 광범위한 물 시스템의 교란 등에 산업이 미치는 영향을 분석했다. 또 물과 관련된 위기가 심해지면서 서로 다른 산업 부문이 어떤 위험을 맞고 있는지, 기업들은 어떤 조치를 취해야 하는지를 검토했다. 보고서는 지하수 고갈, 금속 물질에 의한 오염, 플라스틱 오염, 물 흐름의 변화, 부영양화를 5대 위협 요인으로 꼽았다.

- 지금 그대로 두면 2050년 세계의 강과 호수 유역의 42~79%는 돌이킬 수 없는 생태적 고비를 맞을 것이며, 바다에는 물고기보다 플라스틱이 더 많을 수 있다.
- 쇠고기 1kg을 생산하는 데 약 1만 5,000L의 물이 들어간다.
- 소규모 농장에서 주로 재배하는 유기농 목화는 유기농이 아닌 목화보다 물 사용량을 91% 줄일 수 있다.
- 타르가 함유된 모래에서 기름을 뽑아내는 오일샌드 산업은 캐나다 전체 물 사용량의 10%를 차지한다.
- 칠레 광업계는 1톤의 구리를 생산하기 위해 프랑스 파리 사람들이 넉 달 동안 마실 양인 7,000만 입방미터의 담수를 끌어다 쓴다.
- 세계의 긴 강 246개 중에서 댐 없이 자유롭게 흘러가는 강은 37%뿐이다.
- 독성 수질 오염의 일종인 부영양화는 아시아의 강과 저수지의 54%, 유럽의 53%, 북미의 48%에 영향을 미치고 있다.

• 약품에 의한 물 오염이 심각하지만, 약품에 오염된 수자원이 측정된 곳은 25%에도 못 미친다.

민간 연구 기관 CDP의 보고서에 따르면 세계 600여 개 기업이 공개한 자료들을 집계했을 때 물 문제로 인한 피해액이 770억 달러에 달했다.[16]

발 빠른 업체들도 많다. 프랑스 기업 로레알은 '물 순환waterloop 공장'을 만들어 현장에서 물을 재활용한다. 대만의 직물·화학 회사 포모사 타페타는 '처음부터 제대로Right First Time'라는 염색 기법으로 인공지능을 활용해 물 소비를 줄였다. 마스라는 미국 회사는 물 소비량을 30% 줄인 관개 시스템을 만들었다. 하지만 기업들에 맡겨두고 있을 수는 없다. 다시 세레스의 보고서로 돌아가보자. "지구의 가장 중요한 천연자원을 보호할 시간이 줄고 있다. 지속불가능한 관행을 바꾸려면 투자자, 기업, 정부의 일치되고 집중적인 노력이 필요하다." 투자자와 기업, 정부들이 그런 노력을 할 수 있을까? 시민의 힘 없이는 안 된다는 것만은 분명하다.

동물이 아닌
고기

환경운동가로도 알려진 배우 레오나르도 디카프리오Leonardo Dicaprio
가 2017년 한 스타트업에 투자했다. '비욘드 미트Beyond Meat'라는 이
회사는 육류를 대체할 식물성 대체육을 생산한다. 한마디로 채소로
고기를 만든다. 디카프리오는 이 회사에 투자한 이유에 대해 "축산
물 생산은 탄소 배출의 주요 원인이다. 식물성 육류로 전환하는 것
은 우리가 기후에 미치는 영향을 줄이기 위해 취할 수 있는 가장 강
력한 조치 중 하나"라고 밝혔다.[17] 마이크로소프트 설립자이자 다양
한 분야에서 사회 활동을 펼치고 있는 빌 게이츠도 비욘드 미트 투
자자다. 저명인사들까지 잇따라 이 회사에 주목했던 이유는 뭘까.

고기의 미래는 식물?

비욘드 미트는 푸드테크foodtech, 즉 첨단 기술을 접목한 식품을
생산하여, 온실가스를 쏟아내는 축산업을 대체하고 건강한 식물성
식재료를 공급한다는 미션을 내세운다. 이 회사는 동물에게서 얻는
영양소 대부분은 식물로부터도 얻을 수 있다고 설명한다. 콩과 현
미에서 단백질을, 카카오에서 버터와 오일 같은 지방을 얻는다. 감
자 전분과 메틸셀룰로오스라는 다당류 성분을 조합해 곡물이나 고
기의 쫀득한 식감을 만들고, 붉은 채소 비트로 쇠고기의 붉은색을

낸다. 이렇게 여러 식물로부터 얻은 성분에 열을 가한 뒤 식히고 굳히면 맛도 모양도 고기와 비슷하면서 영양도 갖춘 식물성 대체육을 만들 수 있다는 게 비욘드 미트의 설명이다.[18] 이들은 "환경과 기후에 심각한 영향을 미치지 않으면서 육류를 대체할 혁신적이고 대중적인 대안을 개발한 공로"를 인정받아 2018년 유엔환경계획UNEP이 주는 유엔지구환경대상UN Champion of the Earth Award을 수상했다.[19] 건강이나 환경 등을 민감하게 인식하는 소비자들이 늘자 '정크 푸드junk food', 몸에 나쁜 패스트푸드의 대명사처럼 여겨져온 맥도날드도 2021년 비욘드 미트와 손잡고 고기 대신 완두콩, 감자, 쌀로 만든 패티를 넣은 맥플랜트McPlant 버거를 출시했다.

또 다른 대체육 업체 임파서블 푸드Impossible Foods는 아예 "고기의 미래는 식물"이라고 주장한다. 동물로부터 얻는 고기를 완전히 퇴출하고 맛·영양·환경 면에서 앞서는 식물성 대체육을 공급하겠다는 것이 이들의 목표다. 임파서블 푸드는 "축산업은 지구 토지의 절반 이상, 담수의 4분의 1을 잡아먹으며 생태계를 파괴한다"라면서 식물성 고기야말로 지구를 살릴 대안이라고 주장한다.

축산업 쪽에서도 가축에 투입되는 생태 자원이 많다는 사실은 인정한다. 유럽사료생산자협회European Feed Manufacturers' Federation, FEFAC에 따르면 현재 전 세계에서 축산업에 사용되는 총농경지는 25억 헥타르다. 세계 농지 면적의 약 50%, 지구 전체 토지의 약 20%에 해당한다.[20] 축산 업계는 이 농지와 축산에 들어가는 토지가 지구의 미래를 위한 녹색 자산이 될 수 있다고 포장하기도 한다. 그러나 육식

비욘드 미트에서 출시한 비욘드 버거. ⓒBeyond Meat

을 줄이자는 쪽의 생각은 정반대다.

임파서블 푸드는 식품 자체를 넘어 포장 방법까지도 고민한다. 포장재가 쓰레기를 만들어내지 않는지, 재활용할 수 있는지 등을 고려해 포장 방법을 고안한다. 정육 코너에서 살 수 있는 버거 패티의 경우엔 포장지와 패티가 담긴 트레이 모두 100% 재활용이 가능하도록 만들었다. 임파서블 푸드는 비욘드 미트와 맥도날드보다 앞서 글로벌 패스트푸드 체인 버거킹과 함께 2019년 '임파서블 와퍼Impossible Whopper'라는 버거 종류를 시장에 내놨다.

지구온난화global warming를 넘어 지구가 끓고 있는global boiling 시대,

비욘드 미트와 임파서블 푸드 같은 회사들이 내세운 주장에 공감하는 이들이 늘고 있다. 단백질이 필요하면 당연한 듯 고기를 먹는 것에 대해 다시 한번 생각해보는 사람들이 늘었고, 콩으로 만든 고기에서 실험실에서 만든 고기까지 각양각색의 대체육과 인공육이 생산되고 있다. 그렇다고 이 시장이 장밋빛인 것만은 아니다. 140억 달러까지 치솟았던 비욘드 미트의 기업 가치는 현재 시가 총액 4억 달러 아래로 대폭 줄어들었다. 2024년 초 8달러 선이었던 주가도 6달러로 24% 정도 떨어졌다. 코로나19 등 불확실성의 증가, 관련 산업의 성장에 따른 경쟁 심화, 물가 상승에 따른 가격 부담 등 다양한 원인으로 비욘드 미트 등 대체육 시장의 전망이 밝지 않다는 분석도 있다.[21]

공장에서 '고기'를 찍어내면 생기는 일

수렵과 채집으로 살아가던 인류는 정착을 통해 곡식과 채소를 기르고 가축을 길들였다. 소와 돼지, 닭, 염소 등 수많은 동물이 가축으로 길러졌다. 일부 가축은 힘든 농사일을 대신해 생산성을 높이는 역할을 했고, 고기나 알은 단백질 공급원이 됐다. 하지만 집집마다 가축을 기르는 방식이 아니라 한곳에 수백 마리의 가축을 넣고 대량으로 사육하기 시작한 것은 산업혁명 이후다. 초기에는 밀집해 기르는 방법 때문에 가축이 병드는 게 골칫거리였으나 1920년대 이후 비타민 A와 비타민 D, 항생제, 성장촉진제, 화학약품들이 개발되고 보급되면서 이 문제도 어느 정도 해결됐다. 그후 사육 비용을 줄이면서 생산량을 늘리기 위해 좁은 공간에서 밀집된 상태로 가축을 기르고, 도축하고, 먹을 수 있는 축산물로 가공하는 일련의 시스템이 만들어졌다. 이제 공장 같은 축사에서 가축들이 태어나고 자라고 죽음을 맞는다. 상품처럼 규격에 맞춰서.

동물의 성장 기간은 그 시스템에 맞춰졌다. 대량생산되는 가축의 수명은 자연 상태에서의 수명보다 훨씬 짧아졌다. 그들의 생명은 고기로 팔 수 있을 만큼 커질 때까지만 유지된다. 자라는 사이에는 성장촉진 호르몬 같은 여러 화학약품이 투입된다.

좁은 축사에 갇혀 사육되는 동안 스트레스를 받기에 면역력이 떨어지고, 많은 질병에 시달리게 됐다. 닭의 경우를 보자. 닭은 평균적으로 10~20년, 길게는 30년까지 산다. 하지만 고기를 얻기 위해 사육되는 닭은 태어난 지 35일이면 도축된다. 계란을 얻기 위한 닭은 1년 6개월 정도 알을 낳다가 생산성이 떨어진다고 판단되면 도축된다. 알을 낳는 닭의 경우 알에서 부화한 뒤 병아리 상태에서 부리를 잘린다. 다른 병아리를 부리로 쪼아 상처 입히는 것을 미리 막기 위해서다. 육계는 유전자 조작으로 신체가 변형되기도 한다. 닭고기를 부위별로 판매하게 되면서 가슴살 소비가 늘어나자, 가슴을 비정상적으로 크게 만든 이른바 '스모 닭'이 대표적인 사례다. 다리에 비해 비대한 몸집을 지닌 이 닭은 무거운 몸무게 때문에 걷기 힘들고 몸이 눌리면서 다양한 통증을 겪는다. 커다란 근육에 충분한 영양이 공급될 만큼 모세혈관이 제대로 발달하지 못하는 경우도 있다. 돼지도 마찬가지다. 돼지들은 엎드렸다가 일어나 앉을 수 있을 정도의 움직임만 허용하는 스톨이라는 틀에서 사육된다. 새끼 돼지들의 이빨은 태어나자마자 뽑히는데 어미를 보호하기 위해서이기도 하고, 서로 이로 상처를 내는 걸 막기 위해서다. 스트레스를 받은 돼지들은 꼬리를 서로 물어뜯기도 하기 때문에 상품 가치를 고려해 처음부터 꼬리도 대부분 잘라버린다. 공장식 축산이 동물권, 즉 동물들이 고통받지 않고 살아갈 권리를 크게 침해하고 있다는 비판이 나오는 대목이다.

이런 방식의 축산 형태는 동물의 복지뿐만 아니라 인간에게도 해로운 결과를 초래한다. 밀집된 공간에서 집단 사육되는 가축들은 질병에 더 쉽게 노출되고, 이 질병이 인간에게도 감염될 수 있다. 단일 품종을 대량으로 길러내는 공장식 축산이 조류인플루엔자AI, 사스(중증급성호흡기증후군)SARS, 신종 플루 등 사람과 동물 모두를 감염시키는 인수 공통 감염병zoonosis이 퍼지기 쉬운 환경이 된다는 비판은 꾸준히 제기돼왔다. 공장식 축산을 하면 동물들이 밀집한 상태에서 사육되므로 바이러스의 입장에서는 변이하며 생존할 수 있는 숙주가 충분히 제공되는 셈이기 때문이다. 또 대량생산에 용이하게 변형된 품종만 키우게 되므로 유전적 다양성이 줄어들면서 병원체에 취약해질 수밖에 없다. 게다가 인간에 대한 감염을 막기 위해 고병원성 감염병에 걸린 동물들은 물론 위험에 노출됐다고 판단되는 동물들도 법에 따라 예방적으로 살처분한다. 효율적인 질병 관리를 위해선 불가피한 선택이라고 하지만, 예방을 위해 동물의 생명을 빼앗는 것은 '동물 학대'이고 비윤리적이라는 지적이 나온다.

대규모 축산업은 기후변화의 주범으로도 꼽힌다. 축산업을 통해 연간 우유 약 8억 1,000만 톤, 계란 7,800만 톤, 육류 3억 3,000만 톤이 생산된다. 농장, 농장 설치를 위한 땅 개간, 공급망까지 이어지는 거대한 규모의 축산업 체인에서는 많은 온실가스가 배출된다. 유엔 식량농업기구FAO가 세계 축산 환경 측정 모델Global Livestock Environmental Assessment Model, GLEAM[22]을 통해 분석한 결과 소, 버펄로, 양, 염소, 돼지, 닭 등을 포함하는 축산업에서 6.2기가톤의 이산화탄소가 배출됐다. 이는 전체 온실가스 배출의 약 12%에 해당한다. 축산물 가운데서는 육류 생산으로 인한 배출량이 전체의 3분의 2가량을 차지했다. 가축 가운데서는 소가 배출하는 온실가스량이 압도적으로 많다. 전체 배출량의 62%가 소에서 발생했고, 돼지 14%, 닭 9%, 버펄로 8%순이었다. 소는 풀을 뜯고 그 풀을 되새김질함으로써 영양을 얻는다. 네 개의 위에 있는 미생물들이 풀을 분해하는 과정에서 메탄가스가 나온다. 그리고 소가 트림을 할 때 이 메탄가스는 밖으로 뿜어져 나온다. 메탄은 대기 중에서 이산화탄소보다는 빨리 사라지지만, 온실효과는 80배나 강하다.

이런 복합적인 이유로 육류 소비를 줄이고 채식을 지향하는 움직임도 생겨났다. 제러미 리프킨Jeremy Rifkin은 《육식의 종말Beyond Beef》에서 육류를 생산하는 과정에서 생겨난 여러 가지 문제점을 꼬집으면서 "육식 문화를 초월하는 것은 우리 자신을 원상태로 돌리고 온전하게 만들고자 하는 징표이자 혁명적인 행동"이라고 했다.[23]

실험실 고기에서 다리 여섯 개 달린 고기까지

2020년 12월 싱가포르는 실험실에서 배양된 닭고기 제품 3종의 판매를 허가했다. 배양육, 즉 동물에서 얻어낸 진짜 고기가 아닌 만들어진 고기를 팔 수 있게 한 국가는 싱가포르가 세계 최초였다. 싱가포르는 2년 동안 안전성을 검토하고, 배양육과 같은 대체육을 포함한 대체 식품에 대한 정부의 가이드라인을 마련해왔다. 싱가포르가 판매를 허가한 제품은 미국에 본사를 둔 잇 저스트Eat just의 제품이다.24 도시국가인 싱가포르는 식료품의 대부분을 수입하고, 축산업과 농업이 쉽지 않다. 실험실에서 육류를 만들어낼 수 있다면 싱가포르로서는 향후 식량 조달 등에 훨씬 유리한 조건을 갖추게 된다.

싱가포르뿐만 아니라 세계 곳곳에서는 축산업을 둘러싼 여러 가지 고민에 대한 해결책으로 인공육이 떠오르고 있다. 앞서 언급한 비욘드 미트와 임파서블 푸드와 같이 육류와 유사한 질감을 내도록 채소 등의 재료로 대체한 대체육이 인공육의 한 축이라면, 또 다른 한 축은 동물의 줄기세포를 채취하고 배양해 실제 동물을 키우지 않고도 고기를 만들어내는 배양육이다. 두 경우 모두 기후변화, 환경오염, 동물권 논란 등에 얽힌 축산업의 대안이라는 점에서 주목받지만, 대체육이 식물성 단백질로 동물성 단백질을, 채식으로 육식을 대체하는 것이라면 배양육은 말 그대로 실험실에서 고기를 길러낸다는 점에서 차이가 있다.

배양육이 처음 음식으로 대중 앞에 등장한 것은 2013년이다. 배

288

양육의 아버지라 불리는 네덜란드 마스트리흐트대학교 생리학 교수 마크 포스트Mark Post가 영국 런던에서 세계 최초로 근육세포를 이용해 '키워낸' 소고기 패티를 넣은 햄버거로 시식 행사를 했다. 그는 한 강연에서 "소를 해체하겠다"며 축산업의 문제점을 지적한 뒤 "20년 뒤에는 슈퍼마켓에서 두 종류의 고기를 만나게 될 것이다. 하나는 가격이 저렴하고 맛과 색깔, 식감이 진짜 고기와 비슷한 실험실에서 만든 고기다. 다른 하나는 환경세가 부과되고, 이 제품을 만드느라 동물이 고통을 겪었다는 내용의 라벨이 붙은 제품이다. 여러분은 어떤 선택을 할 것인가?"라고 질문했다.[25]

실험실 고기를 만드는 것은 세포를 길러내기만 하면 먹을 수 있는 고기가 생기는 식의 단순한 과정은 아니다. 우선 동물로부터 세포를 채취해야 하고, 필요한 줄기세포를 분리해 성장을 촉진하는 물질이 들어 있는 배양액에 담고 증식시킨다. 이 과정에서 지방과 근육 등이 잘 생성될 수 있도록 적당한 환경을 유지하고 적절한 영양을 공급해야 한다. 세포가 계속 무한 증식하는 것이 아니기 때문에 이 과정을 반복하려면 엄청난 양의 세포가 필요하고, 이를 잘 관리하는 것 자체에 상당한 기술력이 필요하다. 이후 과정도 만만치 않다. 3D 바이오프린팅을 통해 그럴듯한 고기 모양을 내고 풍미를 더하는 것 또한 기술의 영역이다. 실제 2019년 이스라엘 식품 기술 스타트업인 알레프 팜스Aleph Farms는 소에서 채취한 세포를 지구에서 399km 떨어진 국제우주정거장ISS에 보냈다. 이후 3D 프린터로 세포들을 결합해 작은 양의 근육조직으로 진짜 고기와 비슷한 크기의 대체육을 만드는 데 성공했다.[26] 언제, 어디서나, 심지어 우주에서도 식량이 필요하면 언제든 만들어낼 수 있는 가능성을 보여준 것이다. 그것도 기후변화나 환경에 영향을 끼치지 않는 방식으로 말이다.

아예 육류가 아닌 단백질 공급원도 점점 다양화되고 있다. 해양을 오염시키지도 않고, 미세 플라스틱을 걱정할 필요 없이 연어를 배양해 판매하는 기업을 비롯해 오징어, 새우 등 실험실 어류를 생산하는 기업이 등장했다. 단백질 공급원으로서 식용 곤충도 주목받고 있다. '다리 여섯 개 달린 가축Six-legged livestock'이라고 불릴 만큼 단백질 함량이 높고 미네랄이나 불포화 지방을 많이 함유하고 있는 것으로 유명하다. 축산업만큼 온실가스를 배출하지도 않는다. 각종 식품에 재료로 사용되고 있는 갈색거저리 유충인 '밀웜mealworm'이 대표적이다. 유엔 식량농업기구는 꽤 오래전부터 곤충을 미래 단백질 원천으로 주목해왔다. 유엔 식량농업기구는 "동물성 단백질을 얻기 위해 환경에 큰 부하가 걸리고 있고, 생산 비용이 증가하고 있으며, 세계 인구 증가에 따른 수요 증가로 인해 식량으로서 곤충이 21세기에 대안으로 주목받고 있다"라고 밝혔다.[27]

진짜 고기를 대신할 많은 선택지가 생겨나면서 앞으로의 육식은 지금과는 다른 모습으로 전개될지도 모른다. 실험실 쇠고기나 대체육 등이 대세가 될 수 있을까. 모든 채식은 기후에 긍정적인가. 전 세계적으로 소비되는 아보카도를 보자. 아보카도를 재배하려면 다른 채소나 과일에 비해 엄청난 양의 물이 필요하다. 원래 키우던 작물 대신 돈이 되는 아보카도를 심는 농가가 늘어나면서 지역 경작물이 단일화되고, 주변의 물까지 끌어들이면서 토양에 악영향을 끼친다고 한다. 원산지인 아메리카 대륙에서 세계 곳곳으로 수출되는 이송 과정에서 탄소도 발생한다. 곤충과 같은 다른 단백질원이 육식의 자리를 대신할 수 있을까. 기술적으로만 보자면 이미 다양한 단백질원은 우리 앞에 성큼 다가와 있다. 더 나아가 고기 없는 '육식'이 미래의 대안이 되려면 인류의 오래된 식습관과 새로운 음식에 대한 미심쩍음과 생소함이라는 심리적 거리를 극복하는 것이 가장 어려운 과제가 될 것 같다.

14장

한국에서도
바이온텍이
나올 수 있을까

"우리는 아프리카에 완전한 백신 생태계를 만들고 싶습니다."

2023년 12월 르완다 수도 키갈리에 아프리카 최초의 mRNA(전령 RNA) 백신 제조 공장이 문을 열었다. 독일 생명공학 회사 바이온텍BioNTech의 창립자이자 CEO 우우르 샤힌Uğur Şahin은 개막식에서 이렇게 말했다. 바이온텍은 이 공장에 1억 5,000만 유로를 투자했으며 말라리아, 결핵, 에이즈 등 아프리카에서 많이 발생하는 감염병을 막을 백신 연구에 초점을 맞추고 있다.[28]

실험복 잠깐 벗고
혼인신고로 끝난 결혼식

코로나19 팬데믹 이전만 하더라도 독일 마인츠의 작은 회사였던 바이온텍. 이 회사는 미국 거대 제약 회사 화이자Pfizer와 함께 코로나19의 mRNA 백신을 개발, 판매하면서 세계적으로 이름을 알렸다. 샤힌과 그의 아내이자 바이온텍 공동 설립자인 외즐렘 튀레지Özlem Türeci는 제약 업계에서 큰 관심을 기울이지 않았던 mRNA 방식에 주목했고, 자신들처럼 이 분야에 천착하는 바람에 주변부에 머물렀던 카탈린 커리코Katalin Karikó를 영입해 백신을 연구했다. 남들이 알아주든 알아주지 않든 작업을 계속한 이 기업이 주목받은 것은 코로나19가 전 세계를 강타했을 때였다. 기존 백신처럼 바이러스를 몸

안에 넣는 대신에, mRNA 백신은 단백질을 만드는 법을 알려주는 유전물질인 mRNA를 접종하는 방식으로 항체를 형성한다. 코로나19 당시 mRNA 백신은 전통적인 백신보다 훨씬 빠르게 개발되고 보급됐다.

팬데믹이 잦아들고 세계가 일상을 찾아가는 와중에 바이온텍은 아프리카에 백신을 제조할 수 있는 공장을 열었다. 또 코로나19 이전부터 관심을 쏟아왔던 mRNA를 활용한 항암 백신과 치료제 등을 지속해서 연구 개발하겠다고 밝혔다. 21세기의 가장 큰 감염병 가운데 하나인 코로나19에 대응할 백신으로 성공하기 전에 '돈 안 되는' 연구에 시간과 돈을 쏟아부었듯이 다시 연구 개발이라는 본연의 활동으로 돌아가겠다는 뜻으로 읽혔다.

바이온텍은 2008년 샤힌과 튀레지 부부, 그리고 종양학자 크리스토프 후버Christopher Huber가 공동 창업했다. 샤힌은 임상 경험이 있는 의사 출신이었고, 튀레지는 약학을 공부했다. 부부 모두 튀르키예 이민자 출신으로 1960년대에 부모님을 따라 독일로 이주했다. 다른 이민자들처럼 이들은 튀르키예와 독일의 문화가 뒤섞인 어린 시절을 보냈다.

둘의 또 다른 공통점은 암을 연구하는 데에 매우 열정적이었다는 것이다. 둘은 1990년대 홈부르크의 자를란트대학교병원에서 만났는데, 표준 항암 치료만으로는 환자들을 치료할 방법이 충분하지 않다는 현실을 마주하고 암 연구에 몰두하게 된다. 심지어 결혼식 날에도 잠깐 실험복을 벗고 예식을 치른 뒤 곧바로 실험실로 돌아갔다

고 한다. 하객도 대부분 같은 팀의 연구원들이었다.**29**

이들은 마치 전염병에 대응하듯이 인체의 면역 시스템이 암세포를 공격할 수 있도록 프로그래밍하는 방법을 찾는 데에 집중하고 싶었으나, 대학병원이라는 환경에서는 돈이 많이 들고 오랜 시간이 필요한 이런 연구를 계속하기가 쉽지 않았다. 그래서 회사를 차렸다. 첫 회사의 이름은 가니메드Ganymed. '열심히 일해서 얻게 된다'는 의미를 가진 튀르키예식 표현**30**이라고 한다. 이들 부부에게 딱 맞아떨어지는 이름이 아닌가.

mRNA에 관심을 갖게 된 계기도 암 연구였다. 환자마다 암의 종류와 발병 형태가 다르기 때문에 각각의 종양의 유전자 서열을 알아내고 맞춤형 치료법을 찾고 싶었다. 유전정보를 운반하는 mRNA로부터 정보를 건네받은 세포들은 이를 바탕으로 특정 단백질을 만들 수 있기 때문에, 이 특징을 활용하면 백신이나 치료제를 만들 수 있다고 판단했다. 2008년 이 분야에 특화된 연구 개발을 하기 위해 바이온텍을 세웠으나 이때까지 mRNA 연구는 의학계의 주류가 아니었고 작은 신생 기업에 관심을 갖는 이도 많지 않았다. 2016년 이들은 가니메드를 14억 유로에 일본 제약 회사 아스텔라스에 팔고 그 돈을 바이온텍에 집어넣었다.

코로나19 팬데믹이 닥쳤을 때 그간의 연구가 빛을 발했다. 샤힌은 감염이 퍼지기 시작하던 2020년 1월 '광속Lightspeed'이라는 이름을 붙인 프로젝트를 가동하고 코로나 바이러스에 효과적이면서 대량생산할 수 있는 백신 개발에 나섰다. 그리고 불과 1년 만에 20가지 백신 후보 물질을 선보이며 프로젝트를 성공으로 이끌었다. 또 생산과 유통 문제를 해결하기 위해 글로벌 제약 회사 화이자와 손을 잡았다.

변방의 백신 연구에 쏟아진 스포트라이트

바이온텍이 힘든 싸움을 해야 했던 것처럼, mRNA를 연구하는 다른 학자들의 사정도 별반 다르지 않았다. 수십 년간 mRNA 연구를 했고 그 공로로 2023년 노벨 생리의학상을 수상한 커리코도 마찬가지였다. 헝가리 출신으로 미국 펜실베이니아대학교 교수로 재직하던 커리코는 1990년대 초반부터 mRNA 백신 개발 가능성에 주목했다. mRNA를 이용하면 원하는 단백질을 만들어낼 수 있었지만 특성이 매우 불안정하다는 게 문제였다. 면역계에 염증 반응이 일어나는 등 부작용이 적지 않기 때문에 이런 종류의 백신에 집중하는 학자는 많지 않았다. 커리코 역시 연구비 지원을 받지 못해 어려움을 겪었다. 학계에서 명성이 높았던 드루 와이스먼Drew Weissman 교수(2023년 노벨 생리의학상 공동 수상)와 1998년부터 공동 연구를 시작하면서 조금씩 성과를 내기 시작했고, 2005년에 이르러서야 관련 논문을 발표할 수 있었다.

커리코에게 바이온텍이 합류를 제안한 것은 2013년이었다. 커리코는 샤힌과의 만남을 돌아보며 "mRNA가 왜 좋은지 설명할 필요가 없었던 것은 내 평생 처음이었다. 그곳 사람들은 모두 mRNA에 '믿음이 있는 사람들'이었기 때문이다"라고 말했다.[31] 바이온텍에서 합을 맞춘 커리코, 샤힌, 튀레지는 2014년 mRNA 공동 연구 결과를 논문으로 발표했다. 커리코는 2022년까지 부사장을 지냈고 지금도 관계를 이어오고 있다.

샤힌은 커리코를 비롯한 mRNA 백신 연구자들이 노벨 생리의학상을 받은 것에 대해 '열정, 끈기, 헌신'을 높이 평가하면서 "전 세계 과학자들이 신약 개발의 잠재력을 끌어올리려는 열망을 가져야 한다는 교훈"을 준 것이라고 말했다.[32] 커리코가 처음 바이온텍에 합류할 때 "웹사이트도 없는 회사"라며 반신반의하는 이들도 있었다고 한다. 그러나 코로나19 백신 개발에 이어 커리코의 노벨상 수상까지 이어지면서, 주목받지 못하는 분야에서 집요하게 연구를 계속해온 과학자들에게 희망의 메시지가 됐다.

바이온텍의 백신 개발에서 열정적인 연구자가 중요한 역할을 한 것이 사실이지만 그것이 전부는 아니다. 돈과 시간을 쏟아부어도 그 즉시 이익을 보기는 힘든 생명과학 기업에 기꺼이 투자한 투자자, 성과가 나올지 확신하기 힘든 영역에서도 끊임없이 연구를 이어갈 수 있게 해준 사회 분위기도 영향을 끼쳤다. 바이온텍에는 쌍둥이 억만장자 안드레아스 슈트륑만Andreas Strüngmann과 토마스 슈트륑만Thomas Strüngmann이 그런 존재였다. 2008년 회사를 설립할 당시 샤힌과 튀레지를 만난 토마스 슈트륑만은 "그들은 전혀 예상치 못한 '파워 듀오'였고, 처음부터 혁신적인 작업을 하고 있다는 인상을 받았다"라고 말했다. 두 형제가 바이온텍에 투자한 금액은 2억 7,000만 달러에 이른다. 이들의 사례는 "기업과 연구자의 최상의 협업 사례"로 꼽힌다. 쌍둥이 형제는 바이온텍뿐만 아니라 '밑 빠진 독'으로 유명한 생명과학·약학 분야에 수십 년간 15억 달러를 투자했다. 왜일까? 그들의 대답은 간단하다. "질병을 치료할 수 있는 아주 혁신적인 약을 만들어내고, 그 약을 사람들이 이용할 수 있게 하는 일에 돈을 대고 싶기 때문이다."[33]

엄청난 시간과 자본을 투자해야 하는 기초과학 분야보다는 대학만 졸업하면 돈을 벌 수 있는 의대에 가겠다고 공부 잘하는 학생들이 줄줄이 몰려가는 현실, 노벨상 시즌만 되면 '한국인 수상자는 언제 나오나' 한탄하면서도 정작 연구 개발 예산은 삭감해버리는 정부, 이민자 출신들이 동등한 환경에서 교육받고 연구 실적을 쌓을 기회를 누리기까지는 아직 갈 길이 먼 사회적 분위기. 바이온텍 같은 기업이 나오기엔 한국의 현실은 무척 척박해 보인다.

바이러스에겐
국경이 없다

코로나19는 '바이러스에겐 국경이 없다'는 것을 그대로 보여줬다. 미국, 일본, 유럽의 잘사는 나라들에서든 아프리카와 중남미의 개발

▲ 코로나19 바이러스가 급속히 퍼지자 전 세계적으로 화장지, 라면, 빵, 쌀, 채소 등 생활필수품에 대한 사재기가 일어났다. 2020년 3월 코로나19 팬데믹 당시 호주 멜버른 울워스 슈퍼마켓의 진열대가 텅 비어 있는 모습. ©Christopher Corneschi
▼ 2020년 2월 대만 타이베이 거리를 소독하는 코로나19 방역 요원들. ©Zhou Lihang

도상국에서든 바이러스는 가리지 않고 사람들의 목숨을 앗아갔다. GDP가 아니라 정부의 발 빠른 대응이 피해 규모를 결정했다.

하지만 얼마나 많은 이들이 백신을 얼마나 여러 번 접종받을 수 있는지, 백신에 '접근할 권리'가 있는지는 나라마다 달랐다. 감염자가 기하급수로 늘자 미국과 유럽, 중국의 연구 기관과 회사들은 앞다퉈 백신 개발에 도전했다. 거대 제약 회사들도 나섰고, 정부들도 거금을 내놨다. 그 덕에 불행 중 다행히도 유례없이 빠른 속도로 백신이 만들어졌다. 그러나 백신의 보급은 공평하지 않았다. 2024년 미국 싱크탱크인 세계개발센터Center for Global Development, CGD와 유엔개발계획United Nations Development Programme, UNDP이 수집한 데이터에 따르면 세계에서 코로나19 예방접종을 한 번도 받지 못한 사람이 22억 명에 이른다. 이 가운데 89%가 개발도상국 혹은 저개발국에 살고 있었다. 사하라 이남 아프리카 국가에서는 전체 주민의 32%인 약 7억 명이 백신을 접하지 못했다. 인도와 파키스탄, 스리랑카 등 남아시아에서도 약 5억 명, 인구 다섯 명 중 한 명이 한 번도 접종을 받지 않았다. 한 나라 안에서도 인종과 직업, 소득과 자산에 따라 코로나19 피해는 차등적으로 나타났다. 이전부터 사회가 안고 있었던 온갖 차별이 코로나19 위기 상황에서 재확인된 것이다.

돈과 자본, 백신까지 각종 자원이 턱없이 부족한 빈국이나 개발도상국 등에서는 코로나19의 꼬리가 더 길게 이어지면서 자칫 '가난한 사람들의 질병'으로 고착되지 않을까 하는 우려가 나왔다.[34] 게다가 새로운 감염병이 언제 또 세계를 강타할지 모른다. 많은 학자들이 기후변화와 환경 파괴로 수년 내에 또 다른 팬데믹이 또다시 덮칠 수 있다는 예측을 내놓는다. 코로나19 백신이 빠른 시간에 개발될 수 있었던 것은 '부자 나라들'에서도 감염자와 사망자가 많았기 때문이었다. 감염병 피해가 가난한 나라들에 집중됐다면 과연 똑같은 속도로 백신이 나올 수 있었겠느냐고 반문하는 이들이 적지 않다. 이를테면 에볼라의 경우 1979년 아프리카에서 처음 발병했고 지금까지 시시때때로 유행하고 있다. 치명률이 30%가 넘는 무서운 감염병이지만 백신은 최근에야 개발되기 시작했고 치료제가 상용화된 것도 2020년 이후였다. 치명률이 워낙 높아서 연구하기 어려운 측면도 있었지만 글로벌 노스Global North, 즉 개발된 나라들이 아닌 아프리카에서 창궐한 병이라는 것이 한 원인이 됐음을 부인하기는 어려워 보인다. 백신이나 치료제를 개발하는 제약 회사로서는 경제력을 갖추지 못한 지역을 대상으로 거액의 예산을 쏟아붓는 것은 합리적인 비즈니스가 아니다. 불평등은 이렇게 생겨난다.

시장 논리로만 접근할 경우 최종적으로 모든 인류가 피해자가 될 수 있다는 데에 백신 개발의 함정이 있다. 하나의 지구에 살고 있는 우리는 국경을 넘어 연결돼 있으며, 인류뿐 아니라 동식물과 생태계까지 서로 영향을 주고받는다. 팬데믹을 빠르고 효과적으로 막아내기 위해선 보다 많은 사람이, 보다 빠르게 백신과 치료제에 접근할 수 있어야 한다. 백신 불평등을 해결하고 개발도상국의 백신 접근성을 높이자는 취지로 만들어진 민관 협력 체제가 세계백신면역연합Global Alliance for Vaccines and Immunization, GAVI이다. 2000년 출범한 이 기구는 개발도상국들이 어떤 질병에, 얼마만큼의 백신 접종 수요가 있는지 파악하고 필요한 자금을 확보하는 역할을 하고 있다. GAVI에서는 빌앤드멀린다게이츠재단과 같은 자선 재단과 WHO와 유니세프, 세계은행 등 다양한 민간 기구와 공공기관이 협력해 일한다. "WHO의 과학적 전문 지식과 유니세프의 조달 시스템, 세계은행의 금융 노하우와 시장에 대한 지식 등 파트너 개개인의 강점을 합치는 것"이 GAVI의 창립 모토이자 운영 원칙이다. 혼자보다 여럿이 머리를 모으고 협력해야 훨씬 창의적이고 빠른 문제 해결 방식이 도출된다는 판단에서다.

코로나19 팬데믹 기간에 GAVI는 감염병혁신연합Coalition for Epidemic Preparedness Innovations, CEPI이나 WHO 등과 함께 백신을 세계에 보급하기 위한 프로젝트인 코백스 퍼실리티COVAX Facility를 이끌었다. 코로나19 같은 돌발 상황에 대응하는 것뿐 아니라 몇몇 나라들에 디프테리아-파상풍-백일해DTP3 백신을 공급하는 것이 GAVI의 일이다.[35]

2002년 사스, 2009년 신종 조류인플루엔자, 2015년 메르스(중동호흡기증후군)MERS에 이어 코로나19까지, 21세기 들어 신종 바이러스 감염병이 세계를 강타하는 일이 잦아지고 있다.

야생으로 밀고 들어가는 인간의 개발 행위 때문에 야생동물과 인간 사회의 접촉이 늘어났고, 이전에는 야생동물들에게만 퍼져 있던 바이러스가 사람들에게로 이동하면서 인수 공통 감염병이 퍼져나간다. 기후변화는 야생에서 인간 사회로 병원균이 '스필오버spill over', 즉 '넘쳐 흘러나오는' 상황을 부추긴다. 이제 우리는 어떤 태도로 미지의 질병을 맞이해야 할 것인가. 남아프리카공화국의 전염병 전문가 살림 압둘 카림Salim Abdool Karim은 "감염병이 발생했을 때 국가 지도자들이 자국민들을 먼저 지키려 하는 것을 이해하지만 시간이 지나면 바이러스에는 국경이 없다는 사실을 인정해야 할 시점이 곧 닥친다. 전 세계로 빠르게 퍼지는 바이러스를 고립된 상태에서 통제할 수 있는 국가는 없다"라고 단언한다.[36] 혐오와 낙인, 배제보다 함께하는 정책을 펼치고, 백신이나 치료제를 지금보다 훨씬 더 공평하게 배분할 때 언젠가 또다시 출몰할 감염에 대비해 훨씬 더 안전한 미래를 준비할 수 있다.

'팬데믹 협정'에
세계가 합의할 수 있을까

2024년 6월까지 코로나19로 인한 세계의 사망자는 700만 명이 넘었다. 20세기 초의 스페인독감, 6세기의 유스티니아누스 역병, 1980년대부터 계속돼온 HIV|에이즈, 14세기의 흑사병에 이어 인류 역사상 다섯 번째로 많은 사망자를 낸 전염병이라고 한다. WHO는 전염병과 더 잘 싸우는 방법에 대한 글로벌 합의를 이끌어내 가능하다면 2025년까지 '팬데믹 협정'을 만드는 것을 목표로 삼고 있다. 코로나19 때 방역에서 여러 문제를 겪은 WHO 회원국들은 팬데믹이 발생하면 국가 간 협력을 강화할 수 있는 협정을 만들자며 2년 동안 협상을 해왔다. 당초 2024년 5월 합의를 목표로 했으나 백신을 공유하는 문제 등에서 부유한 나라와 가난한 나라 사이에 깊은 분열이 드러나면서 합의가 미뤄졌다.

지금까지의 성과라면, 전 세계를 위협하는 보건 위기에 대해 국제법과 비슷한 효력을 가진 대응 규칙을 만들어가자는 데에는 어느 정도 합의가 이뤄졌다는 점이다. WHO의 테워드로스 아드하놈 거브러여수스Tedros Adhanom Ghebreyesus 사무총장은 협상 과정에서 "공중보건 비상사태와 미래 팬데믹의 공동의 위험으로부터 자국민과 전 세계를 보호하려는 회원국들의 공통된 열망"을 확인했다고 강조했다.[37]

백신 이기주의와 싸우기 위한 협정

팬데믹 조약, 공식 명칭은 '전염병 예방, 준비 및 대응에 관한 국제 협정Pandemic Prevention, Preparedness and Response Accord'이다. 협약이 논의된 배경은 이해하기 쉽다. WHO는 국제보건규정International Health Regulations, IHR을 운영해왔지만 이 규정과 기존 대응 역량만으로는 글로벌 팬데믹에 맞서는 데에 큰 한계가 드러났다는 전문가들의 지적이 많았다. 우선 대규모 확산을 초기에 막는 데에 실패했다. 정보 공유가 늦었던 탓도 있었고, 중국과 인접한 한국 등 몇몇 나라를 빼면 강 건너 불이겠거니 하며 각국이 안일하게 대응한 측면도 있었다.

백신이 비교적 이른 시기에 나왔지만 이른바 선진국의 백신 이기주의 혹은 백신 민족주의 때문에 개발도상국들은 백신을 공급받기가 힘들었다. 이 때문에 국가별로 접종률과 접종 횟수가 크게 달랐다. 일부 국가에서는 전면적 혹은 부분적인 봉쇄와 같은 조치를 펼쳤지만 국가별로 조치가 제각각 달랐고, 봉쇄를 한 국가들에서는 전염병이 아니라 오히려 봉쇄로 인한 사회 경제적인 문제들이 생겼다. 또한 가짜 뉴스가 퍼지고 백신 거부나 마스크 반대 같은 비과학적인 움직임들이 일부 국가에서 일어났다. 몇몇 나라는 팬데믹을 핑계로 이주민, 난민을 막는 등 인종주의적이고 차별적인 조치들을 펼쳤다.

그래서 세계의 모든 나라가 효율적이고 통일된 대응을 추진할 수 있도록 국제적인 합의 속에서 지침을 만들고, 그것이 국제법에 준하는 효력을 갖도록 해야 한다는 얘기가 나왔다. 이러한 요청에 부응해 WHO의 정책을 결정짓는 세계보건총회World Health Assembly 특별

회의가 소집됐다.

세계보건총회는 WHO 190여 개 회원국이 모이는 자리다. 회원국의 보건 장관들이 매년 5월 스위스 제네바에 모여 총회에 참석한다. 주된 임무는 핵심적인 보건의료 정책 문제를 결정하고, WHO의 업무 프로그램과 예산을 승인하고, 5년마다 사무총장을 선출하는 것이다. WHO 집행위원도 뽑는다. WHO 집행위원회는 34명의 전문가 위원들로 구성되는데 임기는 3년이다. 매년 총회에서 10명씩 새로 뽑아 순차적으로 위원을 교체한다. 이 집행위원회가 해마다 의제를 1월에 모여서 정하고, 5월 세계보건총회에서 그 의제들을 논의한다.

긴급한 사항이 있으면 연례 총회 외에 특별 총회가 열린다. 2021년 12월 제77차 특별회의가 열렸고 거기서 모든 회원국은 2024년 5월 총회 때까지 팬데믹 협정 초안을 확정하는 것을 목표로 삼고 협상을 시작하기로 했다.

하지만 목표 시한에 맞춰 초안을 만드는 데에 실패했다. 팬데믹 협정의 법적 형식에 대해서조차 합의가 이뤄지지 않았다. 유럽연합 국가들을 비롯해 70개 이상의 국가들은 법적 구속력이 있는 강력한 국제조약을 옹호했다. 반면에 미국, 인도, 브라질 등은 법적 구속력이 있는 협정을 꺼렸다.

무엇이 문제였을까. 국제조약이나 협정을 논의하게 만든 가장 큰 화두는 '공평성'이었다. 백신에 대한 공평한 접근, 모든 나라가 백신을 확보할 권리 말이다. 부국과 빈국 간의 백신 불평등, 치료제 불평등을 바로잡는 게 목표였지만 협상 과정에서 주제별 회의가 취소되거나 단어 하나하나를 놓고 격렬한 논쟁이 벌어졌다.

'통일된 방역' vs '주권 침해'

협정이 만들어지면 WHO가 방역에서 중요한 결정을 내릴 수 있다. 먼저 회원국들에 병원균 감시와 발병 데이터의 신속한 공유를 명령할 수 있다. 신속한 정보 공유는 꼭 필요한 내용이지만, 합의가 무산된 초안에서 가장 큰 논란을 빚은 부분이 바로 '병원균 접근과 이익 공유'라는 조항이었다. 이 조항이 협정에 들어가면 첫째로 각국은 신종 병원체의 유전자 염기서열과 유전자 샘플을 신속히 공유해야 한다. 이 정보는 진단 검사, 백신 및 치료법 개발에 매우 중요하다. 2002~2003년 사스 코로나 바이러스 확산 때 중국의 정보 공유가 늦었다는 비판이 많았다. 코로나19 때에도 비슷한 지적이 쏟아졌다. 그러나 협정이 만들어지면 앞으로는 발생 국가들이 정보를 숨기지 못하게 된다. 두 번째로 백신과 치료제를 빨리, 많이 생산할 수 있어야 한다. 그러려면 일부 기업들이 생산해서 부국들 중심으로 배포하지 못하도록 개발도상국들에도 현지 제조를 허용해야 한다. 기업들 입장에선 지적재산권 침해라고 주장할 수 있다. 거대 제약 회사들이 있는 부자 나라 정부들이 기업들 편에 서서 조약에 불만을 표했다고 알려졌다. 예를 들어 스위스와 미국 같은 나라는 제약 산업에 영향을 미칠 수 있는 조건을 받아들이는 것을 꺼린다. 스위스에는 노바티스, 호프만-라로슈, 론자, 갈더마, 소노바홀딩스 같은 거대 제약 회사들이 있다. 코로나19 때에는 세계의 거대 제약 회사들이 정부 지원금을 받는 대신에, 혹은 여론을 의식해서 이익을 우선시하지 않고 백신을 공급했다. 하지만 2009년 조류인플루엔자 사태 때만 해도 달랐다. WHO가 당시 팬데믹을 선언했는데, 이 인플루엔자의 확산 범위는 넓었지만 예상보다 피해는 적었다. 당시 치료제로 각광받았던 것이 타미플루Tamiflu라는 약이었다. 이 약은 미국의 길리어드Gilead라는 회사가 개발했지만 판권을 스위스 로슈가 가져갔다. 신종 플루에 대한 공포가 세계를 휩쓸면서 로슈는 엄청난 수익을 올렸고, WHO가 제약 업계의 '공포 마케팅'을 도운 꼴이라는 비판이 나왔다. 결국 WHO가 독립 조사위원회를 꾸려서 조사까지 했다. 그 결과 WHO 전문가 몇몇이 제약 회사들의 자문위원을 겸직하고 있다는 사실이 드러났다. 전염병에 대한 예측이 이처럼 기업 이익에 휘둘릴 수 있으니 아예 국제 협정으로 만들어서 팬데믹 시기에는 기업 이익보다 공익이 앞서도록 하자는 취지에 부국들과 기업들은 볼멘소리를 내고 있다.

어떤 나라들은 '주권 침해 소지'를 들며 협정을 꺼렸다. 마스크를 의무적으로 쓰게 할 것이냐 말 것이냐, 봉쇄를 해야 하느냐 말아야 하느냐에 관해서도 나라마다 대응이 제각각이었다. 몇몇 나라에서는 병력까지 동원해 주민들의 이동을 막았던 반면에 어떤 나라들은 사회적 충격을 피해서 학교 교육도 전부 평소처럼 시행했다. 이 문제에 대해 WHO가 통일된 지침을 내릴 수 있지만 그에 대한 반발은 상상 이상으로 클 수 있다. 미국과 유럽에서는 일부 주민들이 백신과 마스크조차도 '국가의 횡포'라며 반대했다. 또한 팬데믹 방역은 기본적으로 국경을 넘나드는 바이러스를 다루는 일이라는 점에서도 주권 문제가 불거질 수 있다. 코로나19 확산 초반에 유럽에서 가장 먼저 큰 타격을 받은 나라는 이탈리아였다. 당시 이탈리아는 중국과 이탈리아 간 항공편을 폐쇄하고 중국인들의 입국을 막는 식으로 대응했다. 하지만 이는 방역에 전혀 도움이 되지 않았다. 그럼에도 국경 통제는 주권국가가 알아서 할 일이며 유엔 기구가 간섭해서는 안 된다는 주장이 언제든 나올 수 있다.

'방 안의 트럼프'

2024년 총회 기간에 WHO 세계보건법센터의 로런스 고스틴 소장은 "도널드 트럼프가 방 안에 있다"라는 말을 했다.[38] 트럼프는 미국 대통령 첫 임기 때 코로나19 방역을 도외시하고 반과학적인 선동을 일삼았다. WHO의 방역 권고를 따르기는커녕 아예 탈퇴해버렸다. 그 뒤 조 바이든 정부가 다시 가입하기는 했으나, 2024년 미국 대선에서 트럼프가 다시 당선될 것으로 관측되던 상황이었다. 그렇게 되면 미국은 또 WHO에서 탈퇴할 가능성이 있다는 사실이 협상 자체에 방해가 되었던 것이다.

세계가 우려했던 대로 트럼프는 결국 당선됐고, 취임 첫날 WHO 탈퇴 절차에 들어가는 행정명령에 서명했다. 하지만 팬데믹 협정을 놓고 국익과 저울질한 나라는 미국만이 아니었다. 코로나19가 유행하는 동안에는 다 같이 대처해야 한다는 목소리가 높았지만, 팬데믹 공포가 줄어들면서 그런 목소리도 낮아졌다. 앞서 설명한 것처럼 제약 업계 이익을 중시하는 부국들이 있는가 하면, 농산물 수출입 규제를 신경 쓰는 나라도 있다. 예를 들어 아르헨티나와 같은 다른 나라들은 육류 수출 문제에서 규제에 반대한다. 코로나19처럼 팬데믹이 될 가능성이 있는 감염병은 대부분 인수 공통 전염병이다. 이런 전염병들은 거대 농축산업과 관련성이 크다.

저소득 국가들의 환경도 문제가 될 수 있다. 예를 들면 동물을 산 채로 거래하는 재래시장 문제 같은 것들이다. 이런 상황을 규제하고 동물성 제품의 거래를 통제하자고 하면 빈국들은 경제적 타격을 걱정해 반대할 수 있다.[39]

또 하나 피할 수 없는 문제가 바로 돈 문제다. 감시 시스템을 구축하려면 결국 자금 조달 문제에 부딪치게 된다. 병원균 정보를 공유하고 혜택도 공유하게 해야 한다며 개발도상국을 위한 제안을 하는 쪽에서는 이런 아이디어를 내놨다. 제조 업체가 백신의 10%는 일률 기부하게 하고, 또 다른 10%에 대해서는 저소득 국가에 배포할 때에 WHO로부터 비용을 받게 하자는 것이다. 쉽게 말해 제약 업체가 10%는 공짜로 내놓고, 10%는 WHO 돈을 받고 팔자는 아이디어다. 하지만 협상 과정에서 '너무 복잡하다'는 지적이 나왔다. 게다가 이런 아이디어를 악용해 선동하는 사람도 있었다. 영국의 극우파이자 인종차별주의자로 유명한 정치인 나이절 패러지Nigel Paul Farage는 "WHO가 부자 나라들에 백신 20%를 내놓으라고 강요하려 한다"라며 거짓 주장을 했다. 국가가 아니라 백신과 약을 팔아 수익을 보는 기업들이 공익에 일부 기여하라고 한 건데 말이다. 하지만 이런 주장이 영국에서는 먹혔다. 패라지의 선동이 있고 난 뒤 영국 보건부 대변인은 협상이 한창 진행 중이던 상황에서 "영국의 국익을 확고히 해주고 국가 주권을 존중해주지 않으면 조약에 서명하지 않겠다"라고 말했다.

많은 자금이 필요하고, 부자 나라들이 크게 기여해야 하는 것은 분명한 사실이다. 부자 나라들, 특히 미국은 그럴 뜻이 별로 없어 보인다. 세계보건총회가 열리기 한 달 전 미국 바이든 행정부는 세계의 저개발국 50개 나라가 팬데믹 대응 체제를 개선할 수 있도록 돕기 위한 방안을 발표했다. 미국과 개별 국가의 '양자 파트너십'을 바탕으로 한 글로벌 보건 안보를 위한 자체 전략을 내놓은 것이다. 그러나 미국이 개별 국가와 양자 관계로 풀겠다는 것은 국제조약을 보완하는 방안이 될 수는 있지만 그 자체가 글로벌 팬데믹 조약의 대안이 될 수는 없다. 트럼프 정부가 출범하면서 그나마 이런 제안조차도 사라져버렸다.

1978년 카자흐스탄 알마티에서 열린 제1회 보건의료 국제회의는 보건의료에 대한 유엔의 기본 입장을 천명한 알마아타 선언Alma Ata Declaration을 내놨다. 모두의 건강을 보호하기 위해 모든 정부와 모든 보건의료 종사자, 세계 공동체의 긴급 조치가 필요하다는 선언이었다. 여기서 선언된 "모두를 위한 건강"이라는 목표는 WHO의 기본 정신이다. 하지만 세계의 모두가 더 안전한 삶을 보장받고 동등한 보건 혜택을 누리기까지는 아직 갈 길이 멀다.

15장

햇빛 공원과
바람 농장은
지구를 살릴까

중국 북서부 칭하이靑海성 하이난 티베트족 자치주. 칭하이-시짱 고원지대라고도 부르는 곳이다. 그곳에 거대한 태양광 단지와 '태양광 양들'이 산다. 2024년 6월 〈신화통신〉 보도다.**40** 칭하이성의 성도省都 시닝西寧에서 약 150km 떨어진 메마르고 광활한 고원에 황허 수력발전 유한공사Huanghe Hydropower Development Co., Ltd.가 소유한 태양광발전 단지가 있다. 지금은 더 큰 곳들이 생겼지만 한때 세계 최대 태양광발전 단지였던 곳이다. 중국 정부가 이곳 주민들을 대상으로 태양광발전을 장려하는 프로젝트를 진행해서 2000년대 중반부터 태양광 패널을 공급했다. 그래서 양 치는 유목민들이 태양광 패널을 가지고 다닌다.

태양광 패널과 양들의 공생

목동들은 양 떼를 몰고 나가서 연중 절반은 유목 캠프에 머문다. 그때 태양광 패널을 가지고 가는 것이다. 말하자면 이동식 발전소를 가지고 다니는 셈이다. "텐트 밖에 패널을 설치하면 낮에 충전해서 밤에는 불도 켜고 가전제품도 쓸 수 있다." 한 유목민이 〈신화통신〉에 한 말이다.

하지만 유목민들이 들고 다니는 것은 그저 휴대용 장비일 뿐이다. 이 단지의 '본체'는 그게 아니다. 드넓은 땅에 태양광 패널들이 쭉 줄지어 있고 그 사이 사이에서 목동들이 양을 치는 것이다. 수백 마리씩 무리 지은 양들이 패널 사이를 돌아다니며 풀을 뜯는다.

태양광 패널들 사이를 양떼가 헤치고 다니면서 설비를 부수지는 않을까? 놀랍게도 이 양들은 태양광 단지에 꼭 필요한 존재다. 이 지역은 넓게 보면 고비사막의 일부인데 해발고도가 약 3,000m에 이른다. 태양 복사에너지가 너무 강해서 큰 식물들은 잘 자라지 못한다. 게다가 사막화가 점점 심해져서 20세기 말에 이미 전체 지역의 98.5%가 사막이 됐다. 처음 태양광 패널을 설치했을 때 돌풍이 모래와 자갈을 휘저어서 패널들이 손상되곤 했다. 그래서 모래가 깎여 나가고 흩날리는 것을 막으려고 풀을 심었다. 태양광 패널 사이사이를 잔디가 덮으니 사막의 오아시스처럼 변했다. 시안이공대학교 연구팀이 원격 위성탐사 자료를 분석해보니 풀을 심고 3년이 지나는 동안 태양광 단지 내의 풍속은 50% 줄었고, 토양 수분 증발도 30% 줄었다. 식생 면적, 즉 풀이 자란 면적이 단지의 80%에 달했다.

기후변화로 인해 사막처럼 변한 것도 있지만, 방목이 지나쳐서 사막이 된 측면도 있었다. 그런데 태양광 패널들을 설치한 뒤로는 패널들이 바람 침식을 어느 정도 줄여주니 풀이 더 자라게 됐고, 바람과 토양 침식을 크게 감소시킬 수 있었다. 그런데 잡초가 늘면서 설비를 고장 내는 일이 생겼다. 풀이 말라붙은 겨울에는 불이 날 수도 있었다. 그렇다고 사막 땅에 제초제를 뿌리려면 돈이 많이 들고 환경이 파괴된다. 사람들을 써서 풀을 깎으려면 역시 비용이 많이 들어간다. 그래서 생각한 것이 주민들에게 태양광 단지에서 양을 키우도록 한 것이었다. 2018년부터 주민 가구들에 양 우리 네 개씩을 주고, 양을 풀어서 풀을 뜯도록 했다. 양의 분뇨가 천연 비료가 돼 잔디가 잘 자라고, 자라면 양이 또 뜯어먹는 식으로 양과 태양광 패널이 공생하게 됐다.

이 일대는 자연조건이 워낙 가혹한 곳이고, 당연하게도 빈곤율이 높은 저개발 지역이다. 2018년까지 1인당 연간 소득이 1만 2,000위안, 1,700달러였다. 중국 내에서도 가장 가난한 축에 속하는 곳이었다. 양을 쳐서 먹고살아왔는데 사막화로 목초지는 점점 줄고, 제조업이 발전할 기반은 거의 없었다. 그런데 태양광 단지에 딸린 목초지가 생겼다. 또 태양광 모듈 청소, 잡초 다듬기 등등 잔일이나마 일자리도 생겼다.

칭하이성 전체 발전 용량 5,500만kW(킬로와트) 가운데 청정에너지가 93%다. 그리고 그 절반이 태양광 양들이 사는 하이난현에서 나온다. 하이난현의 녹색 에너지 산업단지에만 태양광·풍력발전 회사 등 91개의 재생에너지 기업이 있다. 워낙 산업이 없고 가난했던 곳인데 태양광 단지로 이름을 얻으니 칭하이성 정부가 '태양광 양' 브랜드까지 만들었다. 함께 방목하는 양 무리의 크기를 400마리로 제한해서 품질을 높이고 전자 태그도 달고, 이참에 방목 관리도 과학적으로 하자, 이렇게 된 것이다.

광활한 건조 지대를 뒤덮은 태양광 패널들, 이런 발전 단지들을 흔히 솔라파크Solar Park라고 부른다. 바닷바람 부는 평원에 풍력 터빈들이 늘어선 곳들은 윈드팜Wind Farm이라고 한다. 햇빛 공원과 바람 농장, 오랜 세월 인류와 함께해온 자연의 선물들이 이제는 미래와

양들이 다니는 중국 칭하이성 하이난 티베트족 자치주의 태양광발전단지. ⓒHuawei

첨단을 상징하는 존재가 됐다.

양들이 풀 뜯는 칭하이의 태양광발전 단지 같은 거대한 햇빛 공원들이 중국에는 여럿 있다. 2024년 기준으로 세계에서 가장 큰 태양광발전소는 중국 신장 우루무치의 사막 지역에 있는 3.5GW(기가와트) 규모의 태양광발전소다. 130km²의 이 발전 단지는 2024년 6월 3일부터 가동되기 시작했다.**41** 중국 전력건설공사의 발표에 따르면 여기서 매년 약 60억 9,000만kWh(킬로와트시)의 전기를 생산하게 된다. 서울의 2023년 1인당 전력 사용량이 1만 300kWh였다. 61억kWh면 서울 시민 61만 명이 1년 동안 사용할 수 있는 발전량인 셈이다.

인도 사막의
'햇빛 공원'

세계 2, 3위 규모의 태양광 단지도 모두 중국 서부에 있다. 글로벌 에너지 모니터Global Energy Monitor의 태양광발전 트래커[42]에 따르면 룽위안 파워 그룹Longyuan Power Group이 운영하는 닝샤 텡겔리Ningxia Tenggeli 사막 태양광 단지가 세계에서 두 번째로 크다. 이 단지를 개발한 룽위안은 세계에서 몇 손가락 안에 드는 풍력발전 회사이기도 하다. 이 단지와 중국 뤼파칭하이 신에너지China Lufa Qinghai New Energy가 운영하는 골무드 우투메이렌Golmud Wutumeiren 태양광 단지 모두 3GW 이상의 발전 용량을 자랑한다. 6억 달러를 들여 지은 골무드 단지에는 80개의 태양광발전소가 모여 있고 100만 가구 이상에 에너지를 공급할 수 있다고 한다.

신장을 비롯한 중국 서부 지역에 관해서는 '위구르족 탄압' 이야기만 주로 뉴스에 나온다. 하지만 이제 그 지역은 재생 가능 에너지 기지로 중국에 더더욱 중요한 지역이 되고 있다. 햇빛 많고 바람 많고 인구밀도는 낮은 사막이나 고원지대인 그곳에서 전력을 생산해, 인구밀도가 높고 산업이 발달한 동부 해안까지 장거리로 전력을 보내는 것이다. 서부 에너지 개발에는 소수민족 달래기나 대외 선전 측면도 있지만 실제로 그 지역들을 개발하고 빈곤을 줄여야 할 필요가 있다. 지역 개발과 에너지 전환 등등 여러 가지 필요성이 중국 서부 사막과 고원의 태양광 단지에서 교차하고 있는 것이다.

중국 다음으로 꼽을 수 있는 곳은 인도다. 뒤늦게 개발 격차 따라 잡기에 나선 인도는 화석연료를 엄청난 식욕으로 빨아들이고 있다. 인도는 세계 각국이 2050년을 '탄소 중립의 해'로 선언한 것에 비하면 20년이나 늦은 2070년을 에너지 중립의 해로 삼았다. 세계 최대 인구를 자랑하는 인도가 앞으로도 50년 더 탄소를 뿜어낼 테니 세계가 눈총을 보낼 법도 하다. 하지만 개발도상국의 온갖 억울함을 대변하는 인도 입장에서 보자면 인도의 1인당 탄소 배출량은 연간 2톤에도 못 미친다.

잠시 세계 통계를 들여다보면, 1인당 탄소 배출량이 가장 많은 나라는 남태평양의 작은 섬나라 팔라우다. 2020년 1인당 56톤에 육박하는 탄소를 배출해 기네스 기록에도 등재됐다.[43] 이유는 발전 설비가 전국에 디젤 화력발전소 두 곳뿐이라 화석연료 의존도가 매우 높고, 300개가 넘는 작은 섬으로 이뤄진 까닭에 자동차와 보트와 항공기 이용이 잦기 때문이다. 하지만 인구가 1만 8,000명에도 못 미치는 이 작은 나라가 기후변화를 일으킨다고 손가락질하는 사람은 없다. 비슷한 사정인 카리브해의 트리니다드토바고 등을 빼면 세계에서 1인당 탄소 배출량이 많은 나라들은 모두가 아는 산유국들과 산업국가들이다. 2022년 카타르는 1인당 35톤, 바레인은 25톤을 배출했다. 이어 쿠웨이트, 아랍에미리트, 브루나이, 오만, 사우디아라비아순이었다. 그 뒤로 호주, 캐나다, 미국, 러시아, 그리고 한국이 탄소 많이 내뿜는 나라로 꼽혔다.[44] 전체 규모로 봐서도 세계 아홉 번째인 한국의 1인당 탄소 배출량은 12.3톤으로 인도의 여섯 배가 넘었다.

이제야 경제 발전 궤도에 올라탄 인도는 개발과 에너지 전환이라는 두 마리 토끼를 잡아야 한다. 이처럼 엄청난 과제라면 토끼가 아니라 코끼리를 잡아야 하는 수준으로 봐야겠다. 그래서 인도는 화력발전소도 짓고 태양광발전 단지도 짓는다. 일례로 인도 라자스탄의 타르사막 지대에는 2.7GW를 생산하는 바들라 발전 단지Bhadla Solar Park가 있다. 카르나타카주 파바가다Pavagada의 태양광 단지, 안드라프라데시주 쿠르놀Kurnool에 있는 솔라파크도 세계적인 규모다. 그중 바들라 단지는 2015년부터 4단계에 걸쳐 개발됐다. 총 22억 달러의 비용이 들었는데 그중 7억 7,500만 달러를 기후투자기금Climate Investment Fund, CIF이 냈다. 기후투자기금은 G8(지금은 G7)과 G20이 개발도상국의 탄소 감축 프로젝트를 돕기 위해 2008년 만든 기금이다.

수소 파이프라인에 뛰어든 독일

석탄, 석유, 천연가스, 태양광, 풍력, 바이오연료 등 에너지원별로 다양하게 구성된 포트폴리오를 '에너지 믹스Energy Mix'라 부른다. 이미 북유럽 일부 국가들은 재생 가능 에너지가 전체 발전량에서 차지하는 비중이 60~70%로 올라갔다.

독일은 에너지 믹스에서 재생 가능 에너지 비율이 이미 절반이 넘는다.**45** 그런 독일이 스페인, 포르투갈로부터 시작되는 수소 파이프라인 프로젝트를 프랑스와 함께 추진 중이다.**46** 지중해와 중부 유럽을 수소로 잇는다 해서 H2Med라는 이름이 붙은 이 파이프라인은 2030년 운영을 시작해 연간 약 200만 미터톤, 유럽연합 전체 수소 수요의 약 10%를 공급하게 된다.

이런 계획들이 유럽에서 더욱 힘을 받는 데에는 여러 이유가 있다. 유럽연합이 추진하고 있는 강력한 에너지 전환 계획의 영향도 있지만, 러시아의 우크라이나 침공으로 유럽 에너지값이 올라가고 물가가 폭등하는 등 충격타를 맞은 탓이 컸다. 우크라이나 전쟁은 화석연료의 지정학적 불안정성을 유럽국들에 각인시켰고 재생에너지, 저탄소 에너지를 향한 추진력을 끌어올렸다.

문제는 역시 비용이다. 수소 파이프라인의 경우 당초 스페인, 포르투갈과 프랑스가 추진했는데 독일이 뒤에 참여하기로 결정했다. 250억 유로 정도의 비용이 예상되는데 그중 상당한 액수를 결국 독일이 투입해야 할 것으로 보인다.

2050년 또는 그 이후의 시기에 언제가 됐든 탄소중립을 이루겠다고 공개적으로 선언한 국가는 전 세계적으로 150개국이 넘는다. 생산 과정에서 온실가스를 배출하지 않는 녹색 수소Green Hydrogen 혹은 청색 수소Blue Hydrogen에 대한 관심이 높다.

수소는 여러 가지 방법으로 생산할 수 있지만 기후변화 대응 차원에서 가장 바람직한 방법은 재생에너지로 생산한 전기를 이용하여 물을 전기분해하는 수전해water electralysis를 통해 얻는 방식이다.

이렇게 생산하는 것을 '그린 수소'라고 부른다. 차선책은 생산 과정에서 발생한 온실가스를 포집해 저장함으로써 온실가스 순 배출을 제로로 만드는 '블루 수소'다. 유럽연합은 2022년의 '에너지재구성REPoweEU'계획에 그린 수소와 관련한 내용을 포함시켰다. 미국의 경우는 '청정에너지표준Clean Energy Standards, CES'이라는 이름으로 2035년까지 전력 분야 온실가스 배출량을 제로로 만드는 것을 목표로 제시하면서 수소를 활용하는 방안을 집어넣었다. 일본은 에너지 정책 목표인 3E+S Energy security, Economic efficiency, Environment, Safety하에 '수소기본전략'을 진행 중이다.

그린 수소를 활용하려면 재생 가능 에너지를 많이 생산하는 지역과 손을 잡아야 한다. 유럽에서는 2022년에 유럽 내 가스 파이프라인 운영 기구들로 구성된 '유럽 수소 파이프라인European Hydrogen Backbone, EHB'이라는 이름으로 2040년까지 유럽 전역에 5만 3,000km에 달하는 수소 파이프라인을 구축한다는 계획이 발표된 바 있다. 호주와 뉴질랜드는 그린 수소를 생산해 초대형 가스 운반선Very Large Gas Carrier, VIGC으로 외국에 내다 파는 방안을 궁리 중인데, LNG 운송선 등을 건조한 경험이 많은 한국이 이들의 협력 파트너로 거론되기도 한다. 수송뿐만 이니라 그린 수소 생산에도 한국 기업이 이미 관여하고 있다. 호주 남부 해안지대에 건설될 1,000억 호주달러 규모의 '서호주 그린 수소 생산 허브Western Green Energy Hub, WGEH' 프로젝트를 놓고 2023년 7월 한국전력공사가 다국적 컨소시엄과 양해각서를 체결한 것이 그런 예다.

우리의
에너지 믹스는?

태양광, 풍력 등 재생 가능 에너지에 대해 얘기하면 여전히 많은 이가 낡은 반론들을 제기한다. "햇빛이나 바람으로 생산할 수 있는 용량은 전체 소비량에 턱없이 못 미친다." 맞는 얘기다. 전체 전력을 재생 가능 에너지로 당장에, 한 번에 전환할 수는 없다. 하지만 에너지 포트폴리오를 다변화해서 화석연료 사용량을 줄이고, 재생 가능 에너지의 비중을 점차로 높일 수는 있다.

두 번째 반론은 "일조량이 적고 바람도 덜 부는 나라는 어떻게 하느냐"라는 것이다. 이 또한 일리 있는 질문이다. 특히 인구밀도가 높고 개발된 나라들은 이 문제를 심각하게 고민하지 않을 수 없다. 그래서 앞서 나가는 나라들은 깨끗하게 생산된 전기를 사들여 오는 방안을 검토 혹은 추진하고 있다. 에너지를 수입하면 대외 의존도가 높아지고 에너지 '안보'가 불안해질 것이라 생각할 수도 있지만, 석유나 천연가스도 마찬가지로 사 오고 있다. 에너지 전환은 피할 수 없는 대세이고, 21세기 지구 상에서 살아가는 이들의 윤리적 당위다. 부인하고 피하려 할수록 걸음만 느려질 뿐이다.

태평양을 가로지르는
해저 케이블이 깔린다

다윈Darwin은 호주 북쪽 맨 꼭대기에 위치한 도시다. 면적으로만 보면 섬이 아니라 대륙에 가까운 호주 중북부의 드넓은 땅을 차지하는 노던테리토리Northern Territory 자치주의 주도다. 인구는 14만 명밖에 안 되지만, 동남아시아와 가장 가깝게 연결되는 거점 도시다.

그곳에 태양광발전 단지가 지어진다. 이 단지가 건설되면 세계 최대 태양광 인프라가 될 것이라고 한다. 2024년 7월 21일 호주 정부가 이 프로젝트에 1단계 환경 승인을 내주어 계획이 본격 추진될 수 있게 되었다. 총사업 규모가 300억 호주달러, 약 27조 원 규모다.[47] 타냐 플리버섹 호주 환경부 장관은 이 프로젝트를 통해 300만 가구에 전력을 공급할 수 있는 에너지가 생산될 것이며 "세계에서 가장 큰 태양광발전 단지가 될 것이고 호주가 친환경 에너지 분야의 글로벌 리더가 될 것"이라고 발표했다.[48]

호주 다윈의 프로젝트를 세계 최대 태양광 프로젝트라고 부르는 것은 전력 생산 용량이 커서만은 아니다. 프로젝트의 공식 명칭은 AA파워링크AAPowerLink. 호주-아시아 파워링크라는 뜻이다. 이 프로젝트에는 4,300km에 이르는 해저 전력망이 포함돼 있다. 앞으로 생산될 전기가 수출될 곳은 싱가포르다. 싱가포르는 도시국가이고 자체적으로 충분한 재생에너지를 생산할 수 있는 가용 토지가 없다.

반면 호주는 땅이 넓고 재생에너지 생산 역량이 충분하다. 그럼에도 여전히 호주는 세계 최대 석탄 수출국이고, 화석연료 의존도가 높다는 지적이 많았다. 그런데 이 프로젝트를 통해 수요와 공급을 잇게 되면 아시아의 재생 가능 에너지 그리드의 주축을 호주가 맡게 된다. 다윈이 위치한 노던테리토리주에 이미 지어진 것과 앞으로 지어질 것 등등을 합하면 태양광발전 총용량은 20GW가 될 것이라고 한다. 그걸 수출하는 게 호주의 목표다.

물론 해저 케이블로 4,300km에 걸쳐 전기를 보내는 일이 간단하지는 않다. 현재 세계에서 가장 긴 해저 전력망은 바이킹 링크Viking Link인데 덴마크에서 영국 링컨셔의 변전소까지 764km에 걸쳐 이어져 있다. 그런데 AA파워링크는 그 여섯 배 가까이 된다. 그래서 사업성, 현실성을 놓고 말이 많았다. 다윈 프로젝트가 제안된 지 몇 년이 지나도록 투자를 받지 못해 사업이 공전되기도 했다. 프로젝트를 추진한 것은 선 케이블Sun Cable이라는 호주 회사이고 2019년 노던테리토리주 정부가 주요 프로젝트로 선정했다. 이듬해 호주 연방정부도 주요 프로젝트 지위를 주고 적극 밀어주기 시작했다. 2020년 케이블 노선의 호주 구간에 대한 해저 조사가 완료됐다. 2021년에는 주 정부와 선 케이블이 공식적으로 개발 계약을 체결했다.

당초엔 2023년 건설을 시작해 2026년부터 운영을 시작하고 2027년 완공할 계획이었다. 하지만 2023년 1월 자금 부족 때문에 프로젝트가 한 차례 붕괴 위기를 맞았다. 그러다가 넉 달 뒤 호주 자산가 마이클 캐넌-브룩스Michael Cannon-Brookes가 이끄는 컨소시엄이

입찰을 통해 선 케이블을 인수했다. 캐넌-브룩스는 아틀라시안Atlassian이라는 정보기술 회사의 창업자 겸 최고경영자로, 호주 출신이지만 지금은 미국에서 비즈니스를 하고 있는 억만장자다. 선 케이블 인수는 2023년 9월 완료됐다.[49]

프로젝트 일정은 2027년 첫 전력 송출, 2030년 완공으로 조금 늦춰졌다. 프로젝트 1단계는 우선 4GW 규모의 태양광 단지 건설, 그리고 태양광 단지와 다윈을 잇는 800km 케이블 확충 등이고, 이후 싱가포르까지 보내기 위한 인프라를 만들 예정이다. 선 케이블 측에서는 생산한 전력의 대부분을 싱가포르로 보낼 계획이지만 추후 인도네시아 등 주변 아시아 국가들로 보내는 방안도 생각하고 있다.

사하라와 유럽을 잇는다

싱가포르는 2035년까지 최대 4GW의 저탄소 전기를 수입할 계획이다. 2035년 싱가포르 전력 공급량 예상치의 30%에 이르는 용량이다. 땅이 없으니 다른 나라에서 청정 전기를 수입해야 하는 처지인 까닭에 싱가포르 에너지시장청Energy Market Authority, EMA은 이미 인도네시아, 캄보디아, 베트남 등의 전력 프로젝트에 대해서도 예비평가를 거쳐 조건부 승인을 해놓은 상태다. 호주 프로젝트도 조건부 승인을 받았지만, 실제 싱가포르가 전력을 공급받으려면 추가로 승인 절차를 밟아야 한다.

싱가포르뿐만 아니라 호주 쪽에도 여러 절차가 남아 있다. 호주

내에서 케이블이 지나갈 예정인 구간에 큰빌비Greater Bilby의 서식지가 있다. 큰빌비는 귀가 토끼같이 큰 작은 유대류로 호주에만 사는 보호동물이다. 프로젝트를 추진하려면 환경과 관련해서도 승인을 받아야 하고, 토착민 단체의 동의도 얻어야 한다.

땅 넓고 햇빛 쨍쨍한 나라에서 생산한 에너지를 다른 곳으로 보내는 프로젝트들은 여러 곳에서 논의되고 있다. 예를 들면 유럽에서는 지중해 건너 북아프리카의 사막지대에서 생산된 전력을 가져오는 '데저테크Desertec'라는 계획이 거론된 적 있다. 하지만 실제로 추진됐다기보다는 이니셔티브 차원에 그쳤다.

구체적으로 추진 단계에 들어선 프로젝트 중에는 모로코와 영국을 잇는 엑스링크스Xlinks가 있다. 모로코 남부의 구엘밈우에드눈Guelmim Oued Noun 지역에서 전기를 생산하고 3,800km에 달하는 해저 케이블을 통해 영국 북부 앨버디스콧Alverdiscott으로 끌어와서 전력망에 연결한다는 계획이다. 북아프리카의 모로코는 사하라사막을 끼고 있다. 이곳에 지어질 발전 단지 용량은 10.5GW로 예정돼 있는데 그중 7GW는 태양광, 3.5GW는 풍력에서 나오게 된다. 2023년 9월 영국 에너지부는 이 계획을 국가 중요 프로젝트로 선정하여 추진 과정을 간소화하도록 했다. 계획대로라면 영국 전력 수요의 8%, 약 700만 가구 이상이 쓸 전력을 모로코에서 영국으로 끌어 갈 수 있다. 영국 소매 업체 테스코Tesco 사장 출신인 데이브 루이스Dave Lewis가 이 프로젝트를 맡고 있다.[50]

이것도 물론 돈이 굉장히 많이 드는 프로젝트다. 전체 비용이

200억 파운드에서 220억 파운드 사이로 추산된다. 무려 35조 원에 이르는 돈을 조달하려면 수익성을 투자자들에게 보장해줄 수 있어야 한다. 그러기 위해서는 '차액 계약'을 해야 한다. 전력 가격이 떨어지더라도 고정된 액수를 발전 업체에 지불하기로 정부가 계약을 해줘야 한다는 뜻이다. 앞으로 재생 가능 에너지의 전력 생산 비용은 계속 떨어질 것이며, 에너지 소비량이 장기적으로 어떻게 변화할지를 정확히 예측하기는 힘들다. 그런데 특정 가격에, 그것도 장기간에 걸쳐 정부가 특정 업체와 계약을 한다는 것은 정치적 부담이 되기 쉽다.

2024년 4월까지 엑스링크스 측은 아부다비 국영 에너지 회사TAQA, 프랑스 토탈 에너지 등으로부터 투자를 받는 등 50억 파운드 이상을 확보한 것으로 알려졌다. 그러나 전체 사업비를 충당하려면 그 세 배를 모아야 한다. 자금을 조달하더라도 장거리 케이블을 설치하는 기술적인 문제와 정치적인 문제들은 남는다. 예를 들면 이 프로젝트의 경우 모로코와 영국만 절차를 마치면 되는 게 아니다. 케이블이 프랑스와 스페인 해역도 통과해야 하기 때문이다.

16장

걸프의 사막이
친환경
기지라고?

2023년 11월의 마지막 날, 유엔기후변화협약UNFCCC 28차 당사국 총회가 아랍에 미리트에서 개막했다. 이 당사국 총회는 보통 'COP Conference of the Parties'라 부르고, 뒤에 회차 번호를 붙인다. 2015년 성사된 파리기후변화협약이 기후변화의 폭을 줄이기 위한 세계의 약속을 담은 것이라면, COP는 협약에 참가한 나라들이 그 약속을 잘 지키고 있는지, 목표를 달성하기 위해 무엇이 필요한지를 점검하고 논의하는 자리다. 그런데 이해의 COP28을 놓고 말들이 많았다. 개최 장소가 에너지 부국 아랍에미리트의 두바이였기 때문이다.

석유와 태양광, UAE의 두 갈래 길

회의에서는 기후협약에 서명한 모든 나라가 기후변화로 인한 피해를 누그러뜨리고 2050년까지 탄소중립을 달성할 수 있도록 "공정하고 질서 있고 공평한 방식으로" 화석연료 소비를 줄이자는 데에 합의했다. 하지만 그 과정은 순탄치 않았다. 원래 12월 12일에 끝날 예정이던 회의는 최종 합의문에 사우디아라비아가 반대하는 바람에 하루 늦어진 13일에 폐막했다. COP의 역사에서 처음으로 "모든 종류의 화석연료에서 벗어날 필요"를 명시했으나 화석연료를 단계적으로 어떻게 줄여서 어떻게 폐지할 것인지에 대해서는 최종 합의문에 명시하지 않았다. 중국과 인도는 재생에너지 생산량을 세 배로 늘려야 한다는 것에 동의하지 않았다. 당초엔 2030년까지 재생에너지 생산 능력을 세 배로 끌어올리고 에너지 효율을 두 배(에너지 사용량 반감)로 올리는 방안, 화석연료 폐지 등이 제안됐는데 화석연료의 '단계적 퇴출phase out'이라는 문구가 합의문에서 빠졌다. 기후 대응의 핵심이 빠진 것이다. 해수면이 올라가 가라앉을 판인 태평양 섬나라들은 '사망 진단서'라며 거세게 반발했다. 결국 폐막 때까지도 합의를 보지 못하고 13일까지 논의한 끝에 '퇴출'이 아니라 "10년 안에 화석연료로부터 전환을 시작한다"라는 내용으로 합의가 됐다.

이미 회의가 열리기도 전부터 기대에 찬물을 끼얹는 비판들이 많이 나왔다. 특히 '우리가 더 깨끗하다'고 자부해온 유럽이나, 중동보다 그다지 '녹색'에 가깝지도 않은 미국의 언론과 환경단체들은 회의가 두바이에서 열린다는 사실 자체를 거북하게 바라봤다. 이유가 없지는 않았다. 아랍에미리트는 사우디와 함께, 화석연료를 팔아 돈을 버는 대표적인 걸프 에너지 수출국이다. 게다가 COP28의 의장을 맡은 인물이 술탄 알 자베르Sultan Ahmed Al Jaber였다. 자베르는 아랍에미리트의 산업기술부 장관이면서, 동시에 아부다비 국영 석유 회사Abu Dhabi National Oil Company, ADNOC의 경영자를 맡고 있다. 아랍에미리트의 석유 권력을 상징하는 사람이 기후 대응을 주도하겠다고 나섰으니 눈총이 쏟아졌던 것이다.

이런 비난을 반박하며 알 자베르는 "우리가 성취해온 것들을 존중해달라"라고 말했다.[51] 미국 정부는 알 자베르를 지지했다. 백악관 에너지 특사였던 아모스 호흐스타인Amos J. Hochstein은 "아랍에미리트가 석유 산업도 기후 대응 체제에 끌어들이려 하고 있는 것"이라고 칭찬했다. 반면 환경운동가인 앨 고어AI Gore 전 미국 부통령은 아랍에미리트의 온실가스 배출이 2022년에만 7.5%나 늘어 세계 전체 배출량 증가율 1.5%의 다섯 배에 이르렀다고 비판했다.[52]

하지만 고어가《불편한 진실An Inconvenient Truth》을 펴내고 2007년 노벨 평화상을 받았을 때 미국 언론들로부터 "환경을 이야기하면서 정작 고어의 집은 전기를 많이 쓰고 있다"라는 비판이 나왔다. 아랍에미리트가 석유를 파는 나라인 것은 확실하지만, 그들이 기후 대응에 나서는 것을 비판하기 앞서, 알 자베르가 말한 '우리가 성취해온 것들'을 꼼꼼히 들여다볼 필요가 있다. 알 자베르는 석유 회사 사장이기도 하지만, 아랍에미리트 국영 재생에너지 회사 마스다르Masdar의 의장이기도 하다. 걸프 국가들이 화석연료를 팔아 돈을 버는 것은 맞지만, 다른 나라들보다 기후 대응에서 앞서 나가려고 애쓰는 것도 사실이다. 화석연료를 더 많이 팔려는 이중 행태를 보이는 것도 맞지만, 배출량만 놓고 보면 지금까지의 기후변화에 미국이나 유럽 혹은 한국보다도 책임이 적은 것 또한 사실이다. 세간의 생각, 특히 한국이 갖고 있는 '석유 부국'의 이미지와는 큰 차이가 있는 것이다.

이를 보여주는 곳이 두바이 근교의 모하메드 빈 라시드 알막툼 솔라파크Mohammed Bin Rashid Al Maktoum Solar Park다. 122km²에 걸쳐 있는 거대한 태양광발전 시설로 두바이의 탈석유 정책을 상징한다. 두

바이는 세계에서 제일 높은 빌딩인 부르즈 할리파Burj Khalifa로 유명하다. 두바이에 처음 전기 발전기가 들어간 것이 1952년이었다니, 그간의 발전을 보면 엄청난 성취라 하지 않을 수 없다. 처음에는 디젤 발전기, 나중에는 천연가스 발전소에 의존하던 두바이는 근래 재생에너지 키우기에 집중하고 있다.

아랍에미리트를 비롯한 걸프 산유국들은 탈석유 경제로 전환하려 하고 있다. 다만 문제는 탈석유 경제로 체질을 바꾸기 위한 자금을, 석유를 팔아 마련한다는 것이다. 석유를 판 돈으로 국부 펀드를 만들어서 탈화석연료 기술 기반에 투자하는 식이다. 그런데 화석연료 수요는 줄어들고 있다. 그래서 소비를 늘리려고 하는 게 모순된 행태로 지적받는다. 일례로 COP28을 앞두고 아랍에미리트가 화석연료 수출을 늘리려 한 정황이 폭로됐고, 사우디아라비아도 이른바 '석유수요지속가능성프로그램ODSP'이라는 이름으로 아프리카와 아시아에 대한 수출을 늘리려 하고 있다는 사실이 드러났다.

석유와 천연가스를 팔아서 재생에너지 기반으로 전환하는 데에 걸프 국가들은 사활을 걸었다. 그 대표 격인 두바이는 '청정 에너지 전략 2050'을 만들어서 에너지의 기본 틀을 지속가능성에 맞추려 하고 있다. 그래서 세운 것이 두바이 지배자의 이름을 딴 알 막툼 솔라파크인데 현재 1.6GW가 조금 넘는 생산 용량을 2030년까지 5GW로 끌어올릴 계획이다. 아랍에미리트의 정치적 중심인 아부다비에는 이와 비슷한 누르 아부다비Noor Abu Dhabi라는 태양광 단지가 세워지고 있으며, 이곳에는 물이 필요 없는 로봇 청소 시스템과 같

압도적인 규모를 자랑하는 두바이의 무함메드 빈 라시드 알막툼 솔라파크 외관(위)과 태양광 (아래)

은 최첨단 기술이 도입되고 있다.

탈탄소는 대세,
산유국도 예외 없다

2022년 러시아가 우크라이나를 침공한 뒤 세계는 에너지값 상승이라는 유탄을 맞았다. 에너지의 움직임을 주시할 수밖에 없는 이유는, 너무나 당연한 얘기이지만 우리 생활에 미치는 영향이 크기 때문이다. 그래서 각국 정부의 핵심 관심사가 되고 지정학적 변수가 된다. 이를테면 중국과 사우디아라비아의 밀착 같은 것들이다. 우크라이나 전쟁이 벌어진 직후인 2022년 3월 사우디 국영 석유 회사 아람코Aramco가 중국 동북부에 석유화학 단지를 짓는 계약을 마무리했고, 시진핑 중국 국가주석이 사우디를 방문한 그해 12월 아람코와 중국 사이의 협정 목록은 더 길게 늘어났다.

카타르의 국영 석유 기업인 카타르 에너지Qatar Energy는 중국 시노펙과 가스 공급 계약을 맺었다. 27년 동안 중국에 연간 400만 톤의 액화천연가스LNG를 판다고 한다. 카타르 에너지는 독일과도 천연가스 공급에 합의했다. 우크라이나 전쟁이 시작됐을 때부터 해왔던 논의였다. 아랍에미리트도 러시아 가스의 대안을 찾는 독일과 손을 잡았다.[53]

석탄은 세계에 고르게 분포하지만 석유와 천연가스는 몇몇 지역에 집중돼 있다. 그래서 지정학의 키워드가 됐다. 20세기 내내 그랬고 지금도 어느 정도는 그렇다. 하지만 앞으로는? 햇빛과 바람이 자원이 되는 시대다. 전쟁도, 미국과 러시아의 대결도 이 흐름은 막지 못한다. 심지어 화석연료의 중심인 걸프도 녹색을 향해 가고 있다. 미국 트럼프 정부가 조 바이든 정부로 바뀌고, 팬데믹이 세계 산업을 주춤하게 만들고, 러시아가 전쟁을 일으켜 세계가 시끄러웠던 동안에도 일관된 흐름이 있었다면 걸프의 3대 에너지 수출국인 사우디아라비아, 아랍에미리트와 카타르가 녹색 경제를 향해 적극 나섰다는 점이다.

변신에 느리기로 유명했던 사우디아라비아는 2010년대 중반 이후 무함마드 빈 살만Muhammad bin Salman 왕세자가 실권을 잡으면서 '비전 2030'이란 이름으로 떠들썩하게 개혁을 추진하고 있다. 메카와 메디나라는 양대 이슬람 성지를 갖고 있는 사우디는 아랍어로 '카딤 알-하라마인 앗사리파인Khādim al-Ḥaramayn aš-Šarīfayn', 즉 '두 성스러운 모스크의 수호자Custodian of the Two Holy Mosques'를 자처한다. 이말은 사우디의 국왕을 지칭하는 표현이기도 하다. 이 문구가 태양광 발전에도 쓰이기 시작했다. '성스러운 모스크 재생에너지 이니셔티브Two Holy Mosques Renewable Energy Initiative'라는 이름으로 2018년 11월 사카카Sakaka의 태양광 프로젝트에 시동을 건 것이다.[54] 2023년에는 단일 발전소로는 세계 최대 규모가 될 알슈아이바AI Shuaibah 태양광 발전소를 착공했다.[55]

사우디아라비아 국부 펀드인 공공투자기금Public Investment Fund, PIF

은 여러 태양광발전소와 수소 프로젝트, 지속가능한 담수화 플랜트들에 투자하고 있다. 이 기금은 2022년에는 사우디 최초의 전기차 회사 CEER를 출범시켰다.

사우디 민간 회사 ACWA파워는 이집트의 수에즈에 10GW 풍력 단지를 만들고 있다. 또 다른 사우디 기업 알파나르Alfanar는 수에즈 운하 경제 구역에 녹색 수소 공장을 짓기로 했다. 사우디는 아랍에미리트 재생에너지 회사 마스다르의 힘을 빌려 리야드에서 900km 떨어진 곳에 두마트 알잔달 풍력 단지Dumat Al Jandal Wind Farm를 지었는데, 대규모 시설을 돌릴 수 있는 중동 최초의 '유틸리티 규모' 풍력 발전소다.[56] 2021년 이미 발전을 시작했고 400MW까지 용량을 끌어올리는 것이 목표다. '유틸리티 규모utility scale'는 전력망(그리드)과 연결해 제3자에게 에너지를 공급할 수 있는 정도의 대규모 에너지 프로젝트를 설명할 때 쓰는 말이다.

'에너지 전환' 경쟁하고 협력하는 걸프 국가들

아랍에미리트는 앞서 소개한 알막툼 솔라파크 등 여러 태양광발전 단지를 만들고 있으며 해외 투자도 두드러진다. 호주에 폐기물을 에너지화하는 시설을 짓고 아프리카의 모리타니와 중동의 요르단에 태양광발전소를 세웠다. 아르메니아, 아제르바이잔, 인도네시아, 인도, 남아프리카공화국 등과 태양광 프로젝트 계약을 했다. 영국, 몬 테네그로, 미국, 세르비아, 오만, 폴란드, 우즈베키스탄의 풍력발전 에도 투자했다. 아부다비 국영 석유 회사 ADNOC와 영국 에너지 기업 BP는 녹색 수소 파트너십을 발표했다. 특히 수소 경제와 관련해서 걸프국들은 아프리카에 눈독을 들이고 있다. 마스다르가 2022년 11월 아프리카를 잠재적인 수소에너지 허브로 평가한 투자 계획 보 고서를 발표하고 탄자니아 투자를 결정한 것이 그 예다. 아랍에미 리트는 이 밖에도 천연가스를 메탄올로 전환하는 가스 액화 플랜트, 화합물을 생산할 때 나오는 이산화탄소와 천연가스를 이용한 블루 암모니아 생산 설비 등으로 '탈탄소 이니셔티브'를 추진 중이다. 미 국에 2035년까지 1,000억 달러를 들여 청정에너지 100GW를 생 산하는 프로젝트에 합의했고, 이미 한국과 일본에는 블루암모니아 를 수출하고 있다.

사우디는 2021년 말 '2060년 탄소 배출 순 제로' 목표를 제시하 면서 전력의 절반은 가스로, 절반은 재생에너지로 생산하겠다고 약 속했다. 아랍에미리트의 목표는 사우디보다 10년 앞서, 걸프 국가 중 최초로 2050년까지 탄소 배출 제로를 달성하는 것이다. 국제에 너지기구의 2024년 통계를 보면 중동 12개국 중 5개국이 탄소 순 배출 제로 목표를 설정했다. 아랍에미리트와 오만은 2050년, 사우 디아라비아와 바레인, 쿠웨이트는 2060년이 목표다.[57]

카타르는 2015년부터 국가 개발 전략의 성과와 목표를 유엔의 목표와 일치시켜왔다. 유엔이 정한 247개의 지속가능개발 목표 가운데 이미 200개 이상을 달성했다고 자랑한다.[58] 2022년 월드컵의 화려한 축포 속에 이목을 끈 카타르는 '재활용 경기장' 974스타디움을 선보이며 세계에 기술력과 의지를 과시했다. 남은 목표들 중에는 2030년까지 2~4GW의 태양광발전을 이루고 전체 자동차의 10%를 전기차로 대체하는 것 등이 있다. 카타르는 "2030년까지 연간 900만 톤의 이산화탄소를 포획, 저장하겠다"라고 2021년 선언했다.[59] 이어 2030년까지 온실가스 배출량을 25% 감축하겠다는 의사를 밝혔고, 2035년까지 연간 1,100만 톤의 이산화탄소를 줄인다는 계획을 추가로 발표했다. 프랑스 토탈 에너지, 일본 마루베니와 협력해 개발 중인 카타르 최초의 유틸리티 규모 솔라파크인 알카르사 태양광발전 프로젝트Al Kharsaah Solar PV Project가 2022년 가동을 시작했고 수소, 블루암모니아, 탈탄소 프로젝트 등이 뒤이어 줄줄이 발표됐다.

걸프의 3대 에너지 수출국인 사우디, 아랍에미리트와 카타르 사이는 최근 몇 년 동안 시끄러웠다. 사우디와 아랍에미리트가 한편을 먹고 카타르에 금수 조치까지 내렸다. 그 기간 두 나라는 액화천연가스 시장의 강자인 카타르의 지위를 흔들려 애썼다. 그러다가 화해를 한 것이 2021년 초였고, 그 이후로는 앞서거니 뒤서거니 하며 재생에너지 투자를 늘렸다. 더 이상 카타르의 가스를 놓고 싸울 필요가 없어진 탓도 있지만, 지구적인 변화가 재생에너지로 향하고 있다는 것이 더 근본적인 이유였다. 화해 이후 세 나라 모두 재생에너지 프로젝트 수와 투자액이 늘어난 것이 눈길을 끈다. 알자지라연구센터 보고서를 보면 1년 반 동안 카타르는 재생에너지 투자를 전체 에너지 투자의 2%에서 8%로 늘렸다. 사우디의 재생에너지 투자는 약 0%에서 25%로 증가했고 아랍에미리트는 3%에서 43%로 뛰어올랐다.[60]

이 나라들의 투자 목록을 쭉 늘어놓고 보면 머리가 어질어질할 지경이다. 사실 방대한 프로젝트 목록 가운데 얼마나 달성될지 확신할 수는 없다. 사우디의 숱한 계획들 중 청사진으로만 그친 것들도 많다. 2020년까지 5GW의 태양에너지 용량을 투자하겠다고 했지만 달성하지 못했고, 알카프지Al Khafji에 첫 태양광 담수화 플랜트를 가동하겠다던 것도 유야무야된 분위기다. 하지만 한 가지는 분명하다. 유전과 가스전이 표시된 지도만 놓고 중동 지정학을 논하던 시대는 갔다.

17장

기업들의
환경 캠페인을
믿어도 될까

첨단 기술 스타트업이 모인 미국 실리콘밸리와 금융업의 중심지인 월스트리트. 큰 돈이 모인다는 점 이외엔 공통점이 없어 보이는 두 지역의 패션이 동시에 회자된 적이 있다. 개발자들을 비롯해 괴짜들이 모인다는 자유분방한 분위기의 실리콘밸리와 정장 차림의 말끔한 회사원이 연상되는 월스트리트 모두에서 유행한 아이템은 바로 미국의 아웃도어 제품 기업 파타고니아Patagonia의 플리스 조끼였다. 금융사나 스타트업의 로고가 크게 박힌 파타고니아의 조끼를 걸쳐 입고 거리를 누비는 사람들의 모습이 미국 언론들에 일제히 등장한 것이다.

"우리 옷
사지 마세요"

평범하고 무난한 파타고니아의 조끼가 실리콘밸리와 월스트리트의 '교복'이라고 불릴 만큼 큰 인기를 끌게 된 것은 2008년으로 거슬러 올라간다. 투자 회사 리먼 브라더스가 파산하면서 촉발된 글로벌 금융 위기 이후 월스트리트에서는 럭셔리한 정장 대신 가벼운 캐주얼이 유행했다. 금융사들은 파타고니아의 플리스 조끼에 로고를 찍어 직원들에게 나눠줬다.[61]

그런데 파타고니아는 2019년 아무 기업이나 로고를 찍어 직원들에게 입힐 수 있도록 판매하지는 않겠다고 선언한다. 파타고니아에 대량 주문을 하려는 기업들은 기부를 하거나, 지구를 지키기 위한 환경보호 활동을 해야 한다는 것이었다. 환경보호를 기업 미션으로 추구하는 회사를 먼저 거래 대상으로 고려하겠다고 했다. 이후로 지금까지 파타고니아는 기업 고객에 로고를 새겨주지 않는 것을 원칙으로 삼고 있다. 로고가 새겨진 제품은 수명이 짧다. 옷이 닳아서가 아니라, 소비자들이 그 로고의 주인공인 회사나 단체에 소속감을 느끼지 않게 되는 순간 쓰레기통이나 재활용품 분리수거함에 넣어버리기 때문이다. 이는 오래도록 쓰이는 물건을 만들겠다는 자신들의 사명에 어긋난다고 파타고니아는 주장한다. 그래서 꼭 필요한 경우 지퍼 손잡이나 가방 밑단과 같은 곳에 제거할 수 있는 형태로 로고를 넣어주는 정도에 그치고 있고, 기업이 로고를 넣어달라 하더라도 파타고니아의 자체 판단에 따라 이를 거부할 수 있다고 명시해놨다.[62]

너무 자주 옷을 사지 말라고 말하는 의류 회사. '우리 고객이 돼줘서 고맙다'면서도 '그러나 무엇보다 우리 고향 지구를 구하는 일에 관심을 가져준 것이 고맙다'고 말하는 기업. 파타고니아와 그들의 철학은 기후위기에 맞닥뜨린 우리에게 생각할 거리를 안겨준다.

파타고니아는 1973년 미국에서 설립된 아웃도어 제품 회사다. 창립자 이본 쉬나드Yvon Chouinard는 암벽등반을 즐기는 등산가였는데, 필요한 장비를 시중에서 찾지 못해 1965년 회사를 설립해 직접 만들기 시작했다. 자신이 만든 장비 중 암벽에 박는 못인 피톤piton이 암벽을 훼손한다는 걸 알게 된 뒤로는 자연에 손상을 입히지 않는 용품을 만들어 팔았다.[63] 우여곡절을 겪으며 그가 깨달은 것은 회사의 지속가능한 성장을 위해서는 환경이 중요하다는 점이었다. 그래서 "모든 결정에서 100년 앞을 내다보기로" 했다고 한다. 아웃도어 의류를 만들며 환경에 끼치는 영향이 궁금했던 그는 1993년 재활용 페트병에서 추출한 섬유로 플리스 재킷을 만들었다. 1994년부터는 자체적인 환경 평가 보고서를 만들어 사업이 환경에 미치는 영향을 체크하기 시작했다. 1996년부터는 모든 면 제품을 유기농으로 키운 목화로 만들었다. 불가피하게 소비재를 생산할 수밖에 없다면 지속가능한 방법을 모색하자는 것이 쉬나드의 경영 철학이었다. 파타고니아는 매출의 1%를 환경을 위해 기부한다. "죽은 행성에서는 어떤 사업도 할 수 없기" 때문이다. 2023년까지 이렇게 기부한 금액이 1,000억 원에 달한다.

2008년 파타고니아에 합류해 2014년부터 CEO를 맡아온 로즈 마카리오Rose Marcario는 창업자 쉬나드의 철학을 더 많이 알리는 동시에 파타고니아의 성장을 이끌었다. "이 재킷을 사지 마세요Don't Buy This Jacket." 파타고니아가 플리스 재킷을 팔면서 2011년 내놓은 슬로건이다. 소비자들이 새 옷을 사는 대신 기존에 갖고 있던 옷을 오래 입는다면 탄소 배출을 줄일 수 있다며 벌인 캠페인이었다. 아이러니하게도 이 마케팅이 소비자의 마음을 움직였고, 재킷의 매출이 훌쩍 뛰어올랐다고 한다. 많은 이들이 지갑을 연 것은 그동안 파타고니아가 꾸준히 보여준 '진심'이 통했기 때문이다. 털이 많이 자라도록 사료를 먹인 동물에서 깎은 털이나 살아 있는 거위에서 뽑아낸 깃털을 쓰지 않고, 석유로 만든 합성섬유가 아니라 식물에서 추출한 원료를 쓰는 등 파타고니아는 제품의 기능을 유지하면서도 환경과 생명을 지키는 방향으로 연구를 이어왔다. 꾸준한 실천 없이 단지 소비자의 이목을 끌겠다며 말만 번드르르하게 했다면 저런 캠페인이 고객들의 마음을 움직이기는 쉽지 않았을 것이다.

파타고니아는 2012년 비콥B-Corp 인증을 획득했다. 미국의 비영리 기관 비랩B Lab이 만든 비콥은 경영 성과와 지배 구조, 환경적·사회적 성과를 평가한 뒤 내주는 사회적 기업 인증이다. 평가 기준이 높고 인증 방식도 까다로운 데다가 3년마다 재인증을 받아야 한다. 비콥 인증 이후 파타고니아는 매년 비콥 리포트를 작성해 환경과 지역사회에 미치는 영향과 지배 구조 등을 투명하게 공개하고 있다.

2019년에는 회사의 미션을 새로 발표했다. "우리는 우리의 터전, 지구를 되살리기 위해 사업을 합니다." '지구가 목적, 사업은 수단'이라고 밝힌 것이다.[64] 그해 유엔은 이 기업을 '지구의 챔피언Champions of the Earth'로 꼽았다. 이듬해 쉬나드는 기업 가치를 지키기 위해 만들어진 재단과 비영리 기구에 자신과 가족이 소유한 회사 지분을 모두 넘겼다. 그는 '지구가 우리의 유일한 주주'라는 제목의 공개 서한에서 "의결권이 있는 주식은 모두 '파타고니아퍼포스트러스트' 재단으로 이전하며, 의결권이 없는 주식은 환경위기에 대처하고 자연을 보호하기 위해 설립된 비영리 기구 '홀드퍼스트 컬렉티브'에 기부했다"라고 밝혔다. "지금부터 50년 후에 지구가 번영할 것이라는 희망이 있다면, 우리가 가진 자원으로 할 수 있는 일을 해야 한다"라고도 했다.[65] 세금 회피를 위한 수단 아니냐는 비판도 있었지만, 기업 가치가 30억 달러에 이르는 회사의 지분 전체를 포기한 과감한 행보에 찬사가 쏟아졌다.

철학을
소비하는 시대

파타고니아처럼 비콥 인증을 받은 화장품 브랜드 러쉬Lush는 1995년 창업 때부터 동물 임상 실험을 하지 않는다. 동물실험을 거친 원재료도 쓰지 않는다. 동물을 학대하지 않고도 질 좋은 제품을 얼마든지 만들어 팔 수 있다는 것이 이 회사의 철학이다. 2013년 유럽연합은 동물 보호 단체와 소비자 운동가들의 요구를 받아들여 화장품에서 동물실험을 금지하는 법을 시행하기 시작했다. 다른 회사들에는 이런 상황이 위기가 될 수도 있었겠지만 러쉬는 오히려 유럽 밖의 다른 나라들에서도 강력한 법안이 만들어져야 한다며 적극적으로 옹호하고 나섰다.[66]

러쉬는 또 2021년 페이스북, 인스타그램, 왓츠앱, 틱톡, 스냅챗과 같은 소셜미디어 홍보를 중단한다고 선언했다. 소셜미디어 회사에서 일하던 이들이 "알고리즘이 유해한 콘텐츠가 퍼지게 만드는 쪽으로 구성돼 있다"라며 잇달아 내부 고발을 한 시점이었다. 특히 유해한 콘텐츠들이 청소년들에게 악영향을 끼칠 수 있다고 판단한 러쉬는 "어떤 소셜플랫폼은 '멀리해야 할 공간'으로 변질되기 시작했다. 디지털상에서도 고객을 위험에 빠뜨리지 않도록 해야 한다"라면서 소셜미디어 기업들을 향해 강력한 지침을 제시하고 국제법규를 만들라고 촉구했다.[67] 손쉬운 소통과 홍보를 포기한 러쉬에 오히려 응원과 격려 메시지가 쏟아졌다.

돈을 더 내더라도 윤리적이고 환경친화적인 브랜드를 선택하겠다는 소비자는 갈수록 늘어난다. 물건을 만들면서 인권을 침해하거나 빈국의 아동노동을 이용하지는 않는지, 동물실험을 하거나 열악한 사육 환경에서 동물을 키우지는 않는지, 환경을 파괴하지는 않는지 등을 기준 삼아 소비자들이 판단을 하는 '가치 소비'가 자리를 잡고 있는 것이다. 이런 흐름 속에서 기업의 사회적 책임Corporate Social Responsibility, CSR이 부상했다. 생산과 영업을 하면서 윤리적·환경적 가치를 기준으로 사회 전체의 이익을 생각하는 것은 기업의 의무가 됐다. 환경Environmental, 사회Social, 지배 구조Governance의 첫 글자를 딴 'ESG 경영'도 화두가 됐다.

환경을 지키고 사회의 가치와 공존하려면 기업들은 당장의 이익에만 눈이 멀어서는 안 된다. 장기적으로 보면 이런 방향이 결국 기업을 살릴 것이라는 믿음을 갖고 있어야 한다. 세계 최대 자산 운용사 블랙록BlackRock의 최고경영자 래리 핑크Larry Fink는 2022년 투자한 기업의 경영자들에게 보내는 서신에서 이렇게 밝혔다. "우리는 환경보호론자여서가 아니라 자본가이자 고객의 수탁을 받았기 때문에 지속가능성에 중점을 둔다. 기업은 사회에서 어떤 역할을 할지를 숙고하고 직원, 고객, 지역사회와 주주의 이익을 위해 행동할 때 더 나은 성과를 낼 수 있다."[68] 투자자에게서 돈을 모아 굴리는 자산 운용사 대표가, 환경과 사회적 가치를 생각해야만 살아남을 수 있다고 명쾌하게 정리한 것이다.

그의 말마따나 어느 회사가 '착해서'가 아니라 소비자들이 '착한 회사'를 좋아하기 때문에 그 회사들로 투자가 몰릴 수 있다. 최소한 환경을 망치는 것으로 지목받지는 않아야 한다. 영업 실적만 보는 게 아니라 사회적·환경적으로 좋은 영향을 주는 기업에 투자하는 '임팩트 투자impact investing'의 규모는 2022년 세계에서 약 4,000억 달러에 이르렀다. 기후 리스크가 커지고 각국이 법적, 제도적으로 ESG 관련 공시를 강화하고 있기 때문에, 2027년까지 임팩트 투자는 매년 약 18%씩 성장할 것으로 관측된다.[69]

'안 사요'의 힘

보이콧boycott은 부당한 행위를 막기 위해 집단적으로 행하는 거부운동을 말한다. 1800년대 잉글랜드가 아일랜드를 식민지로 삼았을 당시, 잉글랜드인 찰스 커닝햄 보이콧Charles Cunningham Boycott은 대지주를 대신해 아일랜드의 소작농들을 관리했다. 대기근이 아일랜드를 덮쳤고, 먹고살기 힘든 소작농들이 소작료를 낮춰달라고 요구했지만 보이콧은 이를 거부하고 이들을 내쫓았다. 아일랜드의 독립운동가인 찰스 스튜어트 파넬Charles Stewart Parnell을 주축으로 저항운동이 시작됐다. 농부들은 찰스 보이콧이 관리하는 농장에서 일하기를 거부했고, 그에게 물건을 팔지 않는 가게들도 생겨나면서 보이콧은 고립된 처지에 놓일 수밖에 없었다. 폭력을 쓰지 않되 상대에게 압박을 가할 수 있는 비폭력 저항운동을 의미하는 '보이콧'이라는 이

름은 아이러니하게도 '보이콧'을 당한 이의 이름에서 따왔다.**70**

역사적으로 보이콧은 정치적·사회적 변화를 목표로 한 경우가 많았다. 남아프리카공화국의 데스몬드 투투Desmond Tutu 대주교 등은 아파르트헤이트(인종 분리)의 고리를 끊어버리기 위해 보이콧을 택했다. 1955년 미국에선 강력한 흑백 분리에 기반한 인종차별 정책에 항의하는 의미로 버스 보이콧이 이뤄졌다. 1955년 앨라배마주에서 흑인 여성 로자 파크스Rosa Parks가 퇴근길 버스에 올랐다가 백인에게 자리를 양보해줄 것을 요구받았고, 이를 거부하자 체포된 일이 발단이 됐다. 1년가량에 걸친 버스 보이콧은 흑인 인권운동의 상징으로 떠올랐고, 투쟁 과정에서 마틴 루서 킹Martin Luther King 목사가 아이콘으로 떠올랐다.

경제 분야에서도 보이콧이 나타났다. 소비자는 기업의 비윤리적·비도덕적 행위에 대해 구매 거부 행동에 나섰다. 경제적 이윤과 세간의 평판이 비즈니스의 핵심이기에 집단적 불매운동은 기업에 큰 임팩트를 줄 수단으로 떠올랐다. 투투 대주교가 화석연료 에너지 기업들을 다양한 형태로 보이콧하라고 호소한 것에서 보듯, 수많은 소비자들이 참여하는 보이콧은 기업의 이미지와 세일즈에 영향을 미칠 수 있는 강력한 힘을 지녔다. 소비자 보이콧으로 타격을 입은 대표적인 사례가 스포츠 브랜드인 나이키다. 1996년 시사 잡지 〈라이프〉는 실과 바늘로 열심히 축구공을 만들고 있는 한 파키스탄 소년의 사진을 실었다. 12살에 불과한 그는 쪼그리고 앉아 무릎 사이에 공을 끼고 가죽 조각들을 열심히 이어붙인다. 하루종일 일하고 받는 돈은 2달러 남짓. 이 사진 한 장으로 아동의 노동을 착취하는 나이키 제품을 사지 말자는 불매운동이 촉발됐다. 나이키 매장 앞에서 사람들은 항의 시위를 벌였고, 나이키 광고를 싣는 매체에는 소비자들의 항의 전화가 빗발쳤다. 결국 나이키는 관련 사실을 인정하고 대책을 발표할 수밖에 없었다.[71]

시에라리온 등 분쟁 상태에 있는 아프리카 국가에서 생산된 다이아몬드를 사지 말자는 불매운동도 있었다. 분쟁 지역의 무장 세력이 주민들을 인질로 잡아 강제 노동을 시키면서 채굴한 다이아몬드가 비싼 값으로 팔리고, 그들에게 다시 무기 또는 현금으로 흘러들어가는 걸 막기 위해서다.[72] 이 보이콧 운동을 계기로 특정 지역에서 다이아몬드가 피를 부르는 '블러드 다이아몬드'가 될 수 있다는 경각심이 일었다. 그 결과 2003년 분쟁 지역에서 생산된 다이아몬드의 국제 유통을 막기 위해 원산지를 투명하게 추적할 수 있도록 하는 증명 제도인 킴벌리 프로세스Kimberley Process가 만들어졌다. 이 밖에도 동물실험을 하는 생활용품 회사, 혐오나 차별의 발언을 방관하는 인터넷 플랫폼 업체, 우크라이나를 침공한 러시아에서 즉시 철수하지 않은 기업, 팔레스타인을 공격한 이스라엘 자본과 연관된 기업 등도 불매운동의 대상이 된 바 있다.

한국에서는 우유 업체 남양유업이 2013년 지역 대리점에 주문하지 않은 상품을 할당하는 등 상품 '밀어내기'를 강요하고, 본사 측이 가맹점주에게 폭언을 한 사실이 알려지면서 거센 불매운동에 부딪혔다. 이 밖에 '갑질'로 대표되는 기업의 일탈 행위 또는 총수

일가의 폭력과 같은 이유로 거센 불매운동에 직면한 기업도 많다. 2019년 일본이 TV, 반도체 등을 생산하는 데 필수적인 부품을 한국에 수출하는 것을 규제하는 조치를 취하자 대대적으로 일어난 일본산 제품 불매운동, 빵을 만들던 노동자가 기계에 끼어 사망하는 사고가 일어난 SPC의 계열사 제품에 대한 불매운동 등도 보이콧의 또 다른 사례.《한국의 소비자 불매운동사》는 쟁점에 따라 한국의 불매운동을 여덟 가지로 분류했는데, 기업 일가의 갑질과 폭력을 비롯해 가격 이슈, 건강과 안전, 민족과 애국, 환경, 개인 정보, 노동, 여성 등 다양한 쟁점에 따라 여러 기업에 대한 불매운동이 벌어진 것으로 나타났다.[73]

보이콧은 과연 효과가 있을까? 1989년부터 30년 넘게 윤리적 소비자 운동을 펼치고 있는 영국의 비영리 소비자 단체 '윤리적 소비자Ethical Consumer'는 기후변화, 동물실험, 노동 착취, 유전자 변형, 핵실험, 조세 회피 등 다양한 이슈들에 대한 기업의 태도를 반영해 쇼핑 가이드를 제시하는 한편 4만여 개 기업과 브랜드, 상품을 조사해 윤리 등급을 공개하고 있다.[74] 이 단체는 특정 기업에 대해 구매를 장려하거나 보이콧을 하고 있는데, 웹페이지를 통해 2000년대 이후 성공한 소비자 보이콧들을 공개했다. 동물 보호 단체 페타Peta가 의류 업체 캐나다구스를 상대로 벌인 불매운동이 그 예다. 캐나다구스가 만드는 패딩점퍼에 달린 모자에는 코요테 털이 달려 있는데, 야생 코요테를 잔인하게 포획하는 영상이 알려지면서 논란이 됐다. 불매운동에 이어 페타는 캐나다구스를 상대로 소송을 제기하기도 했다. 결국 캐나다구스는 2021년 동물 털 사용을 전면 중단하겠다고 밝혔다.[75] 기업을 압박하는 보이콧이 성과로 이어지기도 하지만 보이콧이 자칫 저소득층의 일자리를 빼앗는 효과로 나타날 수 있기 때문에 조심스럽게 접근해야 한다는 지적도 있다.

최근 들어 보이콧은 큰 폭발력과 파장을 일으키려는 '운동'의 성격보다는 일종의 소비 '행태'로 자리 잡고 있다. 자신의 가치관과 철학에 맞는 브랜드의 제품과 서비스만 구매하는 미닝 아웃meaning out, 즉 뜻과 의미meaning를 반영하는 소비 방식이 그것이다. 물건을 사지 않고 거부하는 보이콧과는 반대로 가치에 동의하는 기업의 물건을 구매하는 것을 '바이콧buycott'이라고 한다. 최근에 한국에서는 사회적으로 의미 있는 활동을 하는 업장이나 기업의 제품을 많이 팔아줘 돈을 벌게 해주자는 뜻으로 '돈'과 '혼쭐내다'를 합친 '돈쭐내다'는 말도 유행했다. 배고픈 형제에게 공짜 치킨을 준 치킨집 주인의 선행이 알려지면서 사람들이 응원의 의미로 이곳에서 치킨을 주문해 매상을 올려주는 식이다. 미국과 유럽에서는 '돈쭐'과 비슷한 방식의 '캐럿몹carrotmob' 운동이 벌어진 적이 있다. 말을 훈련할 때 칭찬과 벌칙을 적절하게 사용해야 하는데, 여기에서 유래한 말이 '당근'과 '채찍'이다. 캐럿몹은 칭찬을 뜻하는 당근carrot과 군중mob을 합친 것으로, 착한 기업의 매출을 올려주는 방식의 소비자 참여 운동이다. '채찍'에 해당하는 보이콧과는 달리 '적을 만들 필요가 없다', '구매력이 작은 일반 소비자들이 협력해 긍정적 에너지를 행사할 수 있다'는 점이 활동가들이 꼽는 캐럿몹의 장점이다.

더 나아가 팬덤을 바탕으로 기업에 긍정적인 활동을 촉구하는 플랫폼도 등장했다. K팝 팬들이 주축이 되어 꾸려진 '케이팝포플래닛Kpop4planet'은 자신들이 좋아하는 가수들이 소속된 엔터테인먼트사 또는 가수들이 광고 모델이나 앰배서더로 활동하는 기업들을 대상으로 기후위기에 적극적으로 대응하라고 촉구하는 캠페인을 펼친다.[76] 이들은 "죽은 지구에 K팝은 없다"라는 모토의 캠페인을 통해 플라스틱 음반을 줄이자고 주장했고, BTS가 광고 모델인 현대자동차의 인도네시아 자카르타 현대모터스튜디오 앞에서 BTS의 노래 가사를 바꿔 부르며 '현대, 석탄 멈춰Hyundai, Drop Coal'를 외쳤다. 전 세계의 K팝 팬들이 발 빠르게 하나의 목소리를 내고 행동에 나설 수 있었던 건 적극적인 소통 덕분이다. 국경을 너머 K팝 찐팬이라면 누구라도 소셜미디어를 통해 캠페인 아이디어를 낼 수 있다. 소비자의 가치 지향적 활동은 소셜미디어를 통해 과거보다 훨씬 더 신속하게, 멀리 퍼져 나간다. 2023년 BBC 방송이 꼽은 '올해의 여성 100인'에 이름을 올린 이다연 케이팝포플래닛 캠페이너는 이렇게 말한다. "K팝 팬들은 소셜미디어를 열심히 사용해요. 이슈들을 빨리 접하고 민감하게 즉각적으로 반응해요. 무엇보다 케이팝 팬들은 다른 사람의 문제를 자신의 일처럼 공감해요. 그 문제를 해결하기 위해서 다 같이 뭉치는 특성이 있어요. 여러 팬덤들과 계속 교류하면서 힘을 합치는 성향이 있거든요."[77]

구매할 수 있는 능력이 곧 힘이 되는 자본주의 시스템 안에서 소비자는 소비자라는 정체성을 이용해 기업의 철학과 가치에 영향을

줄 수 있는 최선의 방법을 찾아가고 있다. 임기응변이나 적당한 포
장만으로 소비자들의 눈을 가릴 수는 없다.

지속가능한 패션과
그린워싱

앞에서 파타고니아 이야기를 했지만, 패션은 환경에 부담을 가장 많
이 주는 산업 분야 중 하나다. 기업들은 트렌드를 내세워 끊임없이
새 물건을 만들어 마케팅을 펼친다. 한 철도 안 가서 구식이 된 옷은
버려지고 새 옷이 팔려 나간다. 이른바 '패스트패션'은 이제 저가 의
류 브랜드라는 이름으로 세계의 모든 도시 주요 상권을 점령하고 있

가나 올드파다마의 강가를 가득 메운 의류 폐기물. ©Greenpeace

다. 매년 세계에서 버려지는 섬유 폐기물의 양은 920만 톤에 이른다. 매립되는 쓰레기 가운데 섬유와 옷은 약 7%를 차지한다. 게다가 그중 상당수는 석유에서 추출한 합성섬유다. 버려지는 옷 가운데 다시 수집되는 것은 약 20%뿐이다. 옷 자체로 재활용되는 비율은 겨우 1%밖에 되지 않는다. 의류 산업의 탄소 배출량도 상당하다. 전 세계 탄소 배출량의 약 10%가 패션과 섬유 산업에서 나온다고 한다.[78] 과잉 생산을 줄이는 것만으로도 탄소 걱정을 줄일 수 있는데, 신제품을 만들어 이윤을 내는 패션 기업들에게 쉬운 선택은 아니다.

하지만 "지구도 없으면 사업도 없기에" 패션 업계도 지속가능한 패션을 고민하고 연구한다. 페플라스틱 등 쓰레기를 재활용한 소재로 상품을 만들어 가치를 높이는 '업사이클링'도 그런 노력 가운데 하나다. BTS가 2022년 유엔 총회에서 연설할 때 입었던 정장도 재고 의류를 활용해 만든 옷이었다.[79] '의식이 있는'이라는 뜻의 영어 단어 컨시어스conscious에 패션을 합친 '컨패션'이라는 신조어도 등장했다. 유행보다는 오래 입을 수 있는 옷을 만들고, 의류 구매 자체를 줄이는 '슬로 패션' 문화도 점차 퍼져 나가고 있다. 1993년 스위스의 디자이너 형제가 만든 가방 회사인 프라이탁FREITAG은 방수포와 차량 안전벨트, 자전거 튜브 같은 재료들을 가지고 수작업으로 가방을 만든다. 이 회사 가방에는 낡은 부분도 있고 제품마다 색깔과 패턴도 다르다. 하지만 프라이탁은 30년째 별다른 마케팅 없이도 소비자들의 사랑을 받고 있다. 세상에 하나뿐인 가방을 가질 수 있다는 장점도 있지만 기업이 추구하는 가치가 높은 평가를 받고 있기 때문이다. 취리히의 프라이탁 제작 공장은 재생에너지로 전력의 절반을 얻으며, 방수포를 세척할 때 빗물을 활용한다. 시내에 있는 이 회사의 대표적인 매장은 버려진 컨테이너를 쌓아 올려 만들었다. 재료뿐 아니라 생산 과정과 매장에까지 고집스럽게 철학을 실천한다는 사실 자체가 곧 마케팅이 되는 것이다.

기업의 친환경 정책은 환영할 만한 일이지만, 실천이 뒤따르지 않는 마케팅 수단으로만 그치면서 그린워싱이라는 비판을 받는 사례도 있다. 그린워싱은 겉으로만 환경을 생각하는 기업인 양 이미지를 세탁하는 것을 가리킨다. 환경단체 그린피스가 399개 기업의 인스타그램 계정을 대상으로 실제 제품의 성능이나 기업의 노력과 상관 없이 자연에 관한 이미지를 쓴 게시물이나 실제 효과보다 과장한 경우들을 조사해보니 그린워싱으로 보이는 홍보물을 한 번 이상 업로드한 회사가 41%였다. 그린워싱 콘텐츠를 가장 많이 올린 업종은 정유·화학·에너지 분야였다.[80] 온실가스를 많이 내뿜는 회사들일수록 친환경을 가장한다는 뜻이다.

"이제는 내 옷장 안을 들여다볼 때"

그린워싱보다 더 넓은 범위에서 기후 문제와 관련해 소비자들의 '오해'를 일부러 유도하는 경우를 기후워싱Climatewashing이라 부르는

데, 기업의 기후워싱 행위는 소송의 대상이 되기도 한다. 스위스의 광산 기업 글렌코어Glencore는 '탄소 배출 제로net zero'를 실천하겠다고 약속해놓고는 석탄 생산을 늘렸다가 허위 광고로 소송에 걸렸다. 2015년 자동차 배기가스 배출량을 조작한 '디젤 스캔들'이 들통난 폭스바겐은 그로 인해 거액의 배상을 해야 했을 뿐 아니라, 기후 대응을 피해 가기 위한 로비 내역을 공개하지 않았다는 이유로 추가 소송을 당했다.[81] 탄소 배출을 줄이고 기후위기에 대응하려는 국가들은 그린워싱 규제도 준비하고 있다. 유럽연합은 회원국 정부들의 인증 기준을 충족시킨 상품이라는 것을 증명하는 '에코라벨eco-label'을 도입하기로 했고, 영국은 기업들이 친환경 특성을 강조하는 광고를 할 때 고려해야 할 지침을 공개했다. 미국 캘리포니아주는 2021년 '기만적이거나 오해를 살 소지가 있는' 마케팅을 금지하는 법안을 마련했다. 이 법안에 따르면 포장 용기에 친환경 라벨을 붙이려는 기업은 이를 입증할 증거를 완전히 공개해야 한다.

생산자인 기업이 제 역할을 하도록 압박하는 동시에, 소비의 주체인 시민들도 고민하고 행동해야 한다. "우리 옷장의 옷들 중에는 1년에 한 번도 입지 않는 것이 4분의 1이고, 몇 번만 입고 마는 옷이 4분의 1이다. 이제 무엇을 내려놓아야 할 때인지 생각해보자."[82] 폐기물을 활용하는 자선단체 랩Wrap의 한 활동가가 한 말이다.

착한 자본가들은
세상을 구할 수 있을까

2023년 10월, 10조 7,000억 원에 이르는 재산을 사회에 환원하고 방 두 칸짜리 소형 아파트에서 92세의 나이로 세상을 떠난 억만장자의 이야기가 세계에 알려졌다. 미국의 글로벌 면세점 업체 DFS그룹의 창립자 찰스 피니Charles Feeney가 그 주인공이다.

피니는 1950년대 면세점 사업을 시작했고, 국경을 넘나드는 여행객들이 급증하면서 유럽과 아시아 등 세계로 비즈니스를 확장했다. 젊은 나이에 큰돈을 벌었지만 그 돈이 어디에서 왔으며 한 사람이 이렇게 엄청난 부를 누릴 권리가 있을지 늘 의문을 품고 살았다고 한다. 소박한 생활을 하면서 1982년 대서양재단Atlantic Philanthropies을 설립한 피니는 아일랜드, 북아일랜드, 베트남 등에 80억 달러를 기부했다. 기부 역시 익명으로 하다가 10여 년이 지나고 나서야 공개됐다.

마이크로소프트 창립자 빌 게이츠는 피니를 애도하면서 "역사상 가장 위대한 자선가"라고 했다.[83] 게이츠를 비롯해 많은 사람이 피니를 칭송한 이유는 명확하다. 기업인의 본질적 속성은 '최대한 돈을 많이 버는 것'인데, 세상을 떠나는 순간까지 번 돈을 나눠준 사람이었기 때문이다. 그를 애도한 게이츠 역시 자선과 사회 공헌 활동으로 더 잘 알려져 있다. 하지만 피니나 게이츠 같은 기업가의 선한 의지로 세상을 구할 수 있을까. 점점 불평등해지는 이 지구에서 자본가는 어떤 역할을, 사회 공동체는 어떤 역할을 해야 할까.

빌 게이츠가 감염병을 연구하는 까닭은

세상은 점차 불평등해지고 있다. 2024년 1월 국제 구호단체 옥스팜이 발간한 〈불평등 주식회사Inequality Inc.〉 보고서에 따르면 2020년 이래 세계에서 가장 돈 많은 다섯 명의 자산은 두 배 넘게 늘었다. 같은 기간에 세계 인구 80억 명 중 50억 명은 이전보다 더 가난해졌다. 최고 부자 다섯 명이 가진 자산은 날마다 100만 달러씩 476년을 써야 다 쓸 수 있는 어마어마한 액수다.[84]

잠시 자선사업가 게이츠가 설립한 마이크로소프트의 역사를 들여다보자. 지금은 구글이나 페이스북 같은 소셜미디어 업체들에 밀린 것처럼 보이지만 마이크로소프트는 2024년 1월 애플에 이어 사상 두 번째로 시가 총액 3조 달러를 넘었고, 오픈AI에 투자하는 등 발 빠르게 AI 기술 변화에 올라타면서 성장세를 이어가고 있다. 마이크로소프트는 1975년 당시 20대였던 게이츠와 폴 앨런Paul Allen이 미국 앨버커키의 차고에서 시작했다. 그들의 목표는 '모든 가정과 모든 책상에 컴퓨터를 두겠다'는 것. 군대나 기업 등에서만 활용하는 고사양 대형 컴퓨터가 아닌 개인용 컴퓨터의 시대가 열릴 것임을 예감한 게이츠는 '마이크로소프트'로 회사 이름을 바꾸고 앨런과 함께 '베이직' 프로그램을 개발했다. 마이크로소프트가 업계에 이름을 알려가던 1980년 컴퓨터 업계의 거물 IBM이 개인용 컴퓨터의 운영체제를 기획할 파트너로 마이크로소프트를 택했다. MS-DOS, 윈도우를 기본으로 탑재한 개인용 컴퓨터들이 날개 돋친 듯 팔려나가면서 마이크로소프트는 승승장구했다.

하지만 이후 마이크로소프트는 엄청난 비판에 직면한다. 개인용 컴퓨터 분야에서는 앞서가던 마이크로소프트가 인터넷 대응에 한 발 늦어 뒤늦게 웹브라우저인 익스플로러를 윈도우와 함께 끼워 팔기에 나서면서다. 이로 인해 마이크로소프트는 1998년 반독점법 소송에 휘말려 기업 분할 위기를 겪고, '독점기업', '불량배' 등의 이미지를 얻었다. 혁신을 상징하며 잘 나가던 게이츠 역시 '악의 제국의 심장부'로 통하게 됐다.

이런 상황에서 게이츠는 2000년 빈곤과 질병 퇴치 활동을 하는 빌앤드멀린다게이츠재단을 부인 멀린다와 설립한다. 멀린다는 한 다큐멘터리에서 자신의 딸 또래의 아이들이 단지 국가가 가진 돈이 없다는 이유로, 미국에서라면 걸리지 않을 질병에 시달리며 생명을 잃어가고 있다는 사실에 굉장한 충격을 받았다고 재단 설립 이유를 밝혔다. 재단은 "모든 생명은 동등하다All lives have equal value"라는 구호 아래 개발도상국들에서 쉽사리 해결되지 않는 보건 문제를 해결하겠다는 목표를 세우고 인력과 자금을 투입했다.

에이즈, 말라리아, 독감 등 전염병 문제, 백신 등을 통한 대응에 관심을 써온 게이츠는 2020년 코로나19로 전 세계가 패닉에 빠지기 5년 전 TED 강연에서 "만약 앞으로 몇십 년간 천만 명이 넘는 사람을 죽게 하는 무언가가 있다면 그건 전쟁이 아니라 전염성이 매우 강한 바이러스일 것"이라고 경고한 바 있다. 재단은 코로나19 발생 이후 2020년 17억 5,000만 달러를 기부한 것 외에도 여러 국가나 단체 등에 기부하며 감염병 대응과 백신 개발 등을 돕고 있다.

보건 문제뿐만 아니라 기후변화와 관련된 문제에도 재단은 관심을 쏟아왔다. 2015년 각국의 정치계 주요 인사들과 함께 청정 에너지를 생산하고 활용하기 위한 기금을 마련하는 데 앞장섰고, 2017년 아프리카와 아시아의 농부들이 기후변화에 대처할 수 있도록 3억 달러를 기부했다. 2022년 7월 재단에 추가로 자금을 내놓은 게이츠는 트위터에 "미래를 위해 거의 모든 재산을 재단에 기부할 것이고, 결국 '전 세계 부호 목록'에서 제외될 것"이라고 밝혔다.

부자들의 자선이 세상을 구할까

게이츠는 부자들에게 기부 등의 방법으로 자산을 사회에 환원하라고 촉구해왔다. 또 정부가 자신과 같은 부자들에게 더 많은 세금을 부과해야 한다고 주장했다. 그가 날개 없는 천사이거나 동정심이 충만한 인물이어서일까? 그런 선택에 선한 의지가 없지 않았겠지만, 그가 보여온 행보와 발언을 추적해본다면, 세계가 처한 문제점을 해결하기 위해 효율성을 극대화한 합리적 선택의 결과라고 보는 편이 합리적이다. 2008년 스위스 다보스에서 열린 세계경제포럼에서 그가 제기한 '창조적 자본주의'라는 개념도 비슷한 맥락에서 해석된다.

"세상은 나아지고 있지만 충분히 빠른 속도는 아니고, 모든 사람의 삶이 나아지는 것도 아닙니다. 발전은 종종 불평등을 악화시켜왔습니다. 전 세계에는 충분한 식량을 얻지 못하고, 깨끗한 식수도 없고, 전기도 공급받지 못하는 사람들이 10억 명 정도 있습니다. 매년 백만이 넘는 목숨을 앗아가는 말라리아와 같은 질병은 대머리 치료제보다 관심을 받지 못합니다. (중략) 자본주의의 천재성은 개별 사익을 더 큰 범위의 이익에 봉사하게 만드는 능력에 있습니다. 혁신을 통해 더 큰 경제적 수익을 얻을 수 있다는 사실은 더 다양한 발견을 원하는 수많은 재능 있는 사람을 자극합니다. 사익에 기반한 이 시스템은 위대한 혁신을 통해 수십억 명의 삶을 개선했습니다. 하지만 이 힘을 통해 모든 사람에게 혜택을 주려면 시스템을 바꿔야 합니다. (중략) 빈곤층의 삶을 신속하게 개선하려면 오늘날보다 훨씬 더 나은 방법으로 혁신가와 기업을 끌어들이는 시스템이 필요합니다."[85]

이 발언의 핵심은 기업이 활동을 통해 이윤과 이익을 최대화하는 동시에, 기업에 적용되는 혁신적이고 효율적인 방식이 기부와 자선 활동의 영역에도 그대로 적용될 수 있으며 기업은 마땅히 이 의무를 수행해야 한다는 취지다. 그 바탕에는 '시장의 힘'에 대한 신뢰가 깔려 있다. '정부, 기업, 비정부 기구NGO 등이 가난한 사람들을 위한 제품과 서비스를 만드는 데 초점을 둔 사업을 통해 수익을 올리면서도 시장의 힘으로부터 완전한 혜택을 받지 못하는 사람들의 삶을 개선시키는 두 가지 사명을 가져야 한다'는 것이다. 이런 주장과 맥락을 같이하는 대표적 비즈니스 사례로 저소득층을 상대로 한 마이크로 파이낸스, 휴대전화를 통한 뱅킹, 합리적 사양으로 가격을 낮춘 자동차 등을 들 수 있다.

　기부라는 행위가 기업의 합리적 선택의 결과라면 이 역시 자본주의 시스템의 연장선상이며, 기업에 이렇게 큰 역할이 부여되어선 안 된다고 주장하는 이들도 있다. '자선'이라는 이름 뒤에서 특정 기업이 견제받지 않는 영향력을 행사할 수 있다는 문제 제기다. 시민사회운동가 마이클 에드워즈Michael Edwards는 《왜 기업은 세상을 구할 수 없는가Small Change: Why Business Won't Save the World》에서 게이츠재단의 노력은 잘못이 아니지만 "세 명으로 구성된 이사회가 운영하는 재단이 그런 영향력을 행사하는 것이 과연 바람직할까"라는 질문이 뒤따르고 있다는 점을 지적한다. "(자본가들이) 경제체제를 바꾸고 시민사회를 다시 활성화하기 위해 노력"해야 하며 "기업 스스로 변하는 것이 사회에 훨씬 기여하는 것"이라는 게 그의 입장이다.[86]

　불평등을 해결하기 위해서는 보다 구조적인 접근이 필요하다. 프랑스 경제학자 토마 피케티Thomas Piketty 파리경제대학교 교수는 《자본과 이데올로기Capital et idéologie》에서 코로나19 위기와 관련해 "이번 위기는 전 세계의 가장 부유한 경제 행위자들에게서 세금을 거둬 전 세계가 나눠 가질 보편적 권리에 따라 재원을 마련해 세계 주민들의 공공 보건 및 교육을 위한 최소한의 지원을 고려해볼 수 있는 기회"라고 적었다.[87] 국경을 넘어 부를 재분배하고 불평등을 없애려면 자산과 소득이 많은 계층일수록 더 많은 세금을 내야 한다는 것이다. 이런 주장은 슈퍼리치들 가운데서도 나온다. 2024년 세계경제포럼을 앞두고 약 260명의 부자들은 '더 내는 것이 자랑스럽다Proud to Pay More'는 제목의 서한을 통해 자신들을 "가장 많은 혜택을 받은 사람들"이라고 칭하면서 "경제적·사회적·생태적 불평등이 날로 심각해지고 있고 이제 전환점에 도달했다"고 지적하고 "지금 행동이 필요하다"라며 자신들로부터 더 많은 세금을 거둘 것을 촉구했다. 이들은 "비생산적인 상태에 있는 엄청난 양의 개인적 부가 (세금을 통해) 공공의 민주주의 미래를 위한 투자로 바뀔 것"이라고 밝혔다. 디즈니 상속자인 애비게일 디즈니, 록펠러 가문의 발레리 록펠러 등이 서한에 이름을 올렸다.[88]

사실 누군가의 선한 의도만으로 세상을 구하기는 어렵다. 심지어 그 행동이 의도를 숨긴, 가면을 쓴 선의일 수도 있다. 그래도 아무것도 하지 않는 것보다는 그 자리에서 할 수 있는 무언가를 해나가는 일은 언제나 중요하다. 자본은 불가피하게 수익을 따라 움직이지만, 어디에 어떻게 투입 또는 투자되는지에 따라 그 가치와 의미가 얼마든지 달라질 수 있기 때문이다. 승자독식이 아닌 모두를 위해, 당장할 수 있는 일을 해나가는 것이야말로 지금의 가장 확실한 선택지이다.

주석

1부 기술은 우리를 어떤 미래로 이끌까

1장 아메카 로봇은 내 마음을 이해할까

1 BBC, 'Ameca: 'World's most advanced humanoid robot ready to meet humans' 2024.4.17
https://www.bbc.co.uk/newsround/68828288

2 사이언스, 'Teaching robots to smile, and the effects of a rare mandolin on a scientist's career' 2024.3.28
https://www.science.org/content/podcast/teaching-robots-smile-and-effects-rare-mandolin-scientist-s-career

3 https://www.youtube.com/watch?v=zVVnpkgXuLQ

4 Robert Atkinson, 'How Innovative Is China in the Robotics Industry?' 2024.3.11
https://itif.org/publications/2024/03/11/how-innovative-is-china-in-the-robotics-industry

5 로이터, 'China's Midea makes $5-billion bid for German robot maker Kuka' 2016.5.18
https://www.reuters.com/article/idUSKCN0Y90DA

6 뉴아틀라스, 'Figure's Brett Adcock on the practicalities of humanoid robot workers' 2023.9.27
https://newatlas.com/robotics/figure-brett-adcock-interview-practicalities-humanoid-robot-workers

7 대런 아세모글루·사이먼 존슨, 심승진 옮김, 《권력과 진보》, 생각의힘, 2023

8 파이낸셜 타임스, 'Bill Gates calls for income tax on robots' 2017.2.19
https://www.ft.com/content/d04a89c2-f6c8-11e6-9516-2d969e0d3b65

9 McKinsey & Company, 'The big picture: Worldwide mobility in 2035'
https://www.mckinsey.com/industries/automotive-and-assembly/our-insights/The-future-of-mobility-global-implications

10 매일경제, 〈'車도 파는' 현대차그룹, 도심항공·로봇은 '내 운명'〉 2020.12.13
https://m.mk.co.kr/news/business/9651055

11 연합뉴스, 〈이제 우주 모빌리티로… 현대차그룹, 달탐사 로봇 제작 착수〉 2023.4.20
https://www.yna.co.kr/view/AKR20230420045900003

12 드라이브닷컴, 'Here's About How Many Cars Are There in The World in 2023' 2023.10.17
https://www.thedrive.com/guides-and-gear/how-many-cars-are-there-in-the-world

13 Archdaily, 'When 5% of the United States is Covered By Parking Lots, How Do We Redesign our Cities?' 2022.2.1
https://www.archdaily.com/976069/when-5-percent-of-the-united-states-is-covered-by-parking-lots-how-do-we-redesign-our-cities

14 크루즈, 'Cruise resumes supervised autonomous driving with safety drivers' 2024.5.13
https://www.getcruise.com/news/blog/2024/cruise-resumes-supervised-autonomous-driving-with-safety-drivers

15 한국경제, 〈美서 1억 주고 사 오던 '자율주행 눈'… 中, 이제 150만 원에 만든다〉 2024.5.13

16 StarsUs Insight, 'Discover Top 10 Mobility Industry Trends & Innovations in 2024'
https://www.startus-insights.com/innovators-guide/top-10-mobility-industry-trends-innovations-in-2021

17 World Economic Forum, 'The biggest roadblocks facing the future of mobility - and how to tackle them' 2023.5.31
https://www.weforum.org/agenda/2023/05/the-biggest-roadblocks-facing-the-future-of-mobility-and-how-to-tackle-them

18 CNN, 'A flying car prototype just got an airworthiness certificate from the FAA' 2023.7.6

https://edition.cnn.com/2023/07/03/tech/flying-car-faa/index.html

19 ALEF, https://alef.aero/story.html

20 Euronews, 'An air taxi in Paris for the 2024 Olympics? A project spinning heads'
    2023.9.22
    https://www.euronews.com/next/2023/09/22/an-air-taxi-in-paris-for-the-
    2024-olympics-a-project-spinning-heads

21 Aviation International News Youtube, Paris 2024 Olympics Could See First eVTOL
    Volcopter Passenger Flights - FutureFlight, 2023.7.21
    https://www.youtube.com/watch?v=Cj6jjfl7oog

22 국토교통부, 'K-UAM(한국형도심항공교통) 로드맵', 2020.6.4

23 RFI, Paris to contest plans for river landing pad for flying taxis at 2024 Olympics
    2024.7.9
    https://www.rfi.fr/en/france/20240709-paris-to-contest-plans-for-river-landing-
    pad-for-flying-taxis-at-2024-olympics

24 로이터, 'Waymo arson in San Francisco sparks new debate on self-driving cars'
    2024.2.14
    https://www.reuters.com/business/autos-transportation/san-francisco-waymo-
    arson-sparks-fresh-debate-self-driving-cars-2024-02-13

25 로이터, 'Is your electric car as eco-friendly as you thought?' 2021.11.10
    https://www.reuters.com/business/cop/is-your-electric-car-eco-friendly-you-
    thought-2021-11-10

26 뉴욕 타임스, 'How Green Are Electric Vehicles?' 2023.6.23
    https://www.nytimes.com/2021/03/02/climate/electric-vehicles-environment.html

27 국제에너지기구(IEA), Global EV Outlook 2023 Catching up with climate ambitions
    (2023)

28 Road Genius, 'BYD EV Sales Statistics' 2024.10.5

29 Our World in Data, Which form of transport has the smallest carbon footprint?
    2023.8.30
    https://ourworldindata.org/travel-carbon-footprint

30 ICAO, 'States adopt net-zero 2050 global aspirational goal for international flight
    operations', 2022.10.7

31 Euronews, 'NASA is working on batteries that could make long-haul electric flights a reality' 2023.8.17

https://www.euronews.com/green/2023/08/17/nasa-is-working-on-batteries-that-could-make-long-haul-electric-flights-a-reality

32 십테크놀로지, 'Crewless cargo: the world's first autonomous electric cargo ship' 2022.2.24

https://www.ship-technology.com/features/crewless-cargo-the-worlds-first-autonomous-electric-cargo-ship/?cf-view

33 야라, 'Yara Birkeland, two years on' 2024.4.28

https://www.yara.com/knowledge-grows/yara-birkeland-two-years-on

34 블룸버그 통신, 'Maersk's CEO Can't Imagine Self-Sailing Box Ships in His Lifetime' 2018.2.16

https://www.bloomberg.com/news/articles/2018-02-15/maersk-ceo-can-t-imagine-self-sailing-box-ships-in-his-lifetime

35 국제에너지기구(IEA), 'International Shipping'

https://www.iea.org/energy-system/transport/international-shipping

3장 인공지능은 모두에게 공평할까

36 오픈AI, GPT-4 Technical Report (2023.3.27)

37 https://www.cnet.com/tech/ai-is-dominating-ces-2024-you-can-blame-chatgpt-for-that

38 와이어드, 'Google's Artificial Brain Learns to Find Cat Videos' 2012.6.26

https://www.wired.com/2012/06/google-x-neural-network

39 오픈AI, Introducing OpenAI (2015.12.11)

https://openai.com/index/introducing-openai

40 게이츠노트, The road ahead reaches a turning point in 2024 (2023.12.19.)

https://www.gatesnotes.com/The-Year-Ahead-2024

41 가디언, 'AI could cause 'catastrophic' financial crisis, says Yuval Noah Harari' 2023.11.9

https://www.theguardian.com/technology/2023/nov/09/yuval-noah-harari-artificial-intelligence-ai-cause-financial-crisis

42 CNSC, We don't want to see an AI 'Hiroshima,' Salesforce CEO warns (2024.1.18)
https://www.cnbc.com/2024/01/18/we-dont-want-to-see-an-ai-hiroshima-salesforce-ceo-warns.html

43 블룸버그, 'Humans are Biased. Generative AI is Even Worse' 2023.6.9
https://www.bloomberg.com/graphics/2023-generative-ai-bias

44 프로퍼블리카, Machine Bias (2016.5.23.)
https://www.propublica.org/article/machine-bias-risk-assessments-in-criminal-sentencing

45 Nature, 'AI generates covertly racist decisions about people based on their dialect' 2024.8.28
https://www.nature.com/articles/s41586-024-07856-5

46 SBS, 〈연예인 믿었는데 '딥페이크'… 억대 피해자들 "중국 의심"〉 2024.1.5
https://news.sbs.co.kr/news/endPage.do?news_id=N1007488703&plink=COPYPASTE&cooper=SBSNEWSEND

47 CNN, 'Taylor Swift fake posted by Trump highlights challenges in AI misuse regulation' 2024.8.24
https://edition.cnn.com/2024/08/24/us/ai-content-laws-taylor-swift-trump/index.html

48 SBS, 〈딥시크에게 '시진핑' 평가 물었더니 돌아온 답변은〉, 2025.1.28

49 뉴욕 타임스, 'The Times Sues OpenAI and Microsoft Over A.I. Use of Copyrighted Work' 2023.12.27
https://www.nytimes.com/2023/12/27/business/media/new-york-times-open-ai-microsoft-lawsuit.html

50 EURASIA GROUP'S TOP RISKS FOR 2024
https://www.eurasiagroup.net/live-post/risk-4-ungoverned-ai

51 CNN, 'Why the 'Godfather of AI' decided he had to 'blow the whistle' on the technology' 2023.5.3
https://amp.cnn.com/cnn/2023/05/02/tech/hinton-tapper-wozniak-ai-fears

52 Disrupting the Deepfake Supply Chain (2024.2.21)

https://openletter.net/l/disrupting-deepfakes

53 연합뉴스, 〈중·고교생까지 피해… '텔레그램 딥페이크' 광범위 확산 공포〉
2024.8.26
https://www.yna.co.kr/view/AKR20240826074700004

54 시큐리티히어로, 2023 STATE OF DEEPFAKES Realities, Threats, and Impact
https://www.securityhero.io/state-of-deepfakes/#targeted-individuals

55 무스타파 술레이만, 이정미 옮김, 《더 커밍 웨이브》, 한스미디어, 2024

56 TEDSummit, Machine intelligence makes human morals more important (2016.6)
https://www.ted.com/talks/zeynep_tufekci_machine_intelligence_makes_human_
morals_more_important/transcript?language=en

57 MIT Technology Review, 'What's next for AI in 2024', 2024.1.4

58 UN, Governing AI for Humanity
https://www.un.org/sites/un2.un.org/file

59 마틴 울프, 고한석 옮김, 《민주주의적 자본주의의 위기》, 페이지2북스, 2024.

60 Tech Times, 'LG to Unveil New Robotic Smart Home AI Assistant With 2 Wheels at
CES 2024' 2023.12.28
https://www.techtimes.com/amp/articles/300129/20231228/lg-unveil-new-
robotic-smart-home-ai-assistant-2-wheels.htm

61 CNET, Samsung Has a Ballie: AI Robot Helps Around the House (2024.1.9)
https://youtu.be/MfLdhzc2oWw?si=oSjw66IY8ndSJn2G

62 KDB Report, 스마트홈 산업 동향 (2023.4.15)

63 와이어드, 'Hackers Remotely Kill a Jeep on the Highway—With Me in It' 2015.7.21
https://www.wired.com/2015/07/hackers-remotely-kill-jeep-highway

64 연합뉴스, 〈우리 집 거실 엿본다… 40만 가구 월패드 해킹해 영상 판매 시도〉
2022.12.20
https://www.yna.co.kr/view/AKR20221220073700004

4장 페이스북은 왜 얼굴 인식을 포기했을까 ▬▬▬▬▬▬▬▬

65 가디언, 'The truth about Twitter, Facebook and the uprisings in the Arab world'

2011.2.25

https://www.theguardian.com/world/2011/feb/25/twitter-facebook-uprisings-
arab-libya

66 스태티스타, 'Daily time spent on social networking by internet users worldwide from
2012 to 2024(in minutes)'

https://www.statista.com/statistics/433871/daily-social-media-usage-worldwide

67 마크 저커버그, 〈인터넷 연결은 인간으로서의 당연한 권리인가?〉

https://www.facebook.com/isconnectivityahumanright

68 Statista, 'Number of monthly active Facebook users worldwide as of 4th quarter 2023'

https://www.statista.com/statistics/264810/number-of-monthly-active-facebook-
users-worldwide

69 팀 우, 안진환 옮김,《주목하지 않을 권리》, 알키, 2019

70 넷플릭스, 다큐멘터리 〈소셜미디어〉, 2020

71 Channel 4, 'Whistleblower reveals to Channel 4 News data grab of 50 million
Facebook profiles by Cambridge Analytica - data firm linked to Trump win'
2018.3.17

https://www.channel4.com/news/cambridge-analytica-facebook-profiles-
whistleblower-chris-wylie-election

72 CBS, 'Whistleblower: Facebook is misleading the public on progress against hate
speech, violence, misinformation' 2021.10.4

https://www.cbsnews.com/news/facebook-whistleblower-frances-haugen-
misinformation-public-60-minutes-2021-10-03

73 페이스북, An Update On Our Use of Face Recognition (2021.11.2)

https://about.fb.com/news/2021/11/update-on-use-of-face-recognition

74 허프 포스트, 'Facebook's Zuckerberg Says Privacy No Longer A 'Social Norm''
(VIDEO) (2010.3.18)

https://www.huffpost.com/entry/facebooks-zuckerberg-the_n_417969

75 FTC, 'FTC Sues Facebook for Illegal Monopolization Agency challenges Facebook's
multi-year course of unlawful conduct' 2020.12.9

https://www.ftc.gov/news-events/news/press-releases/2020/12/ftc-sues-
facebook-illegal-monopolization

76 European commission, 'The impact of the Digital Services Act on digital platforms'
https://digital-strategy.ec.europa.eu/en/policies/dsa-impact-platforms

77 United States Senate Committee on Commerce, Science and Transportation, Sub-
Committee on Consumer Protection, Product Safety, and Data Security, Statement of
Frances Haugen 2021.10.4

78 BBC, 'Chinese man caught by facial recognition at pop concert' 2018.4.13
https://www.bbc.com/news/world-asia-china-43751276

79 Comparitech, 'Surveillance camera statistics: which are the most surveilled cities?'
2023.5.23
https://www.comparitech.com/vpn-privacy/the-worlds-most-surveilled-cities

80 포브스, https://www.forbes.com/profile/tang-xiaoou

81 비즈니스인사이더, 'Alibaba's Jack Ma shows how you'll be able to buy things simply
by taking a selfie' 2015.5.17
https://www.businessinsider.com/alibaba-jack-ma-shows-facial-recognition-for-
mobile-payments-2015-3

82 가지타니 가이 · 다카구치 고타, 박성민 옮김, 《행복한 감시국가, 중국》, 눌와, 2021

83 사우스차이나 모닝 포스트, 'Explainer | What is China's social credit system and why
is it controversial?' 2020.8.9
https://www.scmp.com/economy/china-economy/article/3096090/what-chinas-
social-credit-system-and-why-it-controversial

84 CNN, 'Why protests are becoming increasingly faceless' 2019.8.25
https://edition.cnn.com/style/article/protest-design-future-intl-hnk/index.html

85 조지 오웰, 권진아 옮김, 《1984년》, 을유문화사, 2012

5장 나보다 더 나를 잘 아는 빅테크 ▮▮▮▮▮▮▮▮▮▮▮▮

86 파이낸셜 타임스, 'Google's goal: to organise your daily life, 2007.5.23
https://www.ft.com/content/c3e49548-088e-11dc-b11e-000b5df10621

87 미국 증권거래위원회, 'AMENDMENT NO. 9 TO FORM S-1 REGISTRATION
STATEMENT Under The Securities Act of 1933 GOOGLE INC.' 2004.8.18

https://www.sec.gov/Archives/edgar/data/1288776/000119312504142742/ds1a.htm#toc59330_1

88 Sergey Brin and Lawrence Page, 'The Anatomy of a Large-Scale Hypertextual Web Search Engine'

http://infolab.stanford.edu/~backrub/google.html

89 피터 틸·블레이크 매스더스, 이지연 옮김,《제로 투 원》, 한국경제신문, 2021

90 Statcounter, 'Search Engine Host Market Share Worldwide' 2024.4

https://gs.statcounter.com/search-engine-host-market-share

91 알파벳, 'ANNUAL REPORT PURSUANT TO SECTION 13 OR 15(d) OF THE SECURITIES EXCHANGE ACT OF 1934 For the fiscal year ended December 31, 2023' 2024.1.30

https://abc.xyz/assets/43/44/675b83d7455885c4615d848d52a4/goog-10-k-2023.pdf

92 CNBC, 'House Democrats say Facebook, Amazon, Alphabet, Apple enjoy 'monopoly power' and recommend big changes' 2020.8.20

https://www.cnbc.com/2020/10/06/house-democrats-say-facebook-amazon-alphabet-apple-enjoy-monopoly-power.html

93 미국 법무부, 'Justice Department Sues Monopolist Google For Violating Antitrust Laws' 2020.8.20

https://www.justice.gov/opa/pr/justice-department-sues-monopolist-google-violating-antitrust-laws

94 뉴욕 타임스, "Google Is a Monopolist,' Judge Rules in Landmark Antitrust Case' 2024.8.5

https://www.nytimes.com/2024/08/05/technology/google-antitrust-ruling.html

95 워싱턴 포스트, 'Google's algorithm shows prestigious job ads to men, but not to women. Here's why that should worry you' 2015.7.6

https://www.washingtonpost.com/news/the-intersect/wp/2015/07/06/googles-algorithm-shows-prestigious-job-ads-to-men-but-not-to-women-heres-why-that-should-worry-you

96 주석 90의 기사

97 로이터, 'FEATURE-In Latin America, data center plans fuel water worries'

2023.9.26

https://www.reuters.com/article/idUSL8N3AU1PY

98 구글, 2023 Environmental Report

99 가디언, "It's pillage': thirsty Uruguayans decry Google's plan to exploit water supply 271 million gallons' 2023.7.11

https://www.theguardian.com/world/2023/jul/11/uruguay-drought-water-google-data-center

100 위 기사

101 딥그린, https://deepgreen.energy

102 큐스케일, https://www.qscale.com

6장 넷플릭스와 쿠팡이 싸우면?

103 방송통신위원회 등, 2023 방송매체 이용행태 조사(2023)

104 TED2018, 'How Netflix changed entertainment - and where it's headed by Reed Hastings' 2018.4

https://www.ted.com/talks/reed_hastings_how_netflix_changed_entertainment_and_where_it_s_headed/transcript?delay=1m&subtitle=en&language=en

105 위의 자료

106 SBS, '봉준호와 넷플릭스가 밝힌 〈옥자〉를 둘러싼 궁금증 5' 2017.5.16

https://news.sbs.co.kr/news/endPage.do?news_id=N1004197634&plink=COPYPASTE&cooper=SBSNEWSEND

107 2023 웹툰 작가 실태조사, 웹툰 사업체 실태조사(2023)

108 위의 자료

109 EBS 유튜브, '[명플리] 우리가 즐기고, 누리는 문화 어디까지 알고 있나요? 대중 문화의 모든 것 | 도널드 서순' 2023.9.8

https://www.youtube.com/watch?v=FzUi92wpMqQ

110 넷플릭스 등, Inclusion in Netflix Original U.S. Scripted Series & Films (2023.4)

111 뉴욕 타임스, 'Striking Writers Find Their Villain: Netflix' 2023.5.11

https://www.nytimes.com/2023/05/11/business/media/netflix-writers-strike.html

112 비즈니스 인사이더, 'Amazon CEO Jeff Bezos said something about Prime Video that should scare Netflix' 2016.6.2
https://www.businessinsider.com/amazon-ceo-jeff-bezos-said-something-about-prime-video-that-should-scare-netflix-2016-6

113 Juniper Research, 'Subscription Economy to Be Worth Almost $1 Trillion Globally by 2028; Facilitated by Proliferation of Subscriptions into New Industries' 2024.4
https://www.juniperresearch.com/press/whitepaperssubscription-economy-to-be-worth-almost-1-trillion-globally-by-2028

114 스벤 칼손·요나스 레이욘휘부드, 홍재웅 옮김,《스포티파이 플레이》, 비즈니스북스, 2020

115 QUARTZ, 'YouTube's recommendations drive 70% of what we watch' 2018.1.13
https://qz.com/1178125/youtubes-recommendations-drive-70-of-what-we-watch

116 TechCrunch, 'Spotify launches personalized AI playlists that you can build using prompts' 2024.4.7
https://techcrunch.com/2024/04/07/spotify-launches-personalized-ai-playlists-you-can-build-using-prompts

117 뉴욕 타임스 칼럼, David Mack, 'The Sneaky Sticker Shock of Subscription Culture' 2023.11.19
https://www.nytimes.com/2023/11/19/opinion/subscriptions-netflix-apple-cost.html

118 뉴욕 타임스, 'YouTube's Product Chief on Online Radicalization and Algorithmic Rabbit Holes' 2019.3.29
https://www.nytimes.com/2019/03/29/technology/youtube-online-extremism.html

119 NBC, 'As algorithms take over, YouTube's recommendations highlight a human problem' 2018.4.20
https://www.nbcnews.com/tech/social-media/algorithms-take-over-youtube-s-recommendations-highlight-human-problem-n867596

2부 기술은 세계 패권을 어떻게 바꿀까

7장 틱톡은 어떻게 미국을 흔들었나 ■■■■■■■■■■

1 미 의회, 'H.R.7521 - Protecting Americans from Foreign Adversary Controlled Applications Act'

https://www.congress.gov/bill/118th-congress/house-bill/7521

2 파이낸셜 타임스, 'TikTok's US revenues hit $16bn as Washington threatens ban' 2024.3.15

https://www.ft.com/content/275bd036-8bc2-4308-a5c9-d288325b91a9

3 Statista, 'Leading mobile apps in the United States in March 2023, by number of downloads'

https://www.statista.com/statistics/1375952/leading-apps-in-the-us-by-downloads

4 AP, 'Justice Department says TikTok collected US user views on issues like abortion and gun control' 2023.7.28

5 AP, 'Senate passes bill forcing TikTok's parent company to sell or face ban, sends to Biden for signature' 2024.4.24

6 Jin, Keyu (2023). The New China Playbook. New York: Viking. pp.59, 74.

7 타임, 'China Is Striking Back in the Tech War With the U.S.' 2023.7.20

https://time.com/6295902/china-tech-war-u-s

8 Shiping Hua, Ka Zeng, 'The US－China Trade War: Economic Statecraft, Multinational Corporations, and Public Opinion', Business and Politics, Vol.24, Cambridge University Press (2022.11.4)

https://www.cambridge.org/core/journals/business-and-politics/article/uschina-trade-war-economic-statecraft-multinational-corporations-and-public-opinion/722 E1580972AA8AD606A8F9F1F983B08

8장 '칩4 동맹'은 과연 굳건할까

9   사우스차이나 모닝 포스트, 'Taiwan semiconductors: president-elect William Lai vows to 'continue to assist' sector' 2024.1.24
https://www.scmp.com/news/china/politics/article/3248367/taiwan-semiconductors-president-elect-william-lai-vows-continue-assist-sector

10 THE WHITE HOUSE, 'Remarks by National Security Advisor Jake Sullivan on Renewing American Economic Leadership at the Brookings Institution' 2023.4.27
https://www.whitehouse.gov/briefing-room/speeches-remarks/2023/04/27/remarks-by-national-security-advisor-jake-sullivan-on-renewing-american-economic-leadership-at-the-brookings-institution

11 'NVIDIA CEO Tells NTU Grads to Run, Not Walk — But Be Prepared to Stumble'
https://blogs.nvidia.com/blog/huang-ntu-commencement

12 로이터, 'Buffett says geopolitics a factor in Berkshire sale of TSMC stake' 2023.4.11
https://www.reuters.com/technology/buffett-says-geopolitics-factor-berkshire-sale-tsmc-stake-2023-04-11

13 포린 폴리시, 'America Dropped the Baton in the Rare-Earth Race' 2023.6.23.
https://foreignpolicy.com/2023/06/23/america-rare-earths-industry-china

9장 세계는 왜 중국과 싸울까

14 미국 백악관, 'FACT SHEET: Biden-Harris Administration Announces New Actions to Protect U.S. Steel and Shipbuilding Industry from China's Unfair Practices' 2024.4.17
https://www.whitehouse.gov/briefing-room/statements-releases/2024/04/17/fact-sheet-biden-harris-administration-announces-new-actions-to-protect-u-s-steel-and-shipbuilding-industry-from-chinas-unfair-practices

15 CNBC, 'Europe may need to impose tariffs of up to 55% to curb Chinese EV imports, research says' 2024.4.30
https://www.cnbc.com/2024/04/30/chinese-ev-imports-europe-might-need-to-

impose-up-to-55percent-in-tariffs-.html

16 Visual Capitalist, 'ELECTRIFICATIONRanked: The Top 10 EV Battery Manufacturers in 2023'

https://elements.visualcapitalist.com/ranked-the-top-10-ev-battery-manufacturers-in-2023

17 Bloomberg, 'China's Abandoned, Obsolete Electric Cars Are Piling Up in Cities' 2023.8.17

https://www.bloomberg.com/features/2023-china-ev-graveyards

18 Wired, 'How China's EV Boom Caught Western Car Companies Asleep at the Wheel' 2023.10.14

https://www.wired.com/story/how-chinas-ev-boom-caught-western-car-companies-asleep-at-the-wheel

19 Bloomberg, 'China's EV and Solar Exports Are Powering Ahead as Prices Slide' 2024.4.30

https://www.bloomberg.com/news/articles/2024-04-30/china-s-ev-and-solar-exports-are-powering-ahead-as-prices-slide

20 IEA, 'Global EV Outlook 2024'

https://www.iea.org/reports/global-ev-outlook-2024

21 위의 자료

22 Foreign Affairs, 'China's Economic Collision Course' 2024.3.27

https://www.foreignaffairs.com/china/chinas-economic-collision-course

23 Financial Times, 'Brazil launches China anti-dumping probes after imports soar' 2024.3.17

https://www.ft.com/content/8703874e-44cb-4197-8dca-c7b555da8aef

24 NDTV, 'India Launches Anti-Dumping Probe On Import Of A Chemical From China, Japan' 2024.4.2

https://www.ndtv.com/india-news/india-launches-anti-dumping-probe-on-import-of-a-chemical-from-china-japan-5354565/amp/1

25 Economic Times, 'India imposes anti-dumping duty on three Chinese products for five years' 2024.1.10

https://m.economictimes.com/news/economy/foreign-trade/india-imposes-anti-

dumping-duty-on-3-chinese-products-for-5-years/amp_articleshow/106696998.
cms

26 Tyrepress, 'South Africa imposing anti-dumping duties on tyres from China' 2023.8.1
https://www.tyrepress.com/2023/08/south-africa-imposing-anti-dumping-duties-
on-tyres-from-china

27 Metal Working News, 'ITAC investigation into the alleged dumping of flat-rolled
products' 2023.8.31
https://metalworkingnews.info/itac-investigation-into-the-alleged-dumping-of-flat-
rolled-products/?amp=1

28 Sunday World, 'SA to impose anti-dumping tariffs on Chinese windscreens' 2024.1.22
https://sundayworld.co.za/business/sa-to-impose-anti-dumping-tariffs-on-chinese-
windscreens

10장 인도의 힘겨운 '반도체 드림'

29 Eurasian Times, 'India's Semiconductor Powerhouse Dream 'Shattered'?' 2023.7.12
https://www.eurasiantimes.com/has-indias-semiconductor-powerhouse-dream-
shattered/amp

30 Business Today, 'Chip dreams: Persistence will be key for India' 2023.7.7.
https://www.businesstoday.in/amp/magazine/the-buzz/story/chip-dreams-
persistence-will-be-key-for-india-to-truly-emerge-as-a-semiconductor-
powerhouse-388526-2023-07-06

31 Hindustan Times, 'A road map to propel US-India chips push' 2023.6.13.
http://www.hindustantimes.com/opinion/a-road-map-to-propel-us-india-chips-
push-101686632430523-amp.html

32 The Tribune, 'India must recalibrate its chips strategy' 2023.6.22.
http://m.tribuneindia.com/news/comment/india-must-recalibrate-its-chips-
strategy-519116

33 Indian Express, 'India and the US-China chips war' 2023.6.30.
http://indianexpress.com/article/explained/india-and-the-us-china-chips-

war-8693326/lite

34 Global Times, 'GT Voice: India's chip ambition needs more solid industrial footing' 2023.7.11

https://www.globaltimes.cn/page/202307/1294172.shtml

35 클레이튼 크리스텐슨·에포사 오조모·캐런 딜론, 이경식 옮김,《번영의 역설》, 부키, 2019

36 US Census, 'Trade in Goods with Mexico'

https://www.census.gov/foreign-trade/balance/c2010.html#2023

37 Statista, 'Vietnam: Gross domestic product (GDP) in current prices from 1987 to 2029'

https://www.statista.com/statistics/444733/gross-domestic-product-gdp-in-vietnam

38 로이터, 'Vietnam EV maker VinFast sees sales boom, path to breakeven' 2023.5.17

https://www.reuters.com/business/autos-transportation/vietnam-ev-maker-vinfast-expects-break-even-by-end-2024-founder-2023-05-17

39 UNOOSA, 'Worldwide Space Agencies'

https://www.unoosa.org/oosa/en/ourwork/space-agencies.html

40 Statista, 'Government expenditure on space programs in 2022 and 2023, by major country'

https://www.statista.com/statistics/745717/global-governmental-spending-on-space-programs-leading-countries

11장 아프리카가 꿈꾸는 퀀텀점프

41 뉴욕 타임스, 'Old world, young Africa' 2023.10.28.

https://www.nytimes.com/interactive/2023/10/28/world/africa/africa-youth-population.htm

42 IMF Datamapper, 'Unemployment rate'

https://www.imf.org/external/datamapper/LUR@WEO/VNM/THA/SGP/PHL/MYS/IDN/AFQ/MOZ/ZAF

43 세계은행 Data, 'Mobile cellular subscriptions (per 100 people) - Sub-Saharan Africa'
https://data.worldbank.org/indicator/IT.CEL.SETS.P2?locations=ZG

44 세계은행, 'RESULTS BRIEFS/ Digital Transformation Drives Development in Africa' 2024.1.18
https://www.worldbank.org/en/results/2024/01/18/digital-transformation-drives-development-in-afe-afw-africa

45 이코노미스트, 'Is it a phone, is it a bank?' 2013.3.30
https://www.economist.com/finance-and-economics/2013/03/30/is-it-a-phone-is-it-a-bank

46 MIT NEWS, 'Study: Mobile-money services lift Kenyans out of poverty' 2016.12.8
https://news.mit.edu/2016/mobile-money-kenyans-out-poverty-1208

47 CNBC Africa, 'The Rise Of African Tech Hubs: How They Are Becoming The Silicon Valleys Of The Continent' 2023.11.2
https://www.cnbcafrica.com/2023/the-rise-of-african-tech-hubs-how-they-are-becoming-the-silicon-valleys-of-the-continent

48 Jumia 웹사이트, https://group.jumia.com

49 Global Atlas of Environmental Justice, 'Hazardous e-waste recycling in Agbogbloshie, Accra, Ghana'
https://ejatlas.org/conflict/agbogbloshie-e-waste-landfill-ghana

50 WHO, 'Children and digital dumpsites: e-waste exposure and child health (2021)'

51 사이데브, 'Upcycling e-waste trash into innovative treasure' 2020.6.3
https://www.scidev.net/sub-saharan-africa/features/upcycling-e-waste-trash-into-innovative-treasure-1

52 Positive News, 'How entrepreneurs in Africa are tackling the growing stream of e-waste' 2020.12.21
https://www.positive.news/environment/how-entrepreneurs-in-africa-are-tackling-e-waste

53 뉴욕 타임스, 'African Entrepreneurs Will Drive the Next Digital Revolution by Jack Ma' 2019.12.5
https://www.nytimes.com/2019/12/05/opinion/jack-ma-africa-digital-economy.html

54   폴 콜리어, 윤세미·윤승윤 옮김,《약탈당하는 지구》, 21세기북스, 2011

12장 킬러 로봇들이 전쟁을 한다면 ▆▆▆▆▆▆▆▆▆▆

55   Politico, "'Our Oppenheimer moment' — In Ukraine, the robot wars have already begun' 2024.5.16
https://www.politico.eu/article/robots-coming-ukraine-testing-ground-ai-artificial-intelligence-powered-combat-war-russia

56   Haaretz, 'Gaza Becomes Israel's Testing Ground for Military Robots' 2024.3.3
https://www.haaretz.com/israel-news/2024-03-03/ty-article-magazine/.premium/gaza-becomes-israels-testing-ground-for-remote-control-military-robots/0000018e-03ed-def2-a98e-cfff1e640000?lts=1723969420027

57   New Arab, "Robodogs' part of Israel's 'army of robots' in Gaza war' 2024.3.6
https://www.newarab.com/news/robodogs-part-israels-army-robots-gaza-war?amp

58   미 국방부, 'DOD DIRECTIVE 3000.09 AUTONOMY IN WEAPON SYSTEMS' 2023.1.25.
https://www.esd.whs.mil/portals/54/documents/dd/issuances/dodd/300009p.pdf#page21

59   유엔 안전보장이사회, 'Letter dated 8 March 2021 from the Panel of Experts on Libya established pursuant to resolution 1973 (2011) addressed to the President of the Security Council' 2021.3.8
https://www.securitycouncilreport.org/atf/cf/%7B65BFCF9B-6D27-4E9C-8CD3-CF6E4FF96FF9%7D/S_2021_229.pdf

60   Rolling Stone, 'The Rise of the Killer Drones: How America Goes to War in Secret An inside look at how killing by remote control has changed the way we fight' 2012.4.16
https://www.rollingstone.com/politics/politics-news/the-rise-of-the-killer-drones-how-america-goes-to-war-in-secret-231297

61   미 국방부, 'Unmanned System Loadmap 2007-2032' 2007.12.10
https://www.airandspaceforces.com/PDF/DocumentFile/Documents/2007/UnmannedRoadmap2007-32_121007.pdf

62 'Autonomous Weapons Open Letter: AI & Robotics Researchers' 2015.7.28 https://futureoflife.org/open-letter/open-letter-autonomous-weapons-ai-robotics

63 프리먼 다이슨, 김희봉 옮김,《프리먼 다이슨, 20세기를 말하다》, 사이언스북스, 2009

64 Future of Life, '애실로마 23원칙'
https://futureoflife.org/open-letter/ai-principles-korean

65 로이터, 'Austria calls for rapid regulation as it hosts meeting on 'killer robots'' 2024.4.29
https://www.reuters.com/technology/austria-calls-rapid-regulation-it-hosts-meeting-killer-robots-2024-04-29

66 Military Review, 'Army University Press, Pros and Cons of Autonomous Weapons Systems'
https://www.armyupress.army.mil/Journals/Military-Review/English-Edition-Archives/May-June-2017/Pros-and-Cons-of-Autonomous-Weapons-Systems

67 DJI, 'DJI Reassesses Sales Compliance Efforts In Light Of Current Hostilities' 2020.4
https://www.dji.com/au/newsroom/news/dji-statement-on-sales-compliance-efforts

68 로이터, 'China's DJI halts Russia, Ukraine sales to prevent use of its drones in combat' 2022.4.26.
http://www.reuters.com/technology/chinese-drone-maker-dji-suspends-business-activities-russia-ukraine-2022-04-26

69 IEEE, 'Puzzling Out the Drone War Over Ukraine'
http://spectrum.ieee.org/ukraine-drone-war

70 Fortune Business Insight, 'Commercial Drone Market'
https://www.fortunebusinessinsights.com/commercial-drone-market-102171

71 Open Society JUSTICE INITIATIVE, 'Death by Drone'
https://www.justiceinitiative.org/publications/death-drone

3부 기술은 과연 세상을 녹색으로 바꿀까

13장 첨단 기술이 식탁 위로 온다면 ▪▪▪▪▪▪▪

1   Science, 'Landmark gene-edited rice crop destroyed in Italy', 2024.6.25

2   Japan Times, 'It's time to embrace a new era of gene-edited food' 2024.8.18
https://www.japantimes.co.jp/commentary/2024/08/18/japan/gene-edited-food

3   IRRI, 'Philippines becomes first country to approve nutrient-enriched "Golden Rice"
for planting' 2021.7.22
https://www.irri.org/news-and-events/news/philippines-becomes-first-country-
approve-nutrient-enriched-golden-rice

4   Norfolk Healthy Produce, 'Press Release for Norfolk Healthy Produce and the Empress
Tomato' 2024.6.12
https://www.norfolkhealthyproduce.com/_files/ugd/fce2cf_a2c9af3984e044299826
65f1e6c787b9.pdf?index=true

5   Observatory of Economic Complexity, https://oec.world/en/profile/hs/soybeans

6   로이터, 'China makes largest US soy purchases in months-traders' 2023.11.8
https://www.reuters.com/markets/asia/china-makes-largest-us-soy-purchases-
months-traders-2023-11-07

7   Bloomberg, 'Switzerland Getting Squeezed Between China and the US', 2024.8.19

8   블룸버그, 'Switzerland Is Getting Squeezed Between China and the US' 2024.8.20
https://www.bnnbloomberg.ca/business/international/2024/08/20/switzerland-is-
getting-squeezed-between-china-and-the-us

9   로이터, 'U.S. farmers seek approval of $1.51 billion GMO corn settlement with
Syngenta' 2018.3.13
https://www.reuters.com/article/business/us-farmers-seek-approval-of-151-
billion-gmo-corn-settlement-with-syngenta-idUSKCN1GP050

10   미 국방부, 'DOD Releases List of People's Republic of China (PRC) Military
Companies in Accordance With Section 1260H of the National Defense Authorization
Act for Fiscal Year 2021' 2022.10.5

https://www.defense.gov/News/Releases/Release/Article/3180636/dod-releases-list-of-peoples-republic-of-china-prc-military-companies-in-accord

11 신젠타, 'Using Digital Data Capture to transform agriculture'
https://www.syngenta.com/en/innovation-agriculture/our-stories/using-digital-data-cap

12 Statista, 'Water and wastewater treatment market size worldwide in 2022, with a forecast to 2030'
https://www.statista.com/statistics/1199744/market-size-water-and-wastewater-treatment-global/#:~:text=The%20global%20water%20and%20wastewater%20treatment%20market%20was,the%20forecast%20period%20of%202023%20to%202030%20period

13 베올리아, '2023 ANNUAL RESULTS'
https://www.veolia.com/en/our-media/press-releases/2023-annual-results

14 BBC, 'China's new richest person is a bottled water tycoon' 2020.9.24.
https://www.bbc.com/news/business-54276902

15 CERES, 'The Global Assessment of Private Sector Impacts on Water' 2022.4.11.
https://www.ceres.org/resources/reports/global-assessment-private-sector-impacts-water

16 CDP, 'Water now a major risk for world's supply chains, reports CDP' 2024.3.22
https://www.cdp.net/en/articles/media/water-now-a-major-risk-for-worlds-supply-chains-reports-cdp#

17 비즈니스 와이어, 'Revolutionary Plant-Based Protein Leader Beyond Meat® Announces the Addition of Leonardo DiCaprio as an Investor, Advocate' 2017.10.17
https://www.businesswire.com/news/home/20171017005476/en/Revolutionary-Plant-Based-Protein-Leader-Meat%C2%AE%C2%A0Announces-Addition-Leonardo

18 비욘드 미트, 'YES, IT'S MEAT MADE FROM PLANTS'
https://www.beyondmeat.com/en-US/about/our-ingredients

19 비욘드 미트, 'The UN Recognizes Beyond Meat as a "Champion of the Earth"' 2018.10.15
https://www.beyondmeat.com/en-US/whats-new/the-un-recognizes-beyond-

meat-as-a-champion-of-the-earth

20 FEFAC, 'A Few Facts About Livestock and Land Use'

https://fefac.eu/newsroom/news/a-few-facts-about-livestock-and-land-use

21 포브스, 'Beyond Meat Stock Has 24% YTD Decline, But Can Sentiment Change' 2024.8.7

https://www.forbes.com/sites/greatspeculations/2024/10/07/beyond-meat-stock-has-24-ytd-decline-but-can-sentiment-change

22 FAO, 'Pathways towards lower emissions (2023)'

23 제러미 리프킨, 신현승 옮김, 《육식의 종말》, 시공사, 2016

24 CNN, 'Singapore becomes first country to approve lab-grown meat' 2020.12.2

https://edition.cnn.com/2020/12/02/business/lab-grown-chcken-intl-scli-scn/index.html

25 TEDx Talks 유튜브, 'Meet the new meat | Mark Post | TEDxHaarlem'

https://www.youtube.com/watch?v=ZExbQ8dkJvc

26 가디언, 'First meat grown in space lab 248 miles from Earth' 2019.10.7.

https://www.theguardian.com/environment/2019/oct/07/wheres-the-beef-248-miles-up-as-first-meat-is-grown-in-a-space-lab

27 FAO FORESTRY PAPER 171, 'Edible insects: Future prospects for food and feed security (2013)'

14장 한국에서도 바이온텍이 나올 수 있을까 ▰▰▰▰▰▰▰

28 deutschland.de, 'Investing in global vaccine justice' 2024.2.5

https://www.deutschland.de/en/topic/knowledge/biontech-in-rwanda-i-vaccine-production

29 TED, 'Meet the scientist couple driving an mRNA vaccine revolution' 2021.8

https://www.ted.com/talks/ugur_sahin_and_ozlem_tureci_meet_the_scientist_couple_driving_an_mrna_vaccine_revolution/footnotes?subtitle=en&trigger=0s

30 가디언, 'Uğur Şahin and Özlem Türeci: German 'dream team' behind vaccine' 2020.11.10

https://www.theguardian.com/world/2020/nov/10/ugur-sahin-and-ozlem-tureci-german-dream-team-behind-vaccine

31 파이낸셜 타임스, 'Katalin Karikó: the tenacious force behind the Covid vaccine' 2023.10.7

https://www.ft.com/content/c6748805-b4a5-45cd-b0bd-b471a53c2cad

32 바이온텍, 'Statement on Katalin Karikó and Drew Weissman awarded the Nobel Prize in Medicine' 2023.10.2

33 포브스, 'German Billionaire Thomas Struengmann Says A Coronavirus Vaccine From His Biotech Firm Would Be A Dream Come True' 2020.4.1

https://www.forbes.com/sites/martaorosz/2020/04/01/german-billionaire-thomas-struengmann-says-a-coronavirus-vaccine-from-his-biotech-firm-would-be-a-dream-come-true

34 아틀랜틱, 'The Pandemic Is Following a Very Predictable and Depressing Pattern' 2022.3.4

https://www.theatlantic.com/health/archive/2022/03/pandemic-global-south-disease-health-crisis/624179

35 GAVI, 'Annual Progress Report 2022'

36 GAVI, 'Preparing for the unknown: how the world can get ready for the next pandemic' 2024.6.18

https://www.gavi.org/vaccineswork/preparing-unknown-how-world-can-get-ready-next-pandemic

37 https://www.msn.com/en-gb/news/world/global-pandemic-treaty-to-be-concluded-by-2025-who-says/ar-BB1nsriN?ocid=BingNewsSerp

38 뉴욕 타임스, 'Countries Fail to Agree on Treaty to Prepare the World for the Next Pandemic' 2024.5.24.

https://www.nytimes.com/2024/05/24/health/pandemic-treaty-vaccines.html

39 위의 기사

40 신화통신, 'Solar power farms on plateau fuel China's green energy revolution' 2024.6.9

https://english.news.cn/20240609/2f984e1bd1204afdbf8b86064b979d29/c.html

41 로이터, 'World's biggest solar farm comes online in China's Xinjiang' 2024.6.7

https://www.reuters.com/world/china/worlds-biggest-solar-farm-comes-online-chinas-xinjiang-2024-06-03

42 글로벌에너지모니터, 'Solar Power Tracker'

https://globalenergymonitor.org/projects/global-solar-power-tracker

43 Guinness World Records, 'Highest carbon dioxide emissions per capita'

https://www.guinnessworldrecords.com/world-records/73345-highest-carbon-dioxide-emissions-per-capita

44 Worldometer, 'CO2 Emissions per Capita'

https://www.worldometers.info/co2-emissions/co2-emissions-per-capita

45 AGEB, 'Schätzung zur Entwicklung der erneuerbaren Energien im 1. Halbjahr 2024'

https://ag-energiebilanzen.de/wp-content/uploads/2023/12/AGEE-Stat_Praesentation_Q2-2024_AGEB.pdf

46 도이체벨레, 'Germany to join Mediterranean hydrogen pipeline project' 2023.1.22

https://www.dw.com/en/germany-to-join-mediterranean-hydrogen-pipeline-project/a-64483071

47 AP, 'World's 'largest solar precinct' approved by Australian government' 2024.8.21

https://apnews.com/article/australia-singapore-solar-sun-cable-22dc0b31f4105411bc837a724977a8be

48 Channel News Asia, 'Australia approves US$13.5 billion project to export solar power to Singapore' 2024.8.21

https://www.channelnewsasia.com/singapore/australia-approves-us135-billion-project-export-solar-power-singapore-renewable-energy-4557796

49 The Edge, 'A $26.4 bil plan to export power to Singapore wins approval' 2024.8.21

https://www.theedgesingapore.com/news/environmental-social-and-governance/264-bil-plan-export-power-singapore-wins-approval

50 파이낸셜 타임스, 'UK streamlines planning for £20bn plan to bring power from Morocco' 2023.9.29
https://www.ft.com/content/fc3a1cb5-510e-45cb-bdcb-f64155c67e34

16장 걸프의 사막이 친환경 기지라고? ▬▬▬▬▬▬▬▬

51 BBC, 'COP28 president denies using summit for oil deals' 2023.11.30
https://www.bbc.com/news/science-environment-67567832

52 AP, 'Gore blasts COP28 climate chief and oil companies' emissions pledges at UN summit' 2023.12.5
https://apnews.com/article/al-gore-climate-change-oil-company-cop28-ec565d49
5075ed6b9c0171c1675db8f4

53 Al Monitor, '2022 in review: Saudi-China, Qatar-Germany deals cap Middle East's energy developments'
https://www.al-monitor.com/originals/2022/12/2022-review-saudi-china-qatar-
germany-deals-cap-middle-easts-energy-developments

54 사우디아라비아 비전 2030, https://www.vision2030.gov.sa/en/explore/projects/
sakaka-solar-power-plant

55 EIU, 'Saudi Arabia launches world's largest solar-power plant' 2023.2.17
https://www.eiu.com/n/saudi-arabia-launches-worlds-largest-solar-power-plant

56 NS Energy, 'Dumat Al Jandal Wind Farm'
https://www.nsenergybusiness.com/projects/dumat-al-jandal-wind-farm/?cf-view

57 IEA, 'World Energy Investment 2024: Middle East'
https://www.iea.org/reports/world-energy-investment-2024/middle-east

58 QATAR National Planning Council, https://sdg-en-psaqatar.opendata.arcgis.com

59 The Peninsular, 'Qatar eyes to capture 9 million tonnes of CO2 a year by 2030'
2021.11.11
https://m.thepeninsulaqatar.com/article/11/11/2021/qatar-eyes-to-capture-9-
million-tonnes-of-co2-a-year-by-2030

60 Al Jazeera Centre for Studies, 'Transforming the Renewables Sector in the Gulf: The

Evolving Strategies of Qatar, Saudi Arabia and the UAE' 2022.12.25

https://studies.aljazeera.net/en/analyses/transforming-renewables-sector-gulf-
evolving-strategies-qatar-saudi-arabia-and-uae-1

17장 기업들의 환경 캠페인을 믿어도 될까 ∎∎∎∎∎∎∎

61 CNBC, 'Silicon Valley, Wall Street set may need a new favorite uniform, as Patagonia shifts policy on its famous fleece' 2019.4.3
https://www.cnbc.com/2019/04/03/patagonia-shifts-policy-on-co-branded-
products-silicon-valley-loves.html

62 Patagonia, https://www.patagonia.com/transitioning-away-from-logos.html

63 포브스, 'How Patagonia Became The Most Reputable Brand In The United States' 2023.12.12
https://www.forbes.com/sites/dougsundheim/2023/12/12/how-patagonia-
became-the-most-reputable-brand-in-the-united-states

64 이본 쉬나드, 이영래 옮김, 《파타고니아, 파도가 칠 때는 서핑을》, 라이팅하우스, 2020

65 파타고니아, 'Earth is now our only shareholder By Yvon Chouinard'
https://www.patagonia.com/ownership

66 러쉬, https://weare.lush.co.kr/lush_info.html

67 러쉬, https://www.lush.co.kr/m/board/article/22273

68 블랙록, 'Larry Fink's Annual 2022 Letter to CEOs-The Power of Capitalism'
https://www.blackrock.com/corporate/investor-relations/larry-fink-ceo-letter

69 삼성증권 리서치팀, '8월 Korea Startup Scaleup day, 임팩트 투자의 시대'

70 EBSCulture(EBS 교양) 유튜브, '집단적 불매운동 '보이콧', 그 재미있는 유래' 2015.8.20
https://www.youtube.com/watch?v=mPo0uuTJGH8

71 LA타임스, 'S.L. BACHMANA, Stitch in Time?' 2001.9.16.
https://www.latimes.com/archives/la-xpm-2001-sep-16-tm-46210-story.html

72 Britannica, 'blood diamond', https://www.britannica.com/topic/blood-diamond

73 천혜정,《한국 소비자 불매운동사》, 이화여자대학교출판문화원, 2020

74 Ethical Consumer, 'Our Ethical Ratings'

https://www.ethicalconsumer.org/about-us/our-ethical-ratings

75 Ethical Consumer, 'History of Successful Boycotts'

https://www.ethicalconsumer.org/ethicalcampaigns/boycotts/history-successful-boycotts

76 케이팝포플래닛, https://www.kpop4planet.com/ko

77 뉴시스,〈BBC '올해의 여성' 이다연, "지구가 건강해야 K팝 오래 즐길 수 있죠"〉2023.12.7

https://www.newsis.com/view/NISX20231204_0002544971

78 TheRoundup, '17 Most Worrying Textile Waste Statistics & Facts' 2023.4.11

https://theroundup.org/textile-waste-statistics

79 한국경제,〈BTS 유엔 연설 때 입은 재활용옷… '양심적 패션' 대세 됐다〉2022.2.7

https://www.hankyung.com/article/202202259692g

80 그린피스, 그린워싱 실태 시민 조사보고서〈소셜미디어로 침투한 대기업의 위장환경주의〉(2023.8)

81 LSE 그래섬기후변화와환경연구소, 'Global trends in climate change litigation: 2023 snapshot' 2023

82 가디언, 'Fashion's efforts to go green cancelled out by shopaholics' 2023.11.6

https://www.theguardian.com/fashion/2023/nov/06/fashions-efforts-green-cancelled-shopaholics-wrap

83 The blog of Bill Gates, 'Chuck Feeney was one of the greatest philanthropists ever' 2023.11.2

https://www.gatesnotes.com/Remembering-Chuck-Feeney

84 옥스팜 인터내셔널, '불평등 주식회사' 2024.1

https://asia.oxfam.org/latest/press-release/inequality-report-2024

85 빌앤드멀린다게이츠재단, '2008 World Economic Forum' 2008.1.24

https://www.gatesfoundation.org/ideas/speeches/2008/01/bill-gates-2008-world-economic-forum

86 마이클 에드워즈, 윤영삼 옮김,《왜 기업은 세상을 구할 수 없는가》, 다시봄,

2013

87 토마 피케티, 안준범 옮김,《자본과 이데올로기》, 문학동네, 2020

88 DW, 'Davos: 'When will you tax extreme wealth?' super-rich ask' 2024.1.18
https://www.dw.com/en/davos-when-will-you-tax-extreme-wealth-super-rich-ask/a-68026610

10년 후 세계사 미래의 역습
세상의 흐름을 결정할 혁신기술의 거대한 충격 17

1판 1쇄 발행 2025년 3월 26일
1판 2쇄 발행 2025년 5월 14일

지은이 구정은 이지선
펴낸이 고병욱

펴낸곳 청림출판(주)
등록 제2023-000081호

본사 04799 서울시 성동구 아차산로17길 49 1010호 청림출판(주)
제2사옥 10881 경기도 파주시 회동길 173 청림아트스페이스
전화 02-546-4341 **팩스** 02-546-8053

홈페이지 www.chungrim.com **이메일** cr2@chungrim.com
인스타그램 @chungrimbooks **블로그** blog.naver.com/chungrimpub
페이스북 www.facebook.com/chungrimpub

ISBN 979-11-5540-249-8 03300